MATEMÁTICA FINANCEIRA
na prática

O selo DIALÓGICA da Editora InterSaberes faz referência às publicações que privilegiam uma linguagem na qual o autor dialoga com o leitor por meio de recursos textuais e visuais, o que torna o conteúdo muito mais dinâmico. São livros que criam um ambiente de interação com o leitor – seu universo cultural, social e de elaboração de conhecimentos –, possibilitando um real processo de interlocução para que a comunicação se efetive.

Paulo Vagner Ferreira

MATEMÁTICA
FINANCEIRA
na prática

EDITORA intersaberes

Rua Clara Vendramin, 58 . Mossunguê
CEP 81200-170 . Curitiba . PR . Brasil
Fone: (41) 2106-4170
www.intersaberes.com
editora@editoraintersaberes.com.br

Conselho editorial
Dr. Ivo José Both (presidente) | *Dra. Elena Godoy*
Dr. Neri dos Santos | *Dr. Ulf Gregor Baranow*

Editora-chefe
Lindsay Azambuja

Supervisora editorial
Ariadne Nunes Wenger

Analista editorial
Ariel Martins

Preparação de originais
LEE Consultoria

Edição de texto
Fábia Mariela de Biasi

Capa
Silvio Gabriel Spannenberg (design) | *Luna Vandoorne, PORTRAIT IMAGES ASIA BY NONWARIT, Air Images, Alzay, Dima Sidelnikov, Jacob Lund, Billion Photos, goodluz e carballo/ Shutterstock (imagens)*

Projeto gráfico
Bruno Palma e Silva | *Sílvio Gabriel Spannenberg*

Diagramação
Maiane Gabriele de Araujo

Equipe de *design*
Sílvio Gabriel Spannenberg | *Iná Trigo*

Iconografia
Sandra Lopis da Silveira | *Regina Claudia Cruz Prestes*

Dados Internacionais de Catalogação na Publicação (CIP)
(Câmara Brasileira do Livro, SP, Brasil)

Ferreira, Paulo Vagner
    Matemática financeira na prática/Paulo Vagner Ferreira.
Curitiba: InterSaberes, 2019. (Série Matemática Aplicada)

    Bibliografia.
    ISBN 978-85-227-0068-4

    1. Administração financeira 2. Finanças pessoais
3. Matemática financeira 4. Mercado de capitais I. Título.
II. Série.

19-26841   CDD-650.01513

Índices para catálogo sistemático:
1. Matemática financeira   650.01513

Cibele Maria Dias – Bibliotecária – CRB-8/9427

1ª edição, 2019.

Foi feito o depósito legal.

Informamos que é de inteira responsabilidade do autor a emissão de conceitos.

Nenhuma parte desta publicação poderá ser reproduzida por qualquer meio ou forma sem a prévia autorização da Editora InterSaberes.

A violação dos direitos autorais é crime estabelecido na Lei n. 9.610/1998 e punido pelo art. 184 do Código Penal.

Sumário

Apresentação 9

1. Juros 13

   1.1 Taxa de juros total (i_T) 17

   1.2 Regras de arredondamento 19

2. Juros simples 21

   2.1 Valor futuro a juros simples (FV) 26

   2.2 Valor presente a juros simples (PV) 29

   2.3 Taxa de juros a juros simples (i) 32

   2.4 Número de capitalizações a juros simples (n) 35

3. Juros compostos 41

   3.1 Noções sobre a calculadora HP-12C 48

   3.2 Valor futuro a juros compostos 54

   3.3 Valor presente a juros compostos 57

   3.4 Taxa de juros a juros compostos 60

   3.5 Número de capitalizações a juros compostos 63

4. Taxas de juros   69

    4.1 Taxa de juros proporcional (i_P)   71

    4.2 Taxa de juros equivalente (i_Q)   78

    4.3 Taxa nominal de juros   89

    4.4 Taxa efetiva de juros   90

    4.5 Taxa real de juros   92

5. Anuidades   97

    5.1 Valor futuro das anuidades (FV)   101

    5.2 Valor da parcela das anuidades (PMT)   104

    5.3 Número de aplicações de uma anuidade (n)   108

    5.4 Valor presente de uma anuidade (PV)   110

    5.5 Taxa de juros de uma anuidade (i) e valor futuro (FV)   123

    5.6 Taxa de juros de uma anuidade (i) e valor presente (PV)   129

6. Sistema de amortização de dívidas   139

    6.1 Sistema de amortização crescente (tabela Price)   141

    6.2 Sistema de amortização constante (tabela SAC)   165

7. Desconto   181

    7.1 Desconto simples   184

    7.2 Desconto composto   192

    7.3 Comparação entre as modalidades de desconto   200

8. Fluxo de caixa descontado 205

8.1 Valor presente líquido 207

8.2 Como usar o VPL para comparar opções de investimentos 217

9. Depreciação 231

9.1 Depreciação linear 234

9.2 Depreciação variável crescente 241

9.3 Depreciação variável decrescente 247

Para concluir... 253

Referências 255

Respostas 257

Sobre o autor 341

Apresentação

Caro leitor, você certamente já ouviu falar de matemática financeira e é possível que relacione esse tema às operações que as empresas e os bancos fazem para calcular a rentabilidade de aplicações ou o valor das parcelas de uma dívida. Embora a matemática financeira trate desses dois assuntos, bem comuns ao cotidiano das pessoas, ela também resolve muitos outros problemas financeiros, como demonstraremos ao longo deste livro.

Nosso objetivo é levar até você o conhecimento da matemática financeira, como uma ferramenta útil à solução dos problemas financeiros que as pessoas e as empresas enfrentam em seu dia a dia, da maneira mais agradável possível. Nesse intuito, a obra foi escrita de maneira mais informal, de modo a orientá-lo como um professor explicaria cada assunto em uma sala de aula.

Para você aproveitar bem esse material, dividimos os conteúdos em nove capítulos, em ordem crescente de complexidade; assim, iniciaremos com temas bem simples e, aos poucos, evoluiremos para assuntos cada vez mais interessantes. Contudo, até os pontos mais simples são muito importantes, pois formarão sua base de conhecimento e lhe permitirão uma compreensão mais fácil e competente dos assuntos mais complexos analisados na segunda metade do livro.

Os temas tratados na obra abordam, conforme cada um dos nove capítulos:

1. Juros e taxa de juros;
2. Juros simples;
3. Juros compostos;

4. Taxas de juros (proporcional, equivalente, nominal e efetiva);

5. Anuidades ou séries uniformes de pagamentos;

6. Sistemas de amortização de dívidas (tabela Price e tabela SAC);

7. Operações de desconto de recebíveis, desconto simples e desconto composto;

8. Análise de investimento (Valor Presente Líquido e Taxa Interna de Retorno); e

9. Depreciação (Linear; Variável Crescente e Decrescente).

Em cada capítulo, contemplamos três etapas: apresentação do conceito e da utilidade na resolução de problemas financeiros; apresentação da fórmula matemática necessária à solução do problema financeiro; e resolução de um exemplo passo a passo, usando a fórmula e/ou uma calculadora financeira, além de, quando necessário, uma planilha eletrônica.

Após essas três etapas, é você quem "põe a mão na massa" para resolver alguns exercícios de fixação. A partir do Capítulo 2, ao final de cada capítulo, há também uma lista de exercícios para praticar e reforçar a compreensão do conteúdo tratado. Tanto os exercícios de fixação quanto os da lista de exercícios terão suas soluções apresentadas passo a passo ao final do livro, para a conferência dos resultados.

A partir do terceiro capítulo, sobre juros compostos, os exemplos também serão resolvidos em uma calculadora financeira, além das fórmulas resolvidas passo a passo. Neste livro, adotaremos a calculadora financeira HP-12C, por ser a mais usada no Brasil, ter um preço acessível e disponibilizar aplicativos para celulares, *tablets* e computadores, tanto em opções gratuitas como em versões pagas.

Não pretendemos que este livro seja um manual da HP-12C, mas tudo o que você precisar saber para resolver cada exercício será explicado e esquematizado, por isso, não se preocupe se não souber como operar a HP-12C, pois você aprenderá a usar a calculadora na prática – desde as operações matemáticas mais simples até as funções financeiras mais complexas – e, quando for apropriado, também aprenderá a resolver os problemas financeiros em planilha eletrônica.

Boa leitura!

Juros

Conteúdos do capítulo:

- Juros.
- Taxa de juros.
- Regras de arredondamento.

Após o estudo deste capítulo, você será capaz de:

1. compreender o que são juros e por que são cobrados nas operações de crédito;
2. identificar os agentes envolvidos nas operações de crédito;
3. entender o que é a taxa de juros e como ela é calculada;
4. realizar arredondamentos de valores não inteiros conforme a legislação brasileira.

A matemática financeira existe porque os juros existem, então, é importante entender o que são juros. Para isso, considere que uma pessoa emprestou dinheiro para um amigo e, depois de algum tempo, esse amigo devolveu uma quantia a mais do que o total emprestado – essa quantia extra devolvida é o juro.

Os juros, portanto, podem ser considerados tanto uma recompensa que os tomadores de crédito pagam aos donos do dinheiro pela perda temporária de sua posse nas operações de crédito quanto um preço a ser pago para obter capital emprestado. Perceba, sempre haverá duas partes quando se trata de juros: o credor, aquele que recebe os juros, e o devedor, aquele que paga juros.

Por que as pessoas devem pagar juros? São dois os motivos. O primeiro deles é que os juros são incentivadores das operações de crédito. Imagine que uma pessoa tem muito dinheiro que não usa em seu consumo, esse dinheiro está "parado". O que poderia incentivá-la a ceder uma parte desse dinheiro para alguém utilizá-lo? A recompensa de ganhar mais dinheiro, ou seja, receber juros.

O segundo motivo está relacionado ao risco de perder o dinheiro concedido. Ao ceder dinheiro emprestado para alguém, o dono do dinheiro perde sua posse temporária e fica apenas com uma promessa de devolução do total emprestado, acrescido dos juros combinados, por parte do devedor. Logo, o juro é uma recompensa para que o dono do dinheiro assuma o risco de perder todo o seu dinheiro ou parte dele. Assim, quanto maior for o risco de perda, maior deve ser a taxa de juros para compensar o risco.

Agora que você já entendeu o que é juro e por que ele é cobrado, vamos utilizar a matemática financeira para realizar operações com juros, começando pela mais simples, mas extremamente útil: o **cálculo do montante de juros**.

O montante de juros (J) é uma soma em dinheiro que pode ser apurada de maneira bem simples: com base em um valor a ser pago no futuro, chamado *valor futuro* (FV), retiramos o valor do capital emprestado no presente, chamado *valor presente* (PV). A diferença são os juros (J).

$$J = FV - PV$$

Em que:

J: juros (montante de juros)

PV: *present value* (valor presente)

FV: *future value* (valor futuro)

Obs.: Salvo algumas exceções, como a letra J do montante de juros, as demais letras usadas nas fórmulas são iguais às letras usadas na calculadora HP-12C (Figura 1.1) e, por isso, seguem a notação em inglês. Isso facilitará o uso da calculadora ao longo do livro.

Figura 1.1 – Calculadora financeira HP-12C

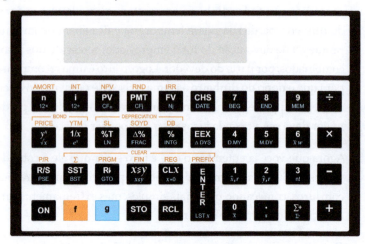

Exemplo

Uma concessionária de veículos vendeu um carro cujo valor à vista é de R$ 50.000,00 em 60 prestações iguais de R$ 1.200,00. Logo, a prazo, o valor total do carro será de R$ 72.000,00 (1.200,00 × 60). Qual é o valor dos juros pagos pelo comprador?

J = FV – PV
J = 72.000,00 – 50.000,00
J = 22.000,00

O valor dos juros cobrados para a compra a prazo do veículo foi de R$ 22.000,00. E qual foi a taxa de juros cobrada no financiamento do veículo? Para responder à pergunta sobre a taxa de juros, abordaremos mais conhecimentos de matemática financeira, começando pelo entendimento da taxa de juros.

1.1 Taxa de juros total (i_T)

A taxa de juros total (i_T) é a variação percentual entre dois valores provocada pelo acréscimo ou pela subtração de juros. Quando um capital sofre acréscimo de juros, há uma variação positiva desse percentual, logo, a taxa de juros é positiva; ao contrário, se o capital sofre uma perda de juros, a taxa de juros é negativa. Acompanhe o exemplo a seguir para entender como calcular o percentual de juros.

Exemplo

Anita aplicou R$ 100,00 e depois de um ano acumulou um montante de R$ 110,00. Logo, ela ganhou R$ 10,00 de juros, e a variação percentual ao longo do ano foi positiva de 10%. Assim, a taxa de juros anual da aplicação financeira de Anita é de 10% ao ano.

Nem todos os cálculos de taxa de juros são tão simples como o exemplo da Anita, então, para descobrirmos a taxa de juros total (i_T) de qualquer operação financeira, utilizamos uma fórmula matemática que revela a variação percentual do capital entre o valor presente e o valor futuro. Veja como fica:

$$i_T = [(FV \div PV) - 1] \times 100$$

Em que:

i_T: *total interest rate* (taxa de juros total)

PV: *present value* (valor presente)

FV: *future value* (valor futuro)

Voltemos ao exemplo da seção anterior, do financiamento do veículo, no qual o valor de um veículo à vista é de R$ 50.000,00 e, a prazo, sobe para R$ 72.000,00. Já descobrimos que o valor dos juros cobrados foi de R$ 22.000,00. Mas qual foi a taxa juros total cobrada nesse financiamento? Acompanhe a resolução para descobrir.

Dados	Desenvolvimento matemático*
PV = 50.000,00 FV = 72.000,00 i_T = ?	$i_T = [(FV \div PV) - 1] \times 100$ $i_T = [(72.000 \div 50.000) - 1] \times 100$ $i_T = [1,440 - 1] \times 100$ $i_T = 0,44 \times 100$ $i_T = 44,00\%$

Resposta: A taxa de juros total cobrada no financiamento foi de 44,00%.

Nota: Os negritos indicam as operações matemáticas que devem ser feitas em cada linha.

Conforme você acompanhou, a taxa de juros total equivale apenas à diferença em percentual entre o valor presente e o valor futuro. Mais adiante, você descobrirá como encontrar a taxa de juros por período (diária, mensal, anual etc.), que, aplicada a um capital durante vários períodos, provocará a diferença entre o valor presente e o valor futuro. A taxa total, no entanto, será muito útil para determinar o ganho total de uma aplicação ou o custo total de uma operação de crédito, como você comprovará mais adiante. Agora, resolva o exercício de fixação proposto a seguir para reforçar esse conhecimento.

Exercício de fixação

A empresa X vendeu R$ 5.500,00 em mercadorias a um cliente a prazo. Após 30 dias, o cliente pagou R$ 6.000,00. Qual foi a taxa de juros cobrada do cliente?

---

* Na calculadora HP-12C, é possível obter a taxa total de juros por meio da tecla Δ%. Para resolver o exercício do financiamento, digite esta sequência: 50.000 → ENTER; 72.000 → Δ%. Aparecerá no visor o resultado 44,00.

Dados	Desenvolvimento matemático
PV = FV = i_T = ?	$i_T = [(FV \div PV) - 1] \times 100$

Resposta:

1.2 Regras de arredondamento

Neste livro, você vai obter muitos resultados que exigirão um limite de casas decimais. Saber as regras de arredondamento ajuda muito a não errar nas respostas. Por exemplo, digamos que o resultado de um valor futuro foi de R\$ 129,78564317. Você sabe que, no Brasil, os resultados em dinheiro são apresentados somente com duas casas decimais, logo, o valor correto é de R\$ 129,79.

Outros casos também exigem arredondamento. Por exemplo, você descobriu que uma taxa de juros cobrada foi de 105,876432% ao ano, mas precisa informar ao cliente com duas casas decimais. Nesse caso, o valor da taxa anual de juros a ser informada será de 105,88%.

Nos dois exemplos, perceba que, ao reduzir de seis para duas casas decimais, alteramos o segundo número depois da vírgula. Essa alteração é necessária segundo as regras de arredondamento utilizadas no Brasil, as quais foram definidas pela Resolução n. 886/1966 (Normas de apresentação tabular) do Instituto Brasileiro de Geografia e Estatística (IBGE). Segundo o IBGE (1967), as regras de arredondamento vigentes no Brasil são:

a. O número arredondado permanece inalterado se o posterior for menor que cinco (p < 5; n + 0).

Ex.: 5,4635427 arredondado na segunda casa decimal: 5,46.

b. Soma-se um ao número arredondado se o posterior for maior que cinco ($p > 5; n + 1$).

Ex.: 36,846715 arredondado na segunda casa decimal: 36,85.

c. Soma-se um ao número arredondado se o posterior for igual a cinco e houver pelo menos um número acima de 0 após esse posterior ($p = 5; p + 1 > 0; n + 1$).

Ex.: 15,8450032 arredondado na segunda casa decimal ficará 15,85.

d. Se o posterior for igual a cinco e todos os números posteriores a este cinco forem zero, soma-se um apenas se o número arredondado for ímpar. Caso o número arredondado seja par, mantém-se seu valor.

Ex. 1: 75,87500000 arredondado na segunda casa decimal ficará 75,88.

Ex. 2: 12,98500000 arredondado na segunda casa decimal ficará 12,98.

Geralmente, as calculadoras financeiras, como a HP-12C, já apresentam arredondamentos pré-definidos. Na HP-12C, basta clicar na tecla laranja f e escolher o número de casas decimais. O processo de arredondamento é automático, mas **atenção**: na HP-12C, a última regra não é atendida plenamente.

Juros simples

Conteúdos do capítulo:

- Capitalização simples de juros (juros simples).
- Valor futuro a juros simples (FV).
- Valor presente a juros simples (PV).
- Taxa de juros a juros simples (i).
- Número de capitalizações a juros simples (n).

Após o estudo deste capítulo, você será capaz de:

1. compreender o que é e como funciona o princípio da capitalização simples de juros;
2. entender a lógica matemática da capitalização simples de juros que permite obter uma fórmula para o cálculo do valor futuro;
3. identificar os desdobramentos matemáticos que permitem, com base na fórmula do valor futuro, obter todas as demais fórmulas utilizadas nas operações de capitalização simples de juros;
4. resolver problemas financeiros de juros simples para obter o valor futuro, o valor presente, a taxa de juros e a quantidade de períodos de capitalização.

O *regime de capitalização simples de juros* é definido como aquele em que não há capitalização de juros, logo, a taxa de juros incide apenas sobre o valor principal ou valor presente (PV), nunca sobre os juros acumulados a cada período. O exemplo a seguir ajuda a entender com mais facilidade como funcionam os juros simples, acompanhe.

Exemplo

Maria emprestou R$ 1.000,00 à irmã Alice, que prometeu devolver o dinheiro depois de 6 meses acrescido de uma taxa de 1% ao mês. Quanto Alice devolveu à sua irmã?

Tabela 2.1 – Capitalização simples de juros

Valor presente (PV)	Número de períodos (n)	Juros por período (J)	Valor futuro (FV)	Cálculo dos juros
1.000,00	0	0,00	1.000,00	$J = PV \times i$ $J = 1.000,00 \times 10\%$ ou
	1	10,00	1.010,00	$J = 1.000,00 \times (10 \div 100)$
	2	10,00	1.020,00	$J = 1.000,00 \times 0,01$ $J = 10,00$
	3	10,00	1.030,00	i: taxa de juros
	4	10,00	1.040,00	
	5	10,00	1.050,00	
	6	10,00	1.060,00	

Observe a Tabela 2.1 e perceba que, a cada mês, há o acréscimo de R$ 10,00 de juros ao valor presente, que corresponde a 1% dos R$ 1.000,00 emprestados; assim, o valor futuro aumenta em R$ 10,00 a cada mês. Depois de 6 meses, Alice só pagou R$ 60,00 de juros, que foram sempre calculados sobre o valor presente.

É possível descobrir diretamente o valor futuro (FV) para qualquer taxa de juros (i) e número de capitalizações (n) sem a necessidade de montar uma tabela, como demonstramos. Acompanhe, na Tabela 2.2, como se deduz matematicamente a fórmula geral do valor futuro com capitalização simples de juros a partir do valor presente, da taxa de juros e do número de capitalizações.

Tabela 2.2 – Desenvolvimento matemático do valor futuro a juros simples

Valor futuro após uma capitalização (FV$_1$)	Valor futuro após duas capitalizações (FV$_2$)	Valor futuro após três capitalizações (FV$_3$)
FV$_1$ = PV + juros	FV$_2$ = FV$_1$ + juros	FV$_3$ = FV$_2$ + juros
Como:	FV$_2$ = FV$_1$ + PV × i	FV$_3$ = FV$_2$ + PV × i
Juros = PV × i	FV$_2$ = PV (1 + i) + PV × i	FV$_3$ = PV (1 + 2 × i) + PV × i
Logo,	FV$_2$ = PV + PV × i + PV × i	FV$_3$ = PV + PV × i + PV × i + PV × i
FV$_1$ = PV + PV × i	FV$_2$ = PV (1 + i + i)	FV$_3$ = PV (1 + i + i + i)
FV$_1$ = PV (1 + i)	FV$_2$ = PV (1 + 2 × i)	FV$_3$ = PV (1 + 3 × i)

Perceba que, na última linha de cada coluna, a cada nova capitalização, a única mudança na fórmula final é o valor do multiplicador da taxa de juros. Note também que esse número em negrito que multiplica a taxa de juro corresponde sempre ao número de períodos de capitalização (um para FV$_1$, dois para FV$_2$ e três para FV$_3$). Logo, para saber o valor futuro de qualquer período de capitalização, basta substituir aquele número em negrito por **n**, obtendo a fórmula geral do valor futuro (FV).

$$\textbf{FV = PV (1 + n × i)}$$

Em que:

FV: *future value* (valor futuro)

PV: *present value* (valor presente)

n: *number of periods* (número de capitalizações)

i: *interest rate* (taxa de juros)

Por meio dessa fórmula, podemos descobrir qualquer valor futuro a juros simples, desde que tenhamos o valor presente (PV), o número de capitalizações (n) e a taxa de juros (i). Veja outro exemplo de capitalização simples de juros, cuja resolução se dá diretamente por meio da fórmula.

Exemplo

Igor tomou R$ 300,00 emprestado de seu primo Artur e prometeu devolver, depois de 9 meses, o valor acrescido de 2% de juros ao mês. Quanto Igor devolveu ao primo?*

Dados	Desenvolvimento matemático
$PV = 200,00$	$FV = PV \times (1 + n \times i)$
$i = 0,02$ a.m. $(2 \div 100)^*$	$FV = 300,00 \, (1 + 9 \times 0,02)$
$n = 9$ meses	$FV = 300,00 \, (1 + 0,18)$
$FV = ?$	$FV = 300,00 \times 1,18$
	$FV = 354,00$
Resposta: Igor devolveu R$ 354,00 ao primo.	

O valor futuro é só uma das operações de capitalização simples de juros. Perceba que, na fórmula, há mais três variáveis: valor presente (PV); número de capitalizações (n); e taxa de juros (i). Assim, rearranjando os termos da fórmula do valor futuro, que já obtemos, podemos obter as fórmulas de PV, de i e de n, que usaremos para resolver os demais problemas de juros simples. Confira, na Tabela 2.3, cada uma das outras três fórmulas que você usará nas próximas seções.

---

* Nas fórmulas, utilizamos o valor da taxa de juros em decimal, não em percentual. Portanto, é preciso dividir a taxa por 100 antes de usá-la na fórmula. A abreviação *a.m.* indica que o período da capitalização é ao mês; quando for ao ano, será *a.a.*; quando for ao dia, usaremos *a.d.*

Tabela 2.3 – Desenvolvimento das fórmulas a partir do valor futuro:
$FV = PV (1 + n \times i)$

Valor presente (PV)	Taxa de juros (i)	Número de capitalizações (n)
$FV = PV (1 + n \times i)$	$FV = PV (1 + n \times i)$	$FV = PV (1 + n \times i)$
$FV \div (1 + n \times i) = PV$	$FV = PV + PV \times n \times i$	$FV = PV + PV \times n \times i$
$PV = FV \div (1 + n \times i)$	$FV - PV = PV \times n \times i$	$FV - PV = PV \times n \times i$
	$(FV - PV) \div PV \times n = i$	$(FV - PV) \div PV \times i = n$
	$i = (FV - PV) \div PV \times n$	$n = (FV - PV) \div PV \times i$

Observe a tabela com atenção e note que todas as fórmulas foram extraídas da fórmula do valor futuro. Logo, caso aprenda a fazer os devidos desdobramentos matemáticos para isolar cada termo a partir da fórmula inicial, você também poderá chegar sozinho a qualquer uma dessas fórmulas.

Nas próximas subseções deste capítulo, vamos explorar detalhadamente cada uma das operações financeiras com juros simples e, por meio de exemplos, você poderá compreender melhor a utilização das quatro fórmulas de juros simples para a resolução de problemas financeiros.

2.1 Valor futuro a juros simples (FV)

O valor futuro é o resultado da capitalização de um valor presente por uma taxa de juros e um número de capitalizações definidos. Então, com uma taxa de juros e um valor presente, podemos descobrir o valor futuro para qualquer período futuro. Obter o valor futuro, por sua vez, ajuda a responder aos seguintes tipos de perguntas:

a. Quanto terei no futuro se aplicar hoje um capital a uma dada taxa de juros simples?

b. Se Ana emprestou dinheiro a João e lhe cobrou um taxa de juros ao mês, quanto ele deve devolver depois de 6 meses?

Figura 2.1 – Fluxo de caixa do valor futuro

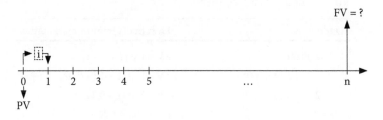

Na Figura 2.1, o valor futuro é obtido de um valor presente, que será capitalizado a uma taxa de juros por n capitalizações. Lembre-se: como se trata de juros simples, a taxa de juros capitaliza somente o valor presente, pois, a juros simples, não há capitalização de juros sobre juros, como já discutido no início deste capítulo, quando também obtivemos a seguinte fórmula do valor futuro:

$$FV = PV(1 + n \times i)$$

Em que:
FV: valor futuro
PV: valor presente
n: número de capitalizações
i: taxa de juros

Já vimos como ocorre a incorporação dos juros ao capital inicial a cada período de capitalização e, depois, de que maneira chegamos à fórmula do valor futuro. Agora, vamos utilizar essa fórmula para resolver alguns problemas financeiros práticos.

Acompanhe a resolução do exemplo para entender um problema que envolve o cálculo do valor futuro. Então, com base no exemplo, resolva os exercícios de fixação para reforçar seu aprendizado.

Exemplo

Qual será o valor resgatado após 12 meses de capitalização de uma aplicação financeira de R$ 500,00 que rende uma taxa de juros simples de 2% ao mês?

Dados	Desenvolvimento matemático
PV = 500,00	FV = PV $(1 + n \times i)$
i = 0,02 a.m. $(2 \div 100)$	FV = 500 $(1 + \mathbf{12} \times \mathbf{0,02})$
n = 12	FV = 500 $(\mathbf{1 + 0,24})$
FV = ?	FV = $\mathbf{500 \times 1,24}$
	FV = 620,00

Resposta: O valor resgatado será de R$ 620,00.

Antes de colocar o valor da taxa de juros (i) na fórmula, dividimos o valor percentual por 100, conforme já destacamos. No exemplo dado, ficou assim: $2 \div 100 = 0,02$. É padrão da matemática financeira: nas fórmulas, usa-se o valor decimal da taxa de juros.

Você também deve prestar atenção: a taxa de juros deve corresponder ao período de capitalização. Se a taxa de juros for ao mês (2% a.m.), a capitalização deverá ser mensal. Então, quando houver divergência entre a taxa de juros e o período de capitalização, por exemplo, quando a taxa de juros for anual, mas a capitalização for mensal, deve-se converter a taxa anual em taxa proporcional mensal, no caso de juros simples. Trataremos das conversões de taxas no Capítulo 4.

Exercícios de fixação

1. A empresa X aplicou R$ 1.000,00 em uma aplicação que rende juros simples de 0,01% ao dia. Depois de 2,5 anos de aplicação, qual foi o valor total acumulado? (Considere o ano comercial de 360 dias.)

Dados	Desenvolvimento matemático
PV = i = n = FV = ?	FV = PV (1 + n × i)

Resposta:

2. A empresa X tomou um empréstimo de R$ 100.000,00 a uma taxa de juros simples de 4,0% ao mês, o qual deve ser quitado em parcela única após 1,5 anos. Qual será o valor para quitação do empréstimo e quanto a empresa pagará de juros?

Dados	Desenvolvimento matemático	
PV = i = n = FV = ? J = ?	FV = PV (1 + n × i)	J = FV – PV

Resposta 1:
 Resposta 2:

2.2 Valor presente a juros simples (PV)

O valor presente (PV) é o que sobra de um valor futuro (FV) depois de descontados os juros (i) capitalizados por determinado número de períodos de capitalização (n). Perceba que, para calcular o valor presente é preciso fazer uma operação de descapitalização, isto é, retirar os juros de um montante conhecido. O valor presente ajuda a responder a perguntas como estas:

a. Quanto devo aplicar hoje, a determinada taxa de juros, para que daqui a certo tempo eu acumule o montante de capital pretendido?

b. Dada uma taxa de juros, quanto eu aceitaria receber hoje em troca de receber daqui a vários meses um valor conhecido?

Figura 2.2 – Fluxo de caixa do valor presente

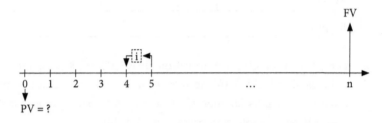

Na Figura 2.2, o fluxo de caixa do valor presente (PV) é o oposto do que vimos para o valor futuro (FV), ou seja, o PV é obtido retirando-se os juros do FV a uma dada taxa (i) conhecida, durante um número (n) de capitalizações. Essa retirada de juros é uma descapitalização.

Para fazer a descapitalização do valor futuro e obter o valor presente a juros simples, usamos a seguinte fórmula de matemática financeira:

$$PV = FV \div (1 + n \times i)$$

Em que:

PV: valor presente
FV: valor futuro
n: número de capitalizações
i: taxa de juros

Acompanhe o desenvolvimento do exemplo a seguir para entender como realizar os cálculos e quando é preciso calcular o valor presente. Em seguida, resolva os exercícios de fixação.

Exemplo

Depois de 2 anos, o valor total de R$ 4.000,00 foi resgatado de uma aplicação. Sabendo que a taxa de juros simples da aplicação era de 2,5% ao mês, qual foi o valor do capital aplicado?

Dados	Desenvolvimento matemático
$i = 0{,}025$ a.m. $(2{,}5 \div 100)$ $n = 24$ meses $(2 \times 12$ meses$)$ $FV = 4.000{,}00$ $PV = ?$	$PV = FV \div (1 + n \times i)$ $PV = 4.000 \div (1 + 24 \times 0{,}025)$ $PV = 4.000 \div (1 + 0{,}60)$ $PV = \mathbf{4.000 \div 1{,}6}$ $PV = 2.500{,}00$

Resposta: O capital aplicado foi de R$ 2.500,00.

Novamente, preste atenção no valor da taxa de juros i: na fórmula, é preciso transformá-lo de percentual em decimal e, para isso, basta dividir o valor percentual por 100.

Exercícios de fixação

1. Depois de 4 anos, o valor total de R$ 2.480,00 foi resgatado de uma aplicação. Sabendo que a taxa de juros simples da aplicação era de 0,5% ao mês, qual foi o valor do capital aplicado?

Dados	Desenvolvimento matemático
$i =$ $n =$ $FV =$ $PV = ?$	$PV = FV \div (1 + n \times i)$
Resposta:	

2. A empresa X, 1,5 ano após ter contraído uma dívida cuja taxa mensal de juros simples cobrada foi de 5% ao mês, quitou-a integralmente por R$ 8.000,00. Quanto a empresa havia tomado de empréstimo?

Dados	Desenvolvimento matemático
$i =$	$PV = FV \div (1 + n \times i)$
$n =$	
$FV =$	
$PV = ?$	
Resposta:	

2.3 Taxa de juros a juros simples (i)

A taxa de juros das operações financeiras de capitalização é o percentual de juros que, aplicado a um valor presente por um número conhecido de capitalizações, produzirá um valor futuro maior e conhecido. Como ainda estamos tratado de capitalização simples, a taxa de juros incidirá somente sobre o valor presente, e nunca sobre os juros já capitalizados. O cálculo da taxa de juros ajuda a resolver problemas financeiros como estes:

a. Emprestei R$ 300,00 de um amigo e lhe devolvi R$ 400,00 depois de 6 meses. Qual foi a taxa de juros simples cobrada ao mês?

b. Qual taxa de juros simples ao mês é capaz de triplicar um capital em 2 anos?

Figura 2.3 – Fluxo de caixa da taxa de juros

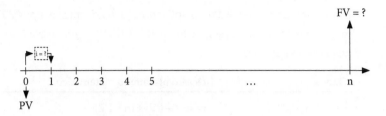

Na Figura 2.3, você pode perceber que a taxa de juros incide sobre o valor presente a cada ciclo de capitalização, que pode ser diário, mensal, anual e assim por diante.

A incidência da taxa de juros (i) a cada ciclo de capitalização permite que um valor presente converta-se em um valor futuro maior, depois de um número conhecido de capitalizações (n). Para descobrir a taxa de juros simples, utilizamos a seguinte fórmula de matemática financeira:

$$i = (FV - PV) \div (n \times PV)$$

Em que:
i: taxa de juros
PV: valor presente
FV: valor futuro
n: número de capitalizações

Acompanhe o desenvolvimento do exemplo a seguir para entender a utilidade da fórmula na resolução de um problema financeiro real e veja como realizar os cálculos detalhadamente até obter a taxa de juros. Em seguida, resolva os exercícios de fixação.

Exemplo

Um capital de R$ 40.000,00 foi aplicado a juros simples e, após 20 meses, o valor total do resgate foi de R$ 50.000,00. Qual era a taxa de juros da aplicação?

Dados	Desenvolvimento matemático
PV = 40.000,00	$i = (FV - PV) \div (n \times PV)$
FV = 50.000,00	$i = (50.000 - 40.000) \div (20 \times 40.000)$
n = 20 meses	$i = 10.000 \div 800.000$
i = ?	$i = 0,0125 \, (\times 100)$
	$i\% = 1,25\%$ ao mês

Resposta: A taxa de juros simples da aplicação era de 1,25% ao mês.

Você já aprendeu que a taxa de juros é expressa em percentual, mas a usamos nas fórmulas em valores decimais (dividido por 100). A fórmula da taxa de juros também oferece o resultado em valor decimal, assim, para obter o valor em percentual, você deve multiplicar o resultado obtido por 100. Por fim, não se esqueça de fazer a referência ao período de capitalização (ao mês, ao ano etc.), conforme expresso no texto da resposta.

Exercícios de fixação

1. Depois de 3 anos de aplicação, a empresa X resgatou o total de R$ 1.360,00 de uma aplicação inicial de R$ 1.000,00 e que rendia juros mensais. Qual foi a taxa de juros simples mensal da aplicação?

Dados	Desenvolvimento matemático
PV = FV = n = i = ?	$i = (FV - PV) \div (n \times PV)$

Resposta:

2. Qual é a taxa de juros simples ao dia capaz de duplicar um valor após 5 anos de aplicação? (Considere o ano financeiro de 252 dias úteis.)

Dados	Desenvolvimento matemático
PV = FV = n = i = ?	$i = (FV - PV) \div (n \times PV)$

Resposta:

2.4 Número de capitalizações a juros simples (n)

O número de capitalizações é a quantidade de períodos de incidência da taxa de juros em uma operação de capitalização ou descapitalização* que permite que um valor presente converta-se em um valor futuro. Como a incidência dos juros pode ser diária, semanal, quinzenal, mensal, bimestral, semestral, anual etc., o número de capitalizações estará sempre associado ao período de capitalização definido pela incidência da taxa de juros.

---

* *Prazo e número de capitalizações* não são sinônimos. Para compreender essa diferença, considere que você aplicou um dinheiro por um ano com rendimentos mensais de juros, logo, o prazo da aplicação é de um ano, mas o número de capitalizações é 12.

É preciso prestar muita atenção ao período de incidência da taxa de juros (período de capitalização): se a capitalização for ao mês, o número de capitalizações será obtido em meses; se a taxa de juros for capitalizada ao dia, o valor obtido com a fórmula de n será em dias; e assim por diante. Logo, é o período de incidência da taxa de juros que define o valor do número de capitalizações.

Assim, se uma aplicação rende juros diários, durante o ano, haverá 360 capitalizações no ano comercial – ou 252 capitalizações se for considerado o ano financeiro (dias úteis). Contudo, se a aplicação paga juros mensais, o número de capitalizações será 12. Por meio da fórmula do número de capitalizações, você poderá resolver problemas financeiros semelhantes a estes:

a. Quanto tempo é necessário para duplicar R$ 1.000,00 aplicados a juros simples de 1% ao mês?

b. Uma aplicação de R$ 5.000,00 converteu-se em R$ 10.000,00. Sabendo que a taxa de juros simples aplicada foi de 0,5% ao mês, por quantos meses o capital inicial foi aplicado?

Figura 2.4 – Fluxo de caixa do número de capitalizações

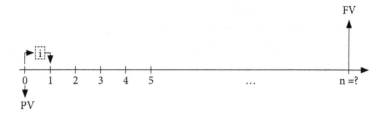

Na Figura 2.4, você pode perceber que, dada uma taxa de juros (i), a quantidade de juros que um capital vai acumular dependerá do número de capitalizações, ou seja, quanto mais meses o capital ficar aplicado, mais juros serão acrescidos ao valor presente. Assim, para saber quantas capitalizações um capital sofreu para acumular certa quantia de juros, usamos a seguinte fórmula da matemática financeira:

$$n = (FV - PV) \div (i \times PV)^*$$

Em que:

n: número de capitalizações

FV: valor futuro

PV: valor presente

i: taxa de juros

Mais uma vez, destacamos: é preciso sempre prestar atenção ao período da taxa de juros – se a taxa de juros for diária, o valor de n será em dias, se a taxa de juros for mensal, o número de capitalizações obtido será em meses, se a taxa de juros for anual, o número de capitalizações obtido será em anos, e assim por diante. Acompanhe o exemplo a seguir para entender como fazer os cálculos para obter o número de períodos de capitalizações. Em seguida, resolva os exercícios de fixação.

Exemplo

Quanto tempo é necessário deixar um capital de R$ 100,00 aplicado rendendo uma taxa de juros simples de 2% ao mês para obter um montante total de R$ 150,00?

Dados	Desenvolvimento matemático
PV = 100,00	$n = (FV - PV) \div i \times PV$
i = 0,02 (2 ÷ 100)	$n = (150 - 100) \div 0,02 \times 100$
FV = 150,00	$n = 50 \div 2$
n = ?	$n = 25$ meses

Resposta: É necessário deixar o capital aplicado por 25 meses.

---

* Como $J = FV - PV$, logo, $n = J \div i \times PV$.

A taxa de juros do exemplo é mensal, portanto, a resposta obtida por meio da fórmula do número de capitalizações é em meses. Caso a taxa de juros fornecida fosse bimestral, o resultado de **n** seria em bimestres; caso fosse anual, o resultado de **n** seria em anos. Sempre preste atenção ao período de capitalização da taxa de juros.

Exercícios de fixação

1. A empresa X aplicou um capital de R$ 1.000,00 a uma taxa de juros simples de 1% ao mês e resgatou um montante final de R$ 1.600,00. Por quantos anos esse valor ficou aplicado?

Dados	Desenvolvimento matemático
PV = i = FV = n = ?	$n = (FV - PV) \div i \times PV$
Resposta:	

2. Por quantos meses é preciso deixar um capital aplicado a uma taxa de juros diária de 0,05% para que ele aumente em 50%?

Dados	Desenvolvimento matemático
PV = i = FV = n = ?	$n = (FV - PV) \div i \times PV$
Resposta:	

Neste capítulo, você aprendeu a utilizar as fórmulas de capitalização simples de juros para resolver diferentes problemas – pessoais ou empresariais –, contudo as operações de juros simples não são largamente utilizadas pelas empresas ou bancos. Os juros simples são comuns apenas entre amigos e parentes, além de caírem muito em provas de concursos públicos, uma vez que exigem menos esforço matemático e, por isso, não precisam ser resolvidos com auxílio de calculadoras, que geralmente são proibidas.

Empresas e bancos preferem, e com razão, o regime de capitalização composta de juros, pois, nesse regime, há a capitalização de juros sobre juros e isso resulta em maiores valores de juros cobrados nas operações financeiras – como a legislação brasileira não proíbe essa prática, os bancos preferem os juros compostos aos juros simples. Aliás, as pessoas que aplicam dinheiro em bancos também preferem os juros compostos, já que os ganhos de juros sobre juros também são vantajosos para os aplicadores.

Agora que já venceu este capítulo, resolva os exercícios a seguir e depois confirme os resultados obtidos na seção "Respostas" ao final do livro.

Lista de exercícios

1. Ana aplicou R$ 700,00 a uma taxa de juros simples de 8,5% ao ano. Quanto Ana acumulará depois de 5 anos de aplicação?

2. A empresa X comprou R$ 30.000,00 em produtos de um fornecedor para pagar em 3 meses. Considerando que o fornecedor cobra juros simples de 5% ao mês, quanto a empresa deverá pagar pela compra?

3. Quanto João deve aplicar hoje para que, depois de 3 anos, tenha acumulado R$ 5.000,00 em uma caderneta de poupança que rende juros simples de 0,65% ao mês?

4. Depois de 18 meses, Ana recebeu R$ 770,00 de um empréstimo que havia feito à amiga Olga. Considerando que Ana cobrou 3% de juros simples ao mês, quanto Olga havia tomado emprestado?

5. Qual foi a taxa de juros simples ao mês que converteu uma aplicação de R$ 2.000,00 em um montante de R$ 3.000,00 depois de 2 anos?

6. Uma dívida de R$ 350,00 foi paga com atraso de 18 dias pelo valor de R$ 362,60. Qual foi a taxa de juros de mora ao dia cobrada na operação?

7. Por quantos meses é necessário deixar um valor aplicado a uma taxa de juros simples de 2% ao mês para que ele triplique?

8. Um capital de R$ 1.250,00 foi aplicado a uma taxa de juros simples de 0,85% ao mês e, depois de certo tempo, foi convertido em R$ 1.632,50. Por quantos anos esse capital ficou aplicado?

9. João aplicou R$ 5.000,00 a juros simples e, depois de 2,5 anos, havia acumulado R$ 5.900,00. Esse saldo total foi reaplicado à mesma taxa mensal de juros simples da primeira aplicação por mais 2 anos, quando finalmente João fez o resgate. Qual foi o valor total resgatado por João?

10. Uma empresa aplicou R$ 100.000,00 e, depois de 3 anos, sacou R$ 150.000,00. Considerando que o ano comercial tem 360 dias, qual foi a taxa de juros simples diária da aplicação?

Juros compostos

Conteúdos do capítulo:

- Capitalização composta de juros (juros compostos).
- Valor futuro a juros compostos (FV).
- Valor presente a juros compostos (PV).
- Taxa de juros a juros compostos (i).
- Número de capitalizações a juros compostos (n).

Após o estudo deste capítulo, você será capaz de:

1. compreender o que é e como funciona o princípio da capitalização composta de juros;
2. entender a lógica matemática da capitalização composta de juros que permite obter uma fórmula para o cálculo do valor futuro;
3. identificar os desdobramentos matemáticos que permitem, por meio da fórmula do valor futuro, obter todas as demais fórmulas utilizadas nas operações de capitalização composta de juros;
4. resolver problemas financeiros de juros compostos para obter o valor futuro, o valor presente, a taxa de juros e a quantidade de períodos de capitalização;
5. compreender o funcionamento de uma calculadora financeira para usá-la na resolução dos problemas financeiros de juros compostos propostos no capítulo.

Neste capítulo, trataremos do que tecnicamente é chamado de *regime de capitalização composta de juros*. Como o termo é muito longo, nesta obra, adotaremos apenas *juros compostos*.

Nos regime de juros compostos, os juros capitalizados em um período são acrescidos ao valor principal e também produzem juros nos períodos seguintes. Assim, a taxa de juros incide sobre o valor aplicado e também sobre o valor dos juros ganhos a cada período de capitalização, por isso dizemos que há capitalização de *juros sobre juros*.

Como a prática da cobrança de juros sobre juros permite um ganho de juros muito maior para os mesmos números de capitalizações que os juros simples, ela é largamente usada no sistema financeiro tanto para cobrar juros em operações de crédito quanto para pagar juros em aplicações financeiras.

Acompanhe, na Tabela 3.1, a comparação entre os dois regimes de capitalização, o simples e o composto, para a mesma aplicação de R$ 100,00 que será capitalizada durante 12 meses à taxa de juros de 5% ao mês.

Tabela 3.1 – Evolução de capitalização a juros simples e compostos (i = 5% ao mês)

Juros simples				Juros compostos			
N	PV	Juros	FV	N	PV	Juros	FV
0	100,00	0,00	100,00	0	100,00	0,00	100,00
1	100,00	5,00	105,00	1	100,00	5,00	105,00
2	100,00	5,00	110,00	2	105,00	5,25	110,25
3	100,00	5,00	115,00	3	110,25	5,51	115,76
4	100,00	5,00	120,00	4	115,76	5,79	121,55
5	100,00	5,00	125,00	5	121,55	6,08	127,63
6	100,00	5,00	130,00	6	127,63	6,38	134,01
7	100,00	5,00	135,00	7	134,01	6,70	140,71
8	100,00	5,00	140,00	8	140,71	7,04	147,75
9	100,00	5,00	145,00	9	147,75	7,39	155,13
10	100,00	5,00	150,00	10	155,13	7,76	162,89
11	100,00	5,00	155,00	11	162,89	8,14	171,03
12	100,00	5,00	160,00	12	171,03	8,55	179,59

Ao acompanhar a evolução dos dois regimes, você pode perceber que, capitalizada a juros compostos, a aplicação gerou R$ 19,59 a mais depois de 12 meses. A diferença parece pequena, mas, se o montante inicial fosse aplicado durante quatro anos, o valor futuro a juros compostos seria de R$ 700,13 a mais que a juros simples.

Logo, a distância entre as rentabilidades a juros simples e compostos é tanto maior quanto maior forem os períodos de capitalização. Acompanhe, no Gráfico 3.1, a evolução gráfica da aplicação de R$ 100,00 a 5% ao mês durante 4 anos, para perceber a diferença nas curvas de crescimento do valor futuro entre os dois regimes de capitalização.

Gráfico 3.1 – Capitalização a juros simples e compostos: aplicação de R$ 100,00 a 5% ao mês

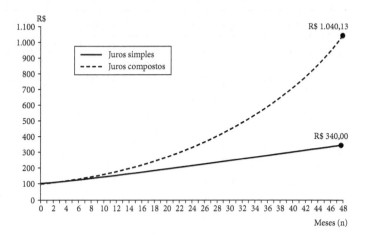

Observe, no Gráfico 3.1, que o crescimento do valor futuro a juros simples é reto (linear), ao passo que o crescimento a juros compostos é uma curva ascendente (exponencial) que fica mais inclinada à medida que aumentam os meses. Essa elevação da inclinação é fruto do ganho de juros sobre juros, que permite que, a cada mês, os juros ganhos sejam maiores que no mês anterior.

As fórmulas matemáticas para os juros compostos devem permitir a capitalização de juros sobre juros ao longo dos períodos. Logo, abandonaremos a aritmética simples e adotaremos as funções exponenciais para obter o valor futuro (FV), o valor presente (PV), a taxa de juros (i) e o número de capitalizações (n), pois as funções exponenciais é que formam curvas como a do Gráfico 3.1.

Acompanhe o desenvolvimento matemático na Tabela 3.2 para aprender a obter a fórmula do valor futuro (FV) a partir do valor presente (PV) e da taxa de juros (i), assim como fizemos com os juros simples no capítulo anterior. Em seguida, por meio de exemplos de uma aplicação de R\$ 1.000,00 que rende 2% de juros ao mês, testaremos cada fórmula substituindo nelas os valores (1.000 e 0,02) nelas para obter os valores futuros (FV_1, FV_2, e FV_3) para uma, duas e três capitalizações.

Tabela 3.2 – Desenvolvimento matemático do valor futuro a juros compostos

Valor futuro após uma capitalização (FV_1)	Valor futuro após duas capitalizações (FV_2)	Valor futuro após três capitalizações (FV_3)
$FV_1 = PV + juros$	$FV_2 = FV_1 + juros$	$FV_3 = FV_2 + juros$
$juros = PV \times i$	$FV_2 = FV_1 + (FV_1 \times i)$	$FV_3 = FV_2 + (FV_2 \times i)$
Logo,	$FV_2 = FV_1 (1 + i)$	$FV_3 = FV_2 (1 + i)$
$FV_1 = PV + PV \times i$	$FV_2 = PV (1 + i) \times (1 + i)$	$FV_3 = PV (1 + i) \times (1 + i) \times (1 + i)$
$FV_1 = PV (1 + i)$	$FV_2 = PV (1 + i)^2$	$FV_3 = PV (1 + i)^3$
Ex.:	Ex.:	Ex.:
$PV = 1.000,00$	$PV = 1.000,00$	$PV = 1.000,00$
$i = 0,02$ (ou 2%)	$i = 0,02$ (ou 2%)	$i = 0,02$ (ou 2%)
$FV_1 = PV (1 + i)$	$FV_2 = PV (1 + i)^2$	$FV_3 = PV (1 + i)^3$
$FV_1 = 1.000 (1 + 0,02)$	$FV_2 = 1.000 (1 + 0,02)^2$	$FV_3 = 1.000 (1 + 0,02)^3$
$FV_1 = 1.020$	$FV_2 = 1.040,40$	$FV_3 = 1.061,21$

Acompanhando a Tabela 3.2, você pode perceber que nosso exemplo parou na terceira capitalização. Então, como descobrir o valor no quarto, no quinto e no sexto mês de capitalização? Ou para qualquer outro mês no futuro? Para isso, basta substituir o valor do expoente depois do parêntese pela letra **n**. Assim, obtemos a fórmula geral do valor futuro a juros compostos.

$$FV = PV (1 + i)^n$$

Em que:

FV: valor futuro

PV: valor presente

i: taxa de juros

n: número de capitalizações

Assim como fizemos no Capítulo 2 com os juros simples, com a fórmula básica de valor futuro a juros compostos, podemos encontrar as demais fórmulas necessárias à solução dos diversos problemas de capitalização a juros compostos. Acompanhe, na Tabela 3.3, o passo a passo da obtenção das outras fórmulas a partir da fórmula do valor futuro.

Tabela 3.3 – Desenvolvimento das fórmulas a partir do valor futuro:
$FV = PV (1 + i)^n$

Valor presente (PV)	Taxa de juros (i)	Número de períodos de capitalização (n)
$FV = \mathbf{PV} (1 + i)^n$	$FV = PV (1 + i)^n$	$FV = PV (1 + i)^n$
$FV \div (1 + i)^n = \mathbf{PV}$	$FV \div PV = (1 + i)^n$	$FV \div PV = (1 + i)^n$
$\mathbf{PV = FV \div (1 + i)^n}$	$(FV \div PV)^{1/n} = 1 + i$	$LN (FV \div PV) = LN (1 + i) \times \mathbf{n}$
	$[(FV \div PV)^{1/n}] - 1 = i$	$LN (FV \div PV) \div LN (1 + i) = \mathbf{n}$
	$i = [(FV \div PV)^{1/n}] - 1$	$\mathbf{n = LN (FV \div PV) \div LN (1 + i)}$

Se você acompanhou a obtenção de todas as fórmulas a partir do valor futuro, percebeu algumas coisas diferentes na fórmula da taxa de juros e dos números de capitalizações. Na fórmula da taxa de juros, há um expoente fracionário (1/n), divisão que permite obter uma raiz de número maior que 2 nas calculadoras financeiras e científicas, por exemplo, a raiz quarta de 256 (= ?).

Para resolver a raiz quarta de 256, elevamos o valor a um quarto ($256^{1/4}$ = ?). Logo, temos que $256^{0,25}$ = 4. Parece maluquice, mas com uma calculadora científica ou financeira é fácil fazer essa conta e, daqui a pouco, você aprenderá na prática.

Outra coisa curiosa que você deve ter notado são as letras **LN** na fórmula do número de capitalizações. Essas letras significam *logaritmo natural*, que usaremos por ser o padrão na HP-12C. Contudo, você também poderá fazer os cálculos do número de capitalizações (n) usando o logaritmo de base 10, o famoso *log*, encontrado na maioria das calculadoras científicas.

O logaritmo é uma operação matemática que permite converter uma potência em uma multiplicação, uma raiz em uma divisão, uma multiplicação em uma adição, uma divisão em uma subtração e, após a conversão, ainda manter a mesma equivalência numérica.

Como exemplo, vamos descobrir o valor de y da seguinte potência 4^y = 64. Acompanhe os passos da utilização do logaritmo natural.

1. Converter a potência em logaritmo:

   4^y = 64

   LN 4 × y = LN 64

2. Isolar a variável y:

   y = LN 64 ÷ LN 4

3. Converter os valores em logaritmo natural e proceder à operação matemática:

Com o auxílio de uma calculadora, descobrimos que LN 64 = 4,15888 e LN 4 = 1,38629.

Logo,

y = 4,15888 ÷ 1,38629

y = 3

Vamos testar se deu certo? Substitua o valor de y na potência anterior ($4^y = 64$), pelo número 3 que obtivemos utilizando logaritmo e resolva a potência. Você constatará que $4^3 = 64$.

As propriedades dos logaritmos permitem converter uma potência em uma multiplicação para encontrar o valor desconhecido de um expoente. Essa funcionalidade dos logaritmos é muito útil na capitalização a juros compostos, pois todas as fórmulas utilizadas partem da fórmula do valor futuro, $FV = PV (1 + i)^n$, que tem uma potência incorporada. Portanto, sem a operação de logaritmo, não seria possível isolar a variável (n) dessa fórmula.

3.1 Noções sobre a calculadora HP-12C

Você já percebeu que usamos as mesmas notações matemáticas utilizadas no teclado da HP-12C, conforme é possível observar na imagem da calculadora a seguir. De agora em diante, você poderá usar sua HP-12C para resolver quase todos os exemplos e os exercícios aqui apresentados, porque a HP-12C usa juros compostos em quase todas as suas operações pré-programadas.

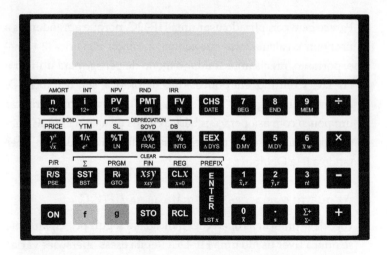

Para os profissionais de negócios, uma calculadora financeira é como um estetoscópio para o médico, aquele aparelho que fica pendurado no pescoço e que serve para ouvir os batimentos cardíacos. Trata-se de uma ferramenta básica da profissão que vale cada centavo do investimento.

Contudo, assim como o estetoscópio, ter uma calculadora financeira de nada adianta para quem não souber operá-la – e a HP-12C, em especial, não é para amadores. Nela, uma simples soma de dois mais dois é feita da seguinte maneira: 2 → ENTER → 2 → +. Assim, esta seção trará noções básicas da HP-12C. Não se engane: as lições são básicas, mas essenciais – acompanhe-as com atenção.

Essa maneira diferente de operar deve-se ao fato de a HP-12C usar a Notação Polonesa Reversa (RPN). Nesse sistema, você entra primeiro com o valor que inicia a operação – no caso do exemplo, o número 2; em seguida, aperta ENTER para guardar o valor na memória; depois, digita o outro número que será operado com o primeiro – no nosso caso, outra vez o número 2; e, finalmente, clica na operação desejada – no caso, a adição (+) –, quando o resultado (4) aparecerá no visor.

Parece bem complicado usar uma HP-12C, porque aprendemos a usar outras calculadoras que adotam a notação algébrica (2 + 2 = 4) e, portanto, precisamos mudar o modo de pensar para utilizar a HP-12C. Contudo, em poucos dias de prática, seu uso torna-se natural. Para pegar o "jeito" dessa calculadora, vamos praticar um pouco com as operações básicas antes de usar a HP-12C para cálculos financeiros. O primeiro passo é ligar a calculadora, apertando a tela ON.*

3.1.1 As quatro operações matemáticas na HP-12C

Você deve praticar as operações indicadas a seguir principalmente se nunca tiver usado uma HP-12C. Repita essas operações várias vezes e crie outras, incluindo números com vírgulas. Essa prática lhe dará mais confiança para avançar para outras operações e ensinará seu cérebro a pensar diferente, conferindo-lhe agilidade para realizar essas e outras operações na calculadora.

Figura 3.2 – Operações aritméticas na HP-12C

ADIÇÃO	SUBTRAÇÃO
125 + 25 = 150	125 – 25 = 100
Na HP:	Na HP:
125 → ENTER	125 → ENTER
25 → +	25 → –
MULTIPLICAÇÃO	DIVISÃO
125 × 5 = 625	125 ÷ 5 = 25
Na HP:	Na HP:
125 → ENTER	125 → ENTER
5 → X	5 → ÷

---

* Se você chegou até aqui e não tem uma HP-12C, baixe um aplicativo grátis em seu celular – se ele for do tipo *smartphone* – nas lojas virtuais de seu sistema operacional. Apesar das propagandas, esses aplicativos funcionam muito bem para simular a calculadora, tanto no visual quanto nas operações.

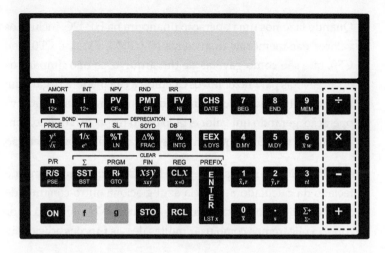

Pronto, agora que você já "pegou o jeito HP" de fazer as operações matemáticas básicas, avancemos no aprendizado de outras funções que são fundamentais para os cálculos financeiros.

3.1.2 Como limpar os dados da memória financeira (CLEAR FIN)

Antes de qualquer cálculo financeiro, você precisa sempre limpar a memória financeira da calculadora. Para executar essa operação, aperte a tecla laranja* f e, em seguida, pressione FIN, conforme indica a Figura 3.3.

Figura 3.3 – Sequência de teclas para limpar a memória financeira

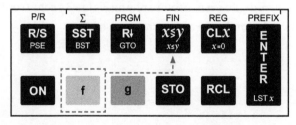

* Para as cores relacionadas aos comandos citados, verifique Figura 1.1.

Quando fazemos uma operação financeira na HP-12C, incluímos valores nas memórias financeiras (PV, PMT, FV, n, i, CF0 e/ou CFj), que são como gavetas de um arquivo; se não limparmos essas gavetas para fazer novos cálculos, a calculadora pegará um número velho, guardado em um cálculo anterior, e o usará na nova operação, gerando um valor errado como resposta. Por isso, sempre limpe a memória financeira antes de fazer uma nova operação.

A tecla **f** aciona funções extras da HP-12C, escritas em laranja no teclado da calculadora. A tecla azul **g** aciona outro conjunto de funções adicionais, estas grafadas em azul. No momento oportuno, explicaremos como usar muitas dessas funções adicionais.

3.1.3 Como fazer a configuração de casas decimais do visor

A HP-12C utiliza centenas de casas decimais em seus cálculos, mas, em razão do tamanho do visor, apenas nove casas decimais aparecem. Entretanto, é possível escolher quantas casas decimais aparecerão no visor, e essa escolha permite fazer arredondamentos.

Lembre-se que, ao escolher usar somente duas casas no visor, você está arredondando os resultados para a segunda casa decimal, isso pode ser muito útil para apresentar resultados em dinheiro, pois a calculadora arredondará os valores dos centavos. Nesse caso, digite f → 2. A minha preferência para fazer cálculos com uso de fórmulas é por seis casas decimais, para obter maior precisão; nesse caso, digito f → 6. Acompanhe na Figura 3.4 como configurar as casas decimais que aparecem no visor.

Figura 3.4 – Configurando casas decimais no visor da HP-12C

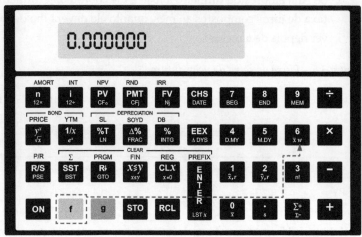

Esta pequena introdução à HP-12C já lhe deu uma boa base para começar a usar a calculadora para resolver diretamente os problemas financeiros de juros compostos. Você receberá outras dicas sobre o uso da HP-12C à medida que avançar no conteúdo, assim poderá aprender praticando com os exemplos e evoluir na operação da calculadora juntamente à evolução do conteúdo de juros compostos.

3.2 Valor futuro a juros compostos

O valor futuro é o resultado da capitalização de um valor presente por uma taxa de juros durante um número de capitalizações definido. Perceba que, com uma taxa de juros e um valor presente, você consegue descobrir o valor futuro para qualquer período futuro. Obter o valor futuro ajuda a responder aos seguintes tipos de perguntas:

a. Quanto terei no futuro se aplicar hoje um capital a uma dada taxa de juros?

b. Se Ana emprestou dinheiro a João e lhe cobrou determinada taxa de juros compostos ao mês, quanto ele deverá lhe devolver depois de 6 meses?

Figura 3.5 – Fluxo de caixa do valor futuro

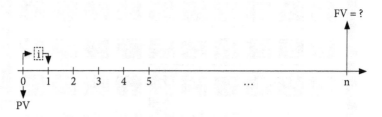

A Figura 3.5 mostra o fluxo de caixa que permite que um valor presente, depois de um número de capitalizações n a uma taxa de juros compostos i, converta-se em um valor futuro maior. Como se trata de juros compostos, há capitalização de juros sobre juros, conforme você viu no início deste capítulo, quando, por meio do desenvolvimento matemático, chegamos à seguinte fórmula do valor futuro:

$$FV = PV (1 + i)^n$$

Em que:

FV: valor futuro

PV: valor presente

i: taxa de juros

n: número de capitalizações

Acompanhe a resolução do exemplo a seguir para entender um problema que envolve o cálculo do valor futuro e, depois, com base no exemplo, resolva os exercícios de fixação para reforçar seu aprendizado. Como usaremos os mesmos exercícios do capítulo anterior, mas agora a juros compostos, aproveite para comparar os resultados entre um regime de capitalização e outro.

Exemplo

Qual será o valor resgatado após 12 meses de capitalização de uma aplicação financeira de R$ 500,00 que rende uma taxa de juros compostos de 2% ao mês?

Dados	Desenvolvimento matemático	HP-12C
PV = 500,00	$FV = PV (1 + i)^n$	f → FIN
n = 12 meses	$FV = 500 (1 + 0,02)^{12}$	500 → **CHS** → PV
i = 0,02 a.m. (2 ÷ 100)	$FV = 500 (1,02)^{12}$	12 → n
FV = ?	$FV = \mathbf{500 \times 1,268242}$	2 → i → FV
	FV = 634,12	634,12

Resposta: O valor resgatado será de R$ 634,12.

Dicas valiosas para resolver os exercícios na calculadora HP-12C

1. Insira o valor da taxa de juros i em percentual – na HP-12C você não precisa dividir por 100 como nas fórmulas.

2. Insira o valor presente sempre negativo – para isso, digite o valor e, então, aperte a tecla CHS antes de apertar a tecla PV*.

3. Sempre limpe a memória financeira antes de inserir novos valores para o cálculo – para isso, pressione a sequência de teclas f → FIN, conforme você já viu na Figura 3.4.

Agora que você já aprendeu a desenvolver os cálculos para achar o valor futuro, tanto por meio da fórmula quanto usando a calculadora HP-12C, resolva os exercícios de fixação a seguir e compare com os resultados dos exercícios sobre juros simples do capítulo anterior.

Exercícios de fixação

1. A empresa X aplicou R$ 1.000,00 em uma aplicação que rende juros compostos de 0,01% ao dia. Depois de 2,5 anos de aplicação, qual foi o valor total acumulado? (Considere o ano comercial de 360 dias.)

Dados	Desenvolvimento matemático
PV =	$FV = PV (1 + i)^n$
n =	
i =	
FV = ?	
Resposta:	

Confirme o valor obtido com a fórmula efetuando o cálculo na HP-12C.

---

* A tecla CHS da HP-12C é a sigla de *change signal*, que, em português, significa "troca de sinal".

2. A empresa X tomou um empréstimo de R$ 100.000,00 a uma taxa de juros compostos de 4,0 % ao mês, o qual deve ser quitado em parcela única após 1,5 anos. Qual será o valor para quitação do empréstimo e quanto a empresa pagará de juros?

Dados	Desenvolvimento matemático	
PV = n = i = FV = ? J = ?	$FV = PV (1 + i)^n$	$J = FV - PV$

Resposta 1:

Resposta 2:

Confirme o valor obtido com a fórmula efetuando o cálculo na HP-12C.

3.3 Valor presente a juros compostos

O valor presente é o que sobra de um valor futuro depois de descontados os juros por determinado período de capitalização. Para calcular o valor presente, portanto, é preciso fazer uma operação de descapitalização, ou seja, é preciso retirar os juros de um montante conhecido. O valor presente ajuda a responder a perguntas como estas:

a. Quanto devo aplicar hoje em uma aplicação que rende a determinada taxa de juros para que, daqui a certo tempo, eu acumule um montante de capital pretendido?

b. Dada uma taxa de juros, quanto eu aceitaria receber hoje em troca de receber daqui vários meses um valor conhecido?

Figura 3.6 – Fluxo de caixa do valor presente

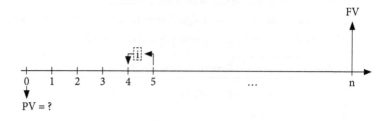

Na Figura 3.6, você pode perceber que o fluxo de caixa do valor presente é o oposto do fluxo de caixa do valor futuro, ou seja, o PV é obtido retirando-se os juros do FV a uma dada taxa de juros conhecida, considerando determinado número de capitalizações. Essa retirada de juros é uma descapitalização.

Para fazer a descapitalização do valor futuro, isto é, a retirada dos juros, e obter o valor presente a juros compostos, usamos a seguinte fórmula de matemática financeira:

$$PV = FV \div (1 + i)^n$$

Em que:
PV: valor presente
FV: valor futuro
i: taxa de juros
n: número de capitalizações

Acompanhe a resolução do exemplo a seguir para entender um problema que envolve o cálculo do valor presente a juros compostos e, em seguida, com base no exemplo, resolva os exercícios de fixação. Como estamos adotando os mesmos exercícios do capítulo anterior, compare os resultados para ver a diferença entre um regime de capitalização e outro.

Exemplo

Depois de 2 anos, o valor total de R$ 4.000,00 foi resgatado de uma aplicação. Sabendo que a taxa de juros compostos da aplicação era de 2,5% ao mês, qual foi o valor do capital aplicado?*

Dados	Desenvolvimento matemático	HP-12C
$i = 0,025$ $(2,5 \div 100)$	$PV = FV \div (1 + i)^n$	$f \rightarrow FIN$
$n = 24$ meses (2 anos)	$PV = 4.000 \div (1 + 0,025)^{24}$	$2,5 \rightarrow i$
$FV = 4.000,00$	$PV = 4.000 \div (1,025)^{24}$	$4.000,00 \rightarrow FV$
$PV = ?$	$PV = \mathbf{4.000 \div 1,808726}$*	$24 \rightarrow n \rightarrow PV \rightarrow CHS$
	$PV = 2.211,50$	$2.211,50$

Resposta: O valor do capital aplicado foi de R$ 3.000,00.

Novamente, lembre-se de limpar a memória financeira da HP-12C e de inserir o valor da taxa de juros em percentual e, por fim, repare que o resultado fornecido pela calculadora para PV, a princípio, é um valor negativo, então, é preciso apertar a tecla CHS para deixá-lo positivo. Refaça a sequência na HP-12C para fixar e tornar esses passos automáticos.

Exercícios de fixação

1. Depois de 4 anos, o valor total de R$ 5.426,18 foi resgatado de uma aplicação. Sabendo que a taxa de juros compostos da aplicação era de 0,5% ao mês, qual foi o valor do capital aplicado?

---

* É recomendável usar ao menos 6 casas depois da vírgula para os cálculos intermediários.

Dados	Desenvolvimento matemático
FV =	$PV = FV \div (1 + i)^n$
n =	
i =	
PV = ?	

Resposta:

Confirme o valor obtido com a fórmula efetuando o cálculo na HP-12C.

2. A empresa X, 1,5 ano após ter contraído uma dívida cuja taxa mensal de juros compostos cobrada foi de 5% ao mês, quitou-a integralmente por R$ 7.219,86. Quanto a empresa havia tomado de empréstimo há 1,5 anos?

Dados	Desenvolvimento matemático
FV =	$PV = FV \div (1 + i)^n$
n =	
i =	
PV = ?	

Resposta:

Confirme o valor obtido com a fórmula efetuando o cálculo na HP-12C.

3.4 Taxa de juros a juros compostos

A taxa de juros das operações de capitalização composta é o percentual que permite que um valor presente, depois de capitalizado por determinado período a juros sobre juros, resulte em um valor futuro conhecido. O cálculo da taxa de juros ajuda a resolver problemas financeiros como estes:

a. Emprestei R$ 300,00 de um amigo e lhe devolvi R$ 400,00 depois de 6 meses. Qual foi a taxa de juros compostos cobrada ao mês?

b. Qual taxa de juros compostos ao mês é capaz de triplicar um capital em 2 anos?

Figura 3.7 – Fluxo de caixa da taxa de juros

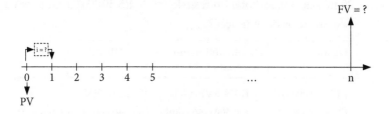

Na Figura 3.7, você pode perceber que a taxa de juros incide sobre o valor presente a cada ciclo de capitalização, que pode ser diário, mensal, anual e assim por diante. Como se trata de juros compostos, os juros capitalizados em cada ciclo se juntam ao valor principal (PV) para serem capitalizados nos ciclos de capitalização seguintes.

Para calcular a taxa de juros compostos, portanto, é necessário conhecer o valor presente, o valor futuro e o número de capitalizações, conforme evidenciado na fórmula a seguir:

$$i = (FV \div PV)^{1/n} - 1$$

Em que:
i: taxa de juros
FV: valor futuro
PV: valor presente
n: número de capitalizações

Acompanhe o desenvolvimento do exemplo que segue para entender sua utilidade na resolução de um problema financeiro real e veja como realizar os cálculos para obter o resultado da taxa de juros por meio da fórmula e diretamente na HP-12C. Na sequência, resolva os exercícios de fixação.

Exemplo

Um capital de R$ 40.000,00 foi aplicado a juros compostos e, após 20 meses, o valor total do resgate foi de R$ 50.000,00. Qual era a taxa de juros da aplicação?

Dados	Desenvolvimento matemático	HP-12C
PV = 40.000,00	$i = (FV \div PV)^{1/n} - 1$	f → FIN
FV = 50.000,00	$i = (50.000 \div 40.000)^{1/20} - 1$	40.000,00 → **CHS** → PV
n = 20 meses	$i = (1,25)^{0,05} - 1$	50.000,00 → FV
i = ?	$i = 1,011219 - 1$	20 → n → i
	$i = 0,011219 \ (\times 100)$	1,121965
	$i = 1,1219\%$	

Resposta: A taxa de juros da aplicação era de 1,1219% ao mês.

Você já aprendeu, quando estudou juros simples, que, usando a fórmula, obtemos a taxa de juros em valor decimal, mas devemos sempre apresentá-la em percentual. Para isso, multiplicamos o resultado obtido por 100 e, depois, referenciamos o período de capitalização (ao mês, ao ano etc.). **Atenção**: na HP-12C, não é preciso multiplicar por 100, o valor já é obtido em percentual.

Você também deve ter notado, no desenvolvimento do exemplo, como foi fácil resolver uma raiz de índice 20. Bastou elevar o valor obtido dentro dos parênteses (1,25) pelo valor de um dividido por vinte (0,05). Na calculadora HP-12C, essa operação fica assim: 1,25 → ENTER → 0,05 → y x. Em uma calculadora científica, seria: 1,25 → xy → 0,05 → =. Agora, aproveite os exercícios de fixação para praticar – tanto com a fórmula quanto com a HP-12C – e, em seguida, avance para o estudo dos números de capitalizações.

Exercícios de fixação

1. Depois de 3 anos de aplicação, a empresa X resgatou o total de R$ 1.360,00 de uma aplicação inicial de R$ 1.000,00 e que rendia juros mensais. Qual foi a taxa de juros compostos mensal da aplicação?

Dados	Desenvolvimento matemático
PV = FV = n = i = ?	$i = (FV \div PV)^{1/n} - 1$

Resposta:

Confirme o valor obtido com a fórmula efetuando o cálculo na HP-12C.

2. Qual é a taxa de juros compostos ao dia capaz de duplicar um valor após 5 anos de aplicação? (Considere o ano financeiro de 252 dias úteis.)

Dados	Desenvolvimento matemático
PV = FV = n = i = ?	$i = (FV \div PV)^{1/n} - 1$

Resposta:

Confirme o valor obtido com a fórmula efetuando o cálculo na HP-12C.

3.5 Número de capitalizações a juros compostos

O número de capitalizações é a quantidade de períodos de incidência da taxa de juros compostos em uma operação de capitalização ou descapitalização. Como a incidência dos juros pode ser diária, semanal, quinzenal, mensal, bimestral, semestral, anual, etc., o número de capitalizações estará sempre associado ao período de capitalização definido pela incidência da taxa de juros compostos.

É preciso prestar muita atenção ao período de incidência da taxa de juros compostos (período de capitalização): se a capitalização for ao mês, o número de capitalizações será obtido em meses; se a taxa de juros for capitalizada ao dia, o valor obtido com a fórmula de n será em dias; e assim por diante. Logo, é o período de incidência da taxa de juros compostos que define o valor do número de capitalizações.

Por meio da fórmula do número de capitalizações, você poderá resolver problemas financeiros como estes:

a. Quanto tempo é necessário para duplicar R$ 1.000,00 aplicados a uma taxa de juros compostos de 1% ao mês?

b. Um aplicador resgatou o valor total de R$ 10.000,00 de uma aplicação que rendia 0,5% ao mês. Sabendo que o valor aplicado foi de R$ 5.000,00, por quantos meses ele deixou seu capital aplicado?

Conforme você pode perceber na Figura 3.8, a seguir, o número de períodos de capitalização define quantas vezes a taxa de juros vai incidir sobre um capital. Como trata-se de juros compostos, os juros capitalizados em um período são agregados ao capital a ser capitalizado nos períodos seguintes. Logo, quanto maior o valor de n, mais juros serão capitalizados.

Figura 3.8 – Fluxo de caixa do número de capitalizações

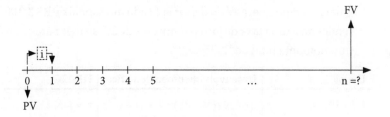

Para saber quantas capitalizações um capital sofreu para acumular certa quantia de juros, usamos a seguinte fórmula da matemática financeira:

$$n = LN\ (FV \div PV) \div LN\ (1 + i)$$

Em que:

n: número de capitalizações
PV: valor presente
FV: valor futuro
i: taxa de juros
LN: logaritmo natural ou neperiano (padrão HP-12C)

Lembre-se de que o valor de **n** deve ser expresso em anos, semestres, meses, dias etc., em conformidade com o período de incidência da taxa de juros, pois ambos devem ser compatíveis, ou seja, se a taxa de juros incidir mensalmente, o número de capitalizações será em meses, se a taxa de juros incidir anualmente, o número de capitalizações será em anos, e assim por diante.

Acompanhe o desenvolvimento do exemplo a seguir e veja como utilizar os números de capitalizações para resolver um problema financeiro, seja por meio da fórmula, seja diretamente na HP-12C. Então, resolva os exercícios de fixação.

Exemplo

Quanto tempo é necessário deixar aplicado um capital de R$ 100,00 rendendo a uma taxa de juros compostos de 2% ao mês para obter um montante total de R$ 150,00?*

Dados	Desenvolvimento matemático	HP-12C
PV = 100,00	$n = LN (FV \div PV) \div LN (1 + i)$	$f \rightarrow FIN$
i = 0,02 a.m. (2 ÷ 100)	$n = LN (150 \div 100) \div LN (1 + 0,02)$	$100 \rightarrow CHS \rightarrow PV$
FV = 150,00	$n = LN\ 1,5 \div LN\ 1,02$	$2 \rightarrow i$
n = ?	$n = 0,405465 \div 0,019803$	$150 \rightarrow FV \rightarrow n$
	$n = 20,47$ (ou 21 meses)	21*

Resposta: É necessário deixar o capital aplicado por 21 meses.

Preste atenção à resposta do exemplo: o resultado final foi um valor quebrado (20,47), mas, como a taxa de juros é ao mês, para obter o valor futuro de R$ 150,00, é necessário deixar o valor aplicado até vencer o 21º mês. Por isso, a resposta deve ser arredondada para cima. Note que a calculadora HP-12C já dá a resposta arredondada para cima. Agora, resolva os exercícios de fixação e, depois, confira os resultados ao final do livro.

Exercícios de fixação

1. A empresa X aplicou um capital de R$ 1.000,00 a uma taxa de juros compostos de 1% ao mês e resgatou um montante final de R$ 1.816,70. Por quantos anos esse valor ficou aplicado?

---

* A HP-12C já fornece o resultado arredondado para cima quando o valor de n não é exato.

Dados	Desenvolvimento matemático
PV = i = FV = n = ?	$n = LN (FV \div PV) \div LN (1 + i)$

Resposta:

Confirme o valor obtido com a fórmula efetuando o cálculo na HP-12C.

2. Por quantos meses é preciso deixar um capital aplicado a uma taxa de juros compostos diária de 0,05% para que ele aumente em 50%?

Dados	Desenvolvimento matemático
PV = i = FV = n = ?	$n = LN (FV \div PV) \div LN (1 + i)$

Resposta:

Confirme o valor obtido com a fórmula efetuando o cálculo na HP-12C.

Lista de exercícios

1. Ana aplicou R$ 700,00 a uma taxa de juros compostos de 8,5% ao ano. Quanto ela acumulará depois de 5 anos de aplicação?

2. A empresa X comprou R$ 30.000,00 em produtos de um fornecedor para pagar em 3 meses. Como o fornecedor cobra juros compostos de 5% ao mês, quanto a empresa deverá pagar pela compra?

3. Quanto João deve aplicar hoje para que, depois de 3 anos, tenha acumulado R$ 5.000,00 em uma caderneta de poupança que rende a juros compostos de 0,65% ao mês?

4. Depois de 18 meses, Ana recebeu R$ 770,00 de um empréstimo que havia feito à amiga Olga. Como Ana cobrou 3% de juros compostos ao mês, quanto Olga havia tomado emprestado?

5. Qual é a taxa de juros compostos ao mês que converteu uma aplicação de R$ 2.000,00 em um montante de R$ 3.000,00 depois de 2 anos?

6. Uma dívida de R$ 350,00 foi paga com atraso de 18 dias pelo valor de R$ 362,60. Qual foi a taxa de juros de mora compostos ao dia cobrada na operação?

7. Por quantos meses é necessário deixar um valor aplicado à taxa de juros compostos de 2% ao mês para que ele triplique de valor?

8. Um capital de R$ 1.250,00 foi aplicado a uma taxa de juros compostos de 0,85% ao mês. Depois de certo tempo, o total resgatado foi de R$ 1.632,50. Por quantos meses esse capital ficou aplicado?

9. João aplicou R$ 5.000,00 a juros compostos e, depois de 2,5 anos, havia acumulado R$ 5.900,00. Esse saldo total foi reaplicado à mesma taxa mensal de juros compostos da primeira aplicação por mais 2 anos, quando, finalmente, João fez o resgate. Qual foi o valor total resgatado por João?

10. Uma empresa aplicou R$ 100.000,00 e, depois de 3 anos, sacou o total de R$ 150.000,00. Considerando que o ano comercial tem 360 dias, qual foi a taxa de juros compostos diária da aplicação?

Taxas de juros

Conteúdos do capítulo:

- Taxa de juros proporcional.
- Taxa de juros equivalente.
- Taxa de juros nominal.
- Taxa de juros efetiva.
- Taxa real de juros.

Após o estudo deste capítulo, você será capaz de:

1. diferenciar os tipos de taxas de juros e utilizá-los corretamente para resolver problemas financeiros;
2. entender o que são juros proporcionais e calcular a taxa de juros proporcional a partir de outra taxa de juros;
3. diferenciar uma taxa nominal de uma taxa efetiva de juros, bem como fazer a conversão de uma na outra;
4. saber o que é juro real e obter a taxa real de juros a partir de uma taxa nominal.

Você aprendeu, até aqui, que a taxa de juros é uma relação percentual entre o valor presente e o valor futuro. Também já sabe usar a taxa de juros para resolver problemas de capitalização e descapitalização a juros simples e compostos. No entanto, para avançar com mais segurança na matemática financeira e se capacitar para resolver problemas financeiros práticos, você precisa aprender mais sobre as taxas de juros.

Neste capítulo, demonstraremos como obter taxas de juros parciais a partir de taxas de juros totais – tanto para juros simples quanto para juros compostos –, uma vez que, não raro, a taxa de juros é anual, mas o capital fica aplicado só alguns meses. Nesses casos, é preciso saber a taxa de juros mensal proporcional (ou equivalente) à taxa de juros anual.

Você também aprenderá a reconhecer uma taxa de juros nominal e a convertê-la em uma taxa de juros efetiva, pois as taxas nominais não servem à resolução de problemas financeiros – e usar uma taxa nominal pode gerar prejuízos financeiros ao mutuário, aquele que assume uma dívida. Você verá também, neste capítulo, o efeito da inflação sobre a rentabilidade de juros e aprenderá a obter a taxa real de juros.

4.1 Taxa de juros proporcional (i_P)

Antes de qualquer coisa, ressaltamos que a taxa de juros proporcional é usada apenas para resolver problemas financeiros de juros simples. Em casos que envolvem juros compostos, é preciso usar a taxa de juros equivalente.

E o que são *taxas de juros proporcionais*? Duas taxas de juros são proporcionais se aplicadas a um mesmo capital, durante o mesmo período, mas com números de capitalizações diferentes, produzindo igual montante de juros. Ficou confuso? Acompanhe o exemplo a seguir para entender esse conceito na prática.

Exemplo

Qual é o valor futuro de uma aplicação de R$ 100,00 capitalizada à taxa de juros simples de 12% ao ano durante um ano? E capitalizada à taxa de juros simples de 1% ao mês por um ano?

Dados	Desenvolvimento matemático
PV = 100,00	FV = PV (1 + n × i)
n = 1 ano	FV = 100 (1 + 1 × **0,12**)
i = 0,12 (12 ÷ 100)	FV = 100 (**1 + 0,12**)
FV = ?	FV = **100 × 1,12**
	FV = 112,00

Resposta 1: O valor futuro é de R$ 112,00.

PV = 100,00	FV = PV (1 + n × i)
n = 12 meses	FV = 100 (1 + 12 × **0,1**)
i = 0,01 (1 ÷ 100)	FV = 100 (**1 + 0,12**)
FV = ?	FV = **100 × 1,12**
	FV = 112,00

Resposta 2: O valor futuro é de R$ 112,00.

Com o exemplo, note que tanto faz capitalizar R$ 100,00 por um ano a 12% ao ano ou a 1% ao mês. Em ambos os casos, o valor futuro será de R$ 112,00. Logo, 1% ao mês é uma taxa de juros proporcional a 12% ao ano.

Podemos concluir que, a juros simples, uma taxa de juros anual sempre terá uma taxa de juros proporcional mensal, diária, semanal etc.; bem como uma taxa de juros simples ao mês terá uma taxa proporcional semanal, diária etc. Para calcular uma taxa de juros proporcional (i_P), podemos usar a seguinte fórmula:

$$i_P = i_T \div n$$

Em que:

i_P: taxa proporcional de juros

i_T: taxa total de juros

n: número de capitalizações parciais

Acompanhe os exemplos a seguir e aprenda, na prática, a descobrir a taxa de juros proporcional e a usá-la para resolver um problema real de juros de mora, que é aquele juro cobrado por dias de atraso no pagamento de uma conta. Depois, resolva os exercícios de fixação sugeridos.

Exemplos

1. Uma dívida foi contraída a uma taxa de juros simples de 20% ao ano. Caso essa dívida fosse contratada a juros simples mensais, qual seria a taxa proporcional de juros ao mês?

Dados	Desenvolvimento matemático
$i_T = 0{,}20$ a.a. $(20 \div 100)$	$i_P = i_T \div n$
$n = 12$ (1 ano = 12 meses)	$i_P = 0{,}20 \div 12$
$i_P = ?$	$i_P = 0{,}016666 \ (\times 100)$
	$i_P = 1{,}6666\%$

Resposta: O valor da taxa de juros proporcional mensal é de 1,6666% ao mês.

É possível resolver os exercícios de juros proporcionais sem dividir a taxa de juros por 100 antes de usar na fórmula, mas, para que você não se esqueça de fazer essa divisão por 100 quando for usar a taxa de juros em outras fórmulas, dividimos a fim de reforçar o hábito.

Algumas empresas podem decidir realizar operações financeiras com clientes utilizando taxas de juros simples. Nesse caso, os cálculos de taxas de juros proporcionais permitem a solução de diversos problemas financeiros, tais como os apresentados nos exemplos 2 e 3, a seguir.

2. Uma empresa contraiu uma dívida com um fornecedor que lhe cobrou uma taxa de juros simples anual de 30%. Qual seria a taxa de juros devida para quitar a dívida no oitavo mês?

Dados	Desenvolvimento matemático	
$i_T = 0{,}30$ a.a. $(30 \div 100)$ $n = 12$ (1 ano = 12 meses) $i_P = ?$ $i_T = ?$ (n = 8 meses)	**Taxa proporcional mensal** $i_P = i_T \div n$ $i_P = 0{,}30 \div 12$ $i_P = 0{,}025$ $i_P = 2{,}50\%$ a.m.	**Taxa total (para 8 meses)** $i_T = i_P \times n$ $i_T = 0{,}025 \times 8$ $i_T = 0{,}20$ $i_T = 20{,}0\%$

Resposta: A taxa de juros devida para o pagamento no oitavo mês é de 20%.

Perceba que estamos usando um nova fórmula para a taxa de juros total (iT), diferente daquela usada na Seção 1.1. No primeiro capítulo, não tínhamos a taxa de juros proporcional, apenas o valor presente e o valor futuro, logo, a taxa de juros total era obtida pela variação percentual entre esses dois valores, lembra-se? A taxa de juros total era obtida por meio da seguinte fórmula: $i_T = [(FV \div PV) - 1] \times 100$.

Como agora temos a taxa proporcional, para obter a taxa total, basta fazer a multiplicação da taxa proporcional pelo número de capitalizações, assim: $i_T = i_P \times n$. Trata-se da mesma taxa total de juros, apenas obtida por métodos diferentes.

4.1.1 Cobrança de juros de mora*

Muitas empresas precisam cobrar dívidas em atraso, sobre as quais pode incidir multa por atraso (2%, 5% ou 10% etc.) e juros de mora por tempo de atraso (embasados em uma taxa de juros de referência, geralmente mensal). Assim, caso a taxa de juros de mora seja mensal, mas o tempo de atraso contado em dias, os juros

---

* A **mora** é prevista nos arts. 394 a 401 do Código Civil Brasileiro (Brasil, 2002) e refere-se ao atraso no pagamento de uma obrigação. Assim, os juros de mora são cobrados quando ocorre o atraso no pagamento de alguma obrigação que prevê a cobrança de mora, calculados com base em uma taxa de juros ao dia ou ao mês.

de mora são calculados *pro rata die*, ou seja, proporcionalmente aos dias de atraso. Acompanhe os exemplos a seguir para entender como isso é feito na prática.

Exemplo

Um cliente da empresa X atrasou em 12 dias o pagamento de um boleto de R$ 500,00 no qual está prevista a cobrança de juros de mora de 3% ao mês proporcionais a cada dia de atraso (*pro rata die*). Considerando que a empresa aplica juros simples nessa cobrança, qual será o valor cobrado do cliente para o pagamento após os 12 dias de atraso?

Dados	Desenvolvimento matemático	
$i_T = 0,03$ a.m. $(3 \div 100)$	**Taxa proporcional diária (i_P)**	**Valor futuro cobrado (FV)**
$n = 30$ (1 mês = 30 dias)		
$i_P = ?$ (% ao dia)	$i_P = i_T \div n$	$FV = PV (1 + n \times i_P)$
$PV = 500,00$ (valor do boleto)	$i_P = 0,03 \div 30$	$FV = 500 (1 + \mathbf{12} \times \mathbf{0,001})$
	$i_P = 0,001$	$FV = 500 (\mathbf{1 + 0,012})$
$n = 12$ (dias de atraso)	$i_P = 0,1\%$ a.d.	$FV = \mathbf{500} \times \mathbf{1,012}$
$FV = ?$		$FV = 506,00$

Resposta: Será cobrado do cliente R$ 506,00.

Por meio do acompanhamento da resolução do exemplo, você pode perceber que foi preciso obter a taxa proporcional ao dia para usá-la no cálculo dos juros de mora devidos. Geralmente, como ressaltamos anteriormente, aplica-se também uma multa por atraso no pagamento, que é um percentual fixo sobre o valor em atraso, o valor da multa é, então, acrescido ao valor futuro calculado para obtenção do valor final a ser cobrado do cliente.

Exercício de fixação

A empresa X tomou R$ 10.000,00 emprestados de um fornecedor e prometeu quitar a dívida após dois anos pagando uma taxa de juros simples de 18% ao ano. No entanto, a empresa decidiu quitar integralmente a dívida no 17º mês. Qual será o valor total da quitação da dívida?

Dados	Desenvolvimento matemático	
$i_T =$	**Taxa proporcional**	**Valor futuro**
$n =$	$i_P = i_T \div n$	$FV = PV\,(1 + n \times i_P)$
$i_P = ?$		
$PV =$		
$FV = ?$		
Resposta:		

Quando a cobrança em atraso, além do juros de mora, também incluir uma multa por atraso (M), para calcular o valor total (VT) da cobrança, é preciso calcular a multa e somá-la ao valor futuro. Acompanhe o exemplo a seguir para aprender a calcular uma cobrança de juros de mora e multa por atraso.

Exemplo

Calcule o valor total a ser cobrado de um cliente que atrasou por 18 dias o pagamento de uma parcela no valor de R$ 835,85 de um financiamento que prevê multa de 5% por atraso e juros simples de mora de 4,5% ao mês proporcionais aos dias de atraso (*pro rata die*).

Dados	Desenvolvimento matemático	
$i_T = 0{,}045$ $(4{,}5 \div 100)$ $n = 30$ (1 mês = 30 dias) $i_P = ?$ $PV = 835{,}85$ $FV = ?$ $(n = 18)$ $M = 5$ $(M\% = 5)$ $VT = ?$	**1) Taxa proporcional diária** $I_P = i_T \div n$ $I_P = 0{,}045 \div 30$ $I_P = 0{,}0015$	**3) Multa por atraso** $M = PV$ $(M\% \div 100)$ $M = 835{,}85$ $(5 \div 100)$ $M = 835{,}85 \times 0{,}05$ $M = 42{,}92$
	2) Valor futuro $FV = PV$ $(1 + n \times i_P)$ $FV = 835{,}85$ $(1 + \mathbf{18} \times \mathbf{0{,}0015})$ $FV = 835{,}85$ $(\mathbf{1 + 0{,}027})$ $FV = \mathbf{835{,}85 \times 1{,}027}$ $FV = 858{,}42$	**4) Valor total de cobrança** $VT = FV + M$ $VT = 858{,}42 + 42{,}92$ $VT = 901{,}34$

Resposta: O valor total a ser cobrado do cliente será de R$ 901,34.

Neste exemplo, você pode notar que o valor da multa é calculado sobre o valor presente e não sobre o valor futuro (com os juros de mora embutidos), pois não se cobra multa sobre juros, apenas sobre o valor em atraso.

Exercício de fixação

Ana atrasou em 6 dias o pagamento de uma prestação de seu carro novo no valor de R$ 950,00. No boleto vencido, está prevista a cobrança de uma multa de 3% por atraso, acrescida da cobrança de juros de mora de 5% ao mês *pro rata die*. Quanto Ana deverá pagar para quitar o boleto em atraso?

Dados	Desenvolvimento matemático	
$i_T =$ $n =$ $i_P = ?$	1) Taxa proporcional $i_P = i_T \div n$	3) Multa por atraso (M) $M = PV \times (M\% \div 100)$
$PV =$ $FV = ?$ $(n = 6)$ $M = ?$ $(M\% = 5)$ $VT = ?$	2) Valor futuro $FV = PV (1 + n \times i_P)$	4) Valor total de cobrança $VT = FV + M$

Resposta:

4.2 Taxa de juros equivalente (i_Q)

Como ressaltamos anteriormente, a taxa de juros equivalente é usada para resolver problemas financeiros de juros compostos. Duas taxas de juros compostos são equivalentes se aplicadas a um mesmo capital, durante o mesmo período, mas com números de capitalizações diferentes, gerando o mesmo montante final de juros. Acompanhe o exemplo a seguir para entender, na prática, que 1% ao mês a juros compostos equivale a 12,68% ao ano.

Exemplo

Qual é o valor futuro de uma aplicação de R$ 100,00 capitalizada à taxa de juros compostos de 12% ao ano por um ano? E capitalizada à taxa de juros compostos de 1% ao mês por um ano?

Dados	Desenvolvimento matemático
$PV = 100,00$ $n = 1$ ano $i = 0,12$ $(12\% \div 100)$ $FV = ?$	$FV = PV (1 + i)^n$ $FV = 100 (1 + 0,12)^1$ $FV = 100 (1,12)^1$ $FV = \mathbf{100 \times 1,12}$ $FV = 112,00$

Resposta 1: O valor futuro será de R$ 112,00.

Dados	Desenvolvimento matemático
PV = 100,00	$FV = PV (1 + i)^n$
n = 12 meses	$FV = 100 (1 + 0,01)^{12}$
i = 0,01 (1% ÷ 100)	$FV = 100 (1,01)^{12}$
FV = ?	$FV = \mathbf{100 \times 1,126825}$
	$FV = 112,6825$

Resposta 2: O valor futuro será de R$ 112,68.

Acompanhando o exemplo, você pode perceber que, em se tratando de juros compostos, uma taxa de 1% ao mês é equivalente a uma taxa de 12,6825% ao ano, pois, quando aplicada a taxa de 1% ao mês sobre R$ 100,00, após 12 meses, o valor da aplicação é de R$ 112,6825. Para calcular a taxa equivalente (i_Q), que é resultado dos juros compostos, a fórmula deverá incorporar o efeito dos juros sobre juros; por isso, será uma equação exponencial. Veja, então, como fica:

$$i_Q = [(1 + i_T)^{1/n}] - 1$$

Em que:

i_Q: taxa equivalente de juros (ao mês, ao bimestre, ao dia etc.)

i_T: taxa de juros do período total (anual, mensal etc.)

n: número de capitalizações parciais (semestres, meses, dias etc.)

Com essa fórmula, você pode calcular qualquer taxa de juros equivalente a partir de uma taxa de juros total se conhecer a quantidade de períodos parciais em relação ao período da taxa total. Você já sabe que, em um ano, há 12 meses, mas quantos dias há em um ano?

Essa resposta pode variar, pois o **ano do calendário** (dias corridos) tem 365 dias – ou 366 dias nos anos bissextos –, mas o **ano comercial** tem só 360 dias e não muda no ano bissexto, e o **ano financeiro** (dias úteis) tem 252 dias e também não muda no ano bissexto.

Acompanhe os exemplos a seguir e perceba que as taxas proporcionais podem ser mais vantajosas àquele que cobra juros, mesmo a juros simples, do que as taxas equivalentes.

Exemplos

1. Uma dívida foi contraída a uma taxa de juros compostos de 20% ao ano. Caso essa dívida fosse contratada com juros simples mensais, qual seria a taxa equivalente de juros ao mês?

Dados	Desenvolvimento matemático	HP-12C
$i_T = 0,20$ a.a. (20 ÷ 100)	$i_Q = [(1 + i_T)^{1/n}] - 1$	$f \rightarrow$ FIN
$n = 12$ (1 ano tem	$i_Q = [(1 + 0,2)^{1/12}] - 1$	$100 \rightarrow$ CHS $\rightarrow$ PV
12 meses)	$i_Q = [(1,2)^{0,083333}] - 1$	$100 \rightarrow$ ENTER
$i_Q = ?$	$i_Q = 1,015309 - 1$	$20 \rightarrow \% \rightarrow + \rightarrow$ FV
	$i_Q = 0,015309$	$12 \rightarrow n \rightarrow i$
	$i_Q = 1,5309\%$ a.m.	1,5309

Resposta: O valor da taxa de juros proporcional mensal é de 1,5309% ao mês.

> Você lembra que o resultado da taxa proporcional de juros para este mesmo exemplo (na Seção 4.1) foi de 1,6666% ao mês? Agora, para uma mesma taxa de juros total de 20% ao ano, obtivemos uma taxa equivalente de apenas de 1,5309%. Isso aconteceu porque a taxa de juros equivalente é calculada usando juros compostos.

2. A empresa X tomou R$ 30.000,00 emprestados de um fornecedor e prometeu quitar a dívida integralmente após dois meses, acrescida de uma taxa de juros compostos de 4% ao mês. No entanto, o gestor financeiro da empresa decidiu quitar a dívida após 40 dias. Qual será o valor total da quitação da dívida?

Dados	Desenvolvimento matemático
$PV = 30.000,00$	$i_Q = [(1 + i_T)^{1/n}] - 1$
$i_T = 0,04$ a.m. $(4 \div 100)$	$i_Q = [(1 + 0,04)^{1/30}] - 1$
$n = 30$ (1 mês = 30 dias)	$i_Q = [(1,04)^{0,033333}] - 1$
$i_Q = ?$ (diária)	$i_Q = 1,001308 - 1$
$FV = ?$ (n = 40 dias)	$i_Q = 0,00130821$
	$FV = PV\,(1 + i)^n$
	$FV = 30.000\,(1 + 0,00130821)^{40}$
	$FV = 30.000\,(1,00130821)^{40}$
	$FV = 30.000 \times 1,05368578$
	$FV = 31.610,57$

Resposta: O valor total para a quitação após 40 dias será de R$ 31.610,57.

Resolução com HP-12C

$f \rightarrow$ FIN	$f \rightarrow$ FIN
$100 \rightarrow$ CHS $\rightarrow$ PV	$0,130821 \rightarrow i$
$100 \rightarrow$ ENTER	$30.000,00 \rightarrow$ CHS $\rightarrow$ PV
$4 \rightarrow \% \rightarrow + \rightarrow$ FV	$40 \rightarrow n \rightarrow$ FV
$30 \rightarrow n \rightarrow i$	$31.610,56$
$0,130821$	

A HP-12C já fornece o resultado em percentual, e as diferenças de valores em relação às fórmulas se devem ao uso de apenas seis casas decimais nas fórmulas, o que limita a exatidão do resultado. Logo, sempre que possível, prefira o valor obtido na calculadora financeira.

No exemplo anterior, foi preciso converter a taxa de juros mensal de 4% em uma taxa diária de 0,1308%, pois a dívida que seria quitada depois de 2 meses foi quitada após 40 dias. Logo, a taxa mensal não serve mais para obter o valor futuro, por isso calculamos a taxa diária equivalente.

Na seção anterior, obter a taxa de juros proporcional foi importante para calcular os valores dos juros de mora das dívidas pagas em atraso. Agora, você aprenderá a calcular os juros de mora a partir da taxa equivalente, que usa os juros compostos. Acompanhe o exemplo a seguir para compreender como aplicar os juros compostos de mora sobre uma dívida em atraso.

Exemplo

Um cliente da empresa X atrasou em 12 dias o pagamento de um boleto de R$ 500,00 no qual está prevista a cobrança de juros de mora de 3% ao mês proporcionais a cada dia de atraso (*pro rata die*). Considerando que a empresa aplica juros compostos nessa cobrança, qual será o valor cobrado do cliente para o pagamento após os 12 dias de atraso?

Dados	Desenvolvimento matemático
$i_T = 0{,}03$ a.m. $(3 \div 100)$	**Taxa equivalente diária (i_Q)**
$n = 30$ (1 mês = 30 dias)	$i_Q = [(1 + i_T)^{1/n}] - 1$
$i_Q = ?$ (% ao dia)	$i_Q = [(\mathbf{1 + 0{,}03})^{1/30}] - 1$
PV = 500,00 (valor do	$i_Q = [(\mathbf{1{,}03})^{0{,}03333333}] - 1$
boleto)	$i_Q = \mathbf{1{,}00098578 - 1}$
$n = 12$ (dias de atraso)	$i_Q = 0{,}00098578$
FV = ?	
	Valor atualizado (FV)
	$FV = PV\,(1 + i_Q)^n$
	$FV = 500\,(\mathbf{1 + 0{,}00098578})^{12}$
	$FV = 500\,(\mathbf{1{,}00098578})^{12}$
	$FV = \mathbf{500 \times 1{,}01189578}$
	$FV = 505{,}95$

(continua)

(conclusão)

Resolução com HP-12C	
Taxa equivalente (i_Q)	**Valor futuro (FV)**
f → FIN	f → FIN
100 → CHS → PV	0,098578 → i
100 → ENTER	500 → CHS → PV
3 → % → + → FV	12 → n → FV
30 → n → i	505,95
0,098578	

Resposta: Será cobrado do cliente R$ 505,95.

Lembre-se de que a HP-12C já fornece o resultado da taxa de juros em percentual.

Recorde-se de que o resultado do exemplo similar a este, resolvido por meio da taxa proporcional (na Seção 4.1.1), resultou em um valor de R$ 506,00. Agora, usando a taxa de juros equivalente, o resultado foi de apenas R$ 505,95. Esse exercício comprova que usar a taxa proporcional (juros simples), nas cobranças de juros de mora em dívidas atrasadas, é mais vantajoso para o credor – aquele que cobra a dívida – do que aplicar a taxa equivalente a juros compostos.

Por que isso acontece? Porque o efeito dos juros sobre juros permite que uma taxa equivalente de juros menor que uma taxa proporcional produza o mesmo montante de juros após iguais períodos de capitalização. Acompanhe, no Gráfico 4.1, a evolução de uma taxa proporcional de 1% ao mês e de uma taxa equivalente de 0,082% ao mês. Ambas resultam em uma taxa total de 48,0% depois de 48 meses.

Gráfico 4.1 – Evolução das taxas proporcional e equivalente de juros

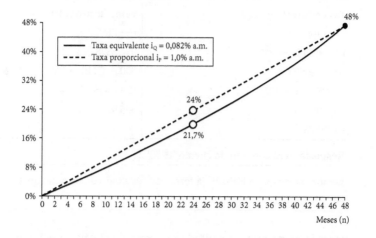

O Gráfico 4.1 permite visualizar melhor o efeito dos juros compostos. Perceba que a taxa de juros equivalente é menor que a taxa de juros proporcional e sua linha fica sempre abaixo da linha da taxa proporcional em todos os meses, exceto no último mês de capitalização, quando ambas acabam em 48%. Portanto, a taxa equivalente é sempre menor que a taxa proporcional antes do período final e a maior diferença entre elas sempre ocorre na metade do período. No caso do exemplo anterior, foi no 24º mês, quando a taxa proporcional ficou 3,3% maior que a taxa equivalente.

Os conceitos estudados, os exemplos e o gráfico anterior permitem chegar à conclusão de que, para períodos parciais, é mais vantajoso utilizar a taxa proporcional de juros para fazer a atualização de um capital.

Agora, resolva o exercício de fixação a seguir e compare o resultado com aquele resolvido com a taxa proporcional, assim você reforçará seu entendimento sobre taxas equivalentes e proporcionais.

Exercício de fixação

A empresa X tomou R$ 10.000,00 emprestados de um fornecedor e prometeu quitar a dívida após 2 anos, pagando uma taxa de juros compostos de 18% ao ano. No entanto, a empresa decidiu quitar integralmente a dívida no 17º mês. Qual será o valor total da quitação da dívida?

Dados	Desenvolvimento matemático	
$i_T =$	$i_q = [(1 + i_T)^{1/n}] - 1$	$FV = PV (1 + i_q)^n$
$n =$		
$i_q = ?$		
$PV =$		
$FV = ?$		
Resposta:		

Como vimos ao estudar os juros simples, quando a cobrança em atraso, além do juros de mora, também inclui uma multa por atraso (M), para calcular o valor total (VT) da cobrança, é preciso calcular a multa sobre o valor em atraso e, então, somá-la ao valor futuro já com os juros de mora incluídos. Acompanhe o exemplo de como fazer uma cobrança de juros de mora e multa por atraso, desta vez usando os juros compostos.

Exemplo

Calcule o valor total a ser cobrado de um cliente que atrasou por 18 dias o pagamento de uma parcela de R$ 835,85 de um financiamento que prevê multa de 5% por atraso e juros compostos de mora de 4,5% ao mês proporcionais aos dias de atraso (*pro rata die*).

Dados	Desenvolvimento matemático	
$i_T = 0,045$ (4,5 ÷ 100)	**1) Taxa equivalente (i_Q)** $i_Q = [(1 + i_T)^{1/n}] - 1$	**3) Multa por atraso (M)** $M = PV \times (M\% \div 100)$
$n = 30$ (1 mês = 30 dias)	$i_Q = [(1 + 0,034)^{1/30}] - 1$	$M = 835,85 \times (5 \div 100)$
$i_Q = ?$	$i_Q = [(1,045)^{0,033333}] - 1$	$M = 835,85 \times 0,05$
$PV = 835,85$	$i_Q = 1,001468 - 1$	$M = 42,92$
	$i_Q = 0,001468$	
$FV = ?$ ($n = 18$)	**2) Valor futuro**	**4) Valor total**
$M = ?$ ($M\% = 5$)	$FV = PV (1 + i_Q)^n$	**de cobrança**
$VT = ?$	$FV = 835,85 (1 + 0,001468)^{18}$	$VT = FV + M$
	$FV = 835,85 (1,001468)^{18}$	$VT = 858,22 + 42,92$
	$FV = \mathbf{835,85 \times 1,26762}$	$VT = 901,14$
	$FV = 858,22$	

Resposta: O valor total a ser cobrado do cliente será de R$ 901,14.

No exemplo, você pode notar que, conforme já ressaltamos anteriormente, o valor da multa é calculado sobre o valor presente (valor em atraso), não sobre o valor futuro (com os juros de mora embutidos), pois não se cobra multa sobre juros, apenas sobre o valor principal de uma dívida em atraso. Agora, resolva o exercício de fixação para reforçar seu aprendizado sobre o assunto.

Exercício de fixação

Ana atrasou em 6 dias o pagamento de uma prestação de seu carro novo no valor de R$ 950,00. No boleto vencido, está prevista a cobrança de uma multa de 3% por atraso, acrescida da cobrança de juros de mora de 5% ao mês *pro rata die*. Quanto Ana deverá pagar para quitar o boleto em atraso?

Dados	Desenvolvimento matemático	
$i_T =$ $n =$	1) Taxa equivalente (i_Q) $i_Q = [(1 + i_T)^{1/n}] - 1$	3) Multa por atraso (M) $M = PV \times (\%M \div 100)$
$i_Q = ?$ $PV =$ $FV = ?$ $M = ?$ $VT = ?$	2) Valor futuro (FV) $FV = PV (1 + i_Q)^n$	4) Valor total de cobrança (VT) $VT = FV + M$
Resposta:		

4.2.1 Taxa total (i_T)

Às vezes, é importante descobrir uma taxa de juros total a partir de uma taxa parcial, uma operação inversa à anterior, para descobrir a taxa equivalente de juros. Para obter uma taxa total a juros compostos para múltiplos períodos (dias, meses, anos), é preciso ter uma taxa parcial (ou equivalente), a quantidade de períodos (n) e aplicar a seguinte fórmula:

$$i_T = [(1 + i_Q)^n] - 1$$

Em que:

i_T: taxa de juros do período total

I_Q: taxa equivalente de juros (por período parcial)

n: número de períodos parciais (semestres, meses, dias etc.)

Usamos a taxa total (i_T) para resolver problemas financeiros em que, a partir de uma taxa de juros total, é preciso obter uma taxa equivalente e, com esta, obter outra taxa total. Veja, no exemplo a seguir, um problema financeiro bem comum nas empresas e que é resolvido por meio desse processo.

Exemplo

A empresa X vende a prazo mediante a cobrança de uma taxa de juros de 5% ao mês. Um cliente fez uma compra a ser paga em 45 dias. Qual será a taxa de juros equivalente diária e a taxa total de juros para 45 dias?

Dados	Desenvolvimento matemático	
$i_T = 0,05$ a.m. $(5 \div 100)$	**Taxa equivalente (i_Q)**	**Taxa total (i_T)**
$n = 30$ (1 mês = 30 dias)	$i_Q = [(1 + i_T)^{1/n}] - 1$	$i_T = [(1 + i_Q)^n] - 1$
$i_Q = ?$ (diária)	$i_Q = [(1 + 0,05)^{1/30}] - 1$	$i_T = [(1 + 0,001628)^{45}] - 1$
$i_T = ?$ (n = 45 dias)	$i_Q = [(1,05)^{0,033333}] - 1$	$i_T = [(1,001628)^{45}] - 1$
	$i_Q = 1,001628 - 1$	$i_T = 1,075946 - 1$
	$i_Q = 0,001628$	$i_T = 0,075946$
	$i_Q = 0,1628\%$ a.d.	$i_T = 7,5946\%$ (45 dias)

Resolução com HP-12C

Taxa equivalente (i_Q)	Taxa total (i_T)
f → FIN	f → FIN
100 → CHS → PV	0,162766 → i
100 → ENTER	100 → CHS → PV
5 → % → + → FV	45 → n → FV
30 → n → i	100 → – 7,592973
0,162766	$i_T = 7,592973\%$
$i_Q = 0,162766\ \%$	

Resposta: A taxa de juros equivalente diária é 0,1628% e, para 45 dias, é de 7,5946%.

A HP-12C já fornece o resultado em percentual, e as diferenças de valores em relação às fórmulas se devem ao uso de apenas seis casas decimais nas fórmulas, o que limita a exatidão do resultado. Logo, sempre que possível, prefira o valor obtido na calculadora financeira.

Exercício de fixação

João tem uma aplicação financeira em um banco que paga juros compostos de 8% ao ano, mas ele pretende deixar seu dinheiro aplicado somente por 200 dias. Como o banco usa o ano financeiro para realizar a capitalização, qual será a rentabilidade total da aplicação de João?

Dados	Desenvolvimento matemático	
$i_T =$	**Taxa equivalente (i_Q)**	**Taxa total (i_T)**
$n =$	$i_Q = [(1 + i_T)^{1/n}] - 1$	$i_T = [(1 + i_Q)^n] - 1$
$i_Q = ?$		
$i_T = ?$		
Resposta:		

4.3 Taxa nominal de juros

A taxa nominal de juros é aquela definida para um prazo que não corresponde ao período de capitalização. Por exemplo, uma taxa de juros de 12% ao ano com capitalização mensal é uma nominal, pois a taxa é ao ano (a.a.), mas a capitalização dos juros é mensal. A taxa nominal é sinalizada assim: 12% a.a./m. Desse modo, fica claro que a taxa de juros é ao ano, mas a capitalização dos juros é mensal.

Assim, toda taxa de juros definida para um prazo diferente do período de capitalização é dita nominal e, a juros compostos, a taxa nominal é diferente da taxa efetiva obtida com as capitalizações a cada período. Quando abordamos a taxa equivalente de juros, você aprendeu que uma taxa de 1% ao mês, capitalizada durante 12 meses a juros compostos, equivale a uma taxa de juros total de 12,68% ao ano. A juros simples, no entanto, uma taxa de 1% ao mês resulta em 12% ao ano.

Logo, uma taxa nominal com capitalização composta é uma prática que mascara o verdadeiro custo de uma operação financeira, pois a prática de definir um prazo para a taxa nominal diferente do período de capitalização de juros provoca uma diferença entre a taxa nominal e a taxa efetiva.

4.4 Taxa efetiva de juros

A taxa de juros efetiva é aquela cujo prazo definido é coincidente com o período de capitalização. Por exemplo, uma taxa de 3% ao mês com capitalização mensal é dita taxa efetiva, pois a taxa é ao mês e a capitalização é mensal: 3% a.m./m. Perceba que há coincidência entre o prazo da taxa de juros (ao mês) e o período de capitalização de juros (mensal).

Assim, uma taxa de juros ao ano, com capitalização anual (X% a.a./a.), uma taxa ao dia com capitalização diária (Y% a.d./d.) ou, ainda, uma taxa ao semestre com capitalização semestral (Z% a.s./s.) são todas taxas efetivas, pois há coincidência entre o prazo da taxa de juros e o período de capitalização de juros. Observe o Quadro 4.1 e veja a diferença entre as taxas nominais e efetivas.

Tabela 4.1 – Exemplo de taxas de juros nominais e efetivas

Taxa nominal	Taxa efetiva
24% ao ano, capitalização mensal (24% a.a./m)	2% ao mês, capitalização mensal (2% a.m./m)
3% ao mês, capitalização diária (3% a.m./d)	10% ao ano, capitalização anual (10% a.a./a)
18% ao ano, capitalização semestral (18% a.a./s)	9% ao semestre, capitalização semestral (9% a.s./s)

Quando uma taxa nominal é fornecida, ou seja, uma taxa com prazo diferente do período de capitalização, deve-se transformá-la em taxa efetiva. Conforme você pode observar no Quadro 4.1, basta fazer o prazo coincidir com o período de capitalização.

Note que é o período de capitalização de define a taxa efetiva. Por exemplo, para transformar uma taxa nominal de juros de 36% ao ano com capitalização mensal (36% a.a./m) em taxa efetiva, é preciso convertê-la em uma taxa ao mês com capitalização mensal. Para isso, dividimos a taxa anual por 12 meses, o que resulta em a 3% a.m./m. No caso de uma taxa nominal de 36% ao ano com capitalização diária (36% a.a./d.), para obter a taxa efetiva diária para o ano comercial, dividimos por 360 dias e obtemos 0,1% a.d./d.

Assim, para converter uma taxa nominal em uma taxa efetiva, é preciso conciliar prazo (ao mês, ao ano, ao semestre etc.) e período de capitalização definido (mensal, anual, diário etc.). Então, basta calcular a taxa proporcional, a partir da qual é possível descobrir a taxa total, seja a juros simples, seja a juros compostos. Observe o desenvolvimento do exemplo a seguir.

Exemplo

A empresa X quer financiar, em 2 anos, a compra de uma máquina, e o banco pretende cobrar uma taxa nominal de juros de 18% ao ano, com capitalização mensal a juros compostos. Qual será a taxa de juros efetiva da operação? E a taxa total anual?

Dados	Desenvolvimento matemático	
$i = 0,18$ a.a. $(18 \div 100)$	**Taxa proporcional mensal (i_P)**	**Taxa total anual (i_T)**
$n = 12$ (1 ano =		$i_T = [(1 + i_P)^k] - 1$
12 meses)	$i_P = i_T \div n$	$i_T = [(1 + 0,015)^{12}] - 1$
$i_P = ?$ (ao mês)	$i_P = 0,18 \div 12$	$i_T = [(1,015)^{12}] - 1$
$i_T = ?$ (ao ano)	$i_P = 0,015$	$i_T = \mathbf{1,195618 - 1}$
	$i_P = 1,50\%$ a.m./m.	$i_T = \mathbf{0,195618}$ **($\times$ 100)**
		$i_T = 19,5618\%$ a.a.

Resposta: A taxa de juros efetiva mensal será de 1,5% a.m./m., e a taxa anual equivalente será de 19,5618% a.a.

Você pode perceber, pelo desenvolvimento do exemplo, que, para obter a taxa de juros efetiva mensal, bastou calcular a taxa proporcional. Assim, conseguimos igualar a taxa ao mês ao período de capitalização mensal (1,5% a.m/m.). Note, também, que, a juros compostos, a taxa efetiva mensal produz uma taxa de juros total anual diferente da taxa nominal. Contudo, se a capitalização fosse a juros simples, a taxa efetiva mensal resultaria em uma taxa proporcional anual igual à taxa efetiva.

4.5 Taxa real de juros

A definição de *real* advém da economia e refere-se ao valor residual após o desconto da inflação do período. Assim, a taxa de juros real é o percentual de juros que resta após o desconto da taxa de inflação para o mesmo período.

A taxa de inflação (p) é o percentual da variação geral de preços em uma economia. Para calcular a taxa real de juros, basta partir de uma taxa total de juros para determinado período e descontar dela o percentual de inflação acumulado para esse mesmo período, como é possível verificar na fórmula a seguir.

$$i_R = [(1 + i_T) \div (1 + p)] - 1$$

Em que:

i_R: taxa real de juros do período

i_T: taxa de juros total do período

p: taxa de variação dos preços (índice de inflação)

Você sabe por que a taxa de juros real é importante? Porque ela revela o ganho de poder de compra do dinheiro aplicado ao longo do tempo. A inflação provoca a perda do poder de compra do dinheiro: quando os preços sobem, a mesma quantidade de dinheiro compra uma quantidade menor de coisas. Assim, se uma aplicação financeira render menos que a inflação, haverá perda de poder de compra; se render igual à inflação, o poder de compra apenas se manterá; se a rentabilidade da aplicação superar a taxa de inflação, haverá um ganho real de poder de compra do dinheiro aplicado. Logo, ao calcular a taxa real de juros de determinada aplicação, se o resultado do cálculo for negativo, há perda real de poder de compra; se for igual a zero, há manutenção de poder de compra; se for positiva, há ganho real de poder de compra. Acompanhe os exemplos a seguir que demonstram como obter a taxa real de juros de um problema prático.

Exemplos

1. Uma aplicação rendeu 13,5% em 18 meses, e a taxa de inflação medida pelo IPCA/IBGE acumulou uma alta de 11,45% no mesmo período. Qual foi a taxa de juros real da aplicação?

Dados	Desenvolvimento matemático
$i_T = 0,135$ $(13,5 \div 100)$	$i_R = [(1 + i_T) \div (1 + p)] - 1$
$p = 0,1145$ $(11,45 \div 100)$	$i_R = [(1 + 0,135) \div (1 + 0,1145)] - 1$
$i_R = ?$	$i_R = (1,135 \div 1,1145) - 1$
	$i_R = 1,018394 - 1$
	$i_R = 0,018394$ (ou 1,8394%)

Resposta: A taxa real de juros da aplicação foi de 1,8394%.

2. Ana colocou R$ 3.000,00 em uma aplicação e, depois de 3 anos, sacou R$ 3.478,50. Considerando que a inflação no período acumulou uma alta de 18,54%, qual foi o ganho real de Ana em sua aplicação?

Dados	Desenvolvimento matemático
$PV = 3.000,00$ $FV = 3.478,50$ $i_T = ?$ $p = 0,1854\ (18,54 \div 100)$ $i_R = ?$	**Taxa de juros (i)** $i_T = [(FV \div PV) - 1] \times 100$ $i_T = [(\mathbf{3.478,50} \div \mathbf{3.000}) - 1] \times 100$ $i_T = [\mathbf{1,15950} - 1] \times 100$ $i_T = \mathbf{0,15950 \times 100}$ $i_T = 15,950\%$
	Taxa real (i_r) $i_R = [(1 + i_T) \div (1 + p)] - 1$ $i_R = [(1 + 0,1595) \div (1 + 0,1845)] - 1$ $i_R = (1,1595 \div 1,1845) - 1$ $i_R = 0,978894 - 1$ $i_R = -\,0,021106\ (ou - 2,1106\%)$

Resposta: Ana teve uma perda real de 2,1106% em sua aplicação.

Caso você afirme ter havido perda, não precisa deixar o sinal negativo.

Você conhece os principais índices de inflação do Brasil? Existem vários índices de inflação, e eles prestam-se a diferentes atualizações. Os principais índices de inflação no Brasil são o Índice de Preços ao Consumidor Amplo (IPCA), calculado pelo Instituto Brasileiro de Geografia e Estatística (IBGE), e o Índice Geral de Preços – Mercado (IGP-M), calculado pela Fundação Getulio Vargas (FGV).

Existem outros índices de inflação – gerais, ao consumidor, setoriais, regionais etc. – que podem, de acordo com a necessidade, ser utilizados para o cálculo da taxa de juros real, contudo, o IPCA do IBGE e o IGP-M da FGV resolvem a maioria das necessidades empresariais para a definição dos juros reais. Assim, vamos analisar esses dois com mais detalhes.

O IPCA/IBGE é recomendável para a maioria dos casos, pois é a taxa de inflação oficial do governo, a que serve de meta para a inflação e direciona as políticas de controle de preços na economia. Logo, o IPCA/IBGE serve para revelar se a uma aplicação financeira é capaz de superar a inflação oficial do país e oferecer uma rentabilidade real, ou seja, uma rentabilidade acima da inflação.

O IGP-M/FGV é o índice de preços mais usados para a correção de contratos, como os de aluguel. Também é o indicador mais usado para corrigir os preços dos serviços públicos, como energia elétrica, telefonia, tarifas de pedágio, entre outros.

Agora que você já sabe calcular a taxa real de juros, resolva o exercício de fixação a seguir para melhorar o entendimento desta parte do conteúdo.

Exercício de fixação

A empresa X tem um recurso aplicado à taxa de juros compostos de 0,65% ao mês. Considerando uma inflação acumulada de 11,75% depois de 2 anos, quanto de ganho real de juros essa aplicação já rendeu à empresa nesse mesmo período?

Dados	Desenvolvimento matemático	
$i =$	**Taxa total (i_T)**	**Taxa real (i_R)**
$n =$	$i_T = [(1 + i_Q)^n] - 1$	$i_r = [(1 + i_T) \div (1 + p)] - 1$
$i_T = ?$		
$p =$		
$i_R = ?$		
Resposta:		

Lista de exercícios

1. Qual é a taxa proporcional e equivalente mensal de uma taxa de juros de 30% ao ano?

2. Uma empresa tomou R$ 10.000,00 emprestados para pagar depois de 6 meses com um acréscimo de 20% de juros. Caso a empresa resolva pagar a dívida 3 meses antes do vencimento, quanto deve pagar pelo método da taxa proporcional a juros simples?

3. Uma empresa tomou R$ 10.000,00 emprestados para pagar depois de 6 meses com um acréscimo de 20% de juros. Caso a empresa resolva pagar a dívida 3 meses antes do vencimento, quanto deve pagar pelo método da taxa equivalente a juros compostos?

4. Atualize a juros simples o valor de uma dívida de R$ 550,00 que está sendo paga 13 dias após o vencimento. Considere uma multa de 2% pelo atraso e um juro de mora de 5% ao mês.

5. Atualize a juros compostos o valor de uma dívida de R$ 550,00 que está sendo paga 13 dias após o vencimento. Considere uma multa de 2% pelo atraso e um juro de mora de 5% ao mês.

6. Descubra a taxa efetiva mensal de uma taxa de 24% ao ano com capitalização mensal.

7. Descubra a taxa efetiva mensal de uma taxa de 36% ao ano com capitalização mensal. A partir da taxa efetiva, calcule a taxa total equivalente anual.

8. Verifique se a taxa efetiva de 4,5% ao mês é equivalente a uma taxa total anual de 60,0%.

9. Qual foi a taxa real de rentabilidade de uma aplicação que acumulou 15,90% de juros em 2 anos, visto que a inflação para o mesmo período acumulou alta de 12,45%?

10. Uma aplicação de R$ 2.000,00 gerou um retorno de R$ 500,00 de juros em 3 anos. Sabendo que a inflação acumulada no período foi de 15,5%, qual foi a taxa de juros real da aplicação?

Anuidades

Conteúdos do capítulo:

- Anuidades.
- Valor futuro de anuidades.
- Parcela de anuidades.
- Valor presente de anuidades.
- Quantidade de prestações de anuidades.
- Taxa de juros de anuidades.

Após o estudo deste capítulo, você será capaz de:

1. compreender o que são anuidades ou séries uniformes de pagamentos e identificar suas diferentes aplicações práticas para as finanças pessoais e das empresas;
2. calcular o valor futuro de uma série de aplicações iguais à mesma taxa de juros;
3. calcular o valor das parcelas iguais de uma aplicação financeira que permita alcançar um montante de capital depois de um período de aplicações à mesma taxa de juros;
4. aplicar o princípio do fundo de aposentadoria para calcular o valor presente de uma aplicação capaz de suportar uma quantidade de saques iguais no futuro;
5. saber quantas aplicações iguais à mesma taxa de juros são capazes de alcançar um valor futuro desejado;
6. calcular a taxa de juros implícita de uma série de aplicações financeiras de valor igual.

As anuidades também são conhecidas como *séries de pagamentos uniformes*, uma vez que fazem a relação entre as parcelas iguais de uma aplicação financeira (PMT)* e a taxa de juros (i). Assim, dada uma quantidade (n) de aplicações financeiras, ou de saques, é possível descobrir os saldos futuros (FV) ou o valor presente (PV)

---

* Abreviação da palavra inglesa *PayMenT, pagamento* em português.

de uma aplicação. Neste capítulo, evidenciaremos como planejar aplicações financeiras para atingir objetivos de formação de capital por meio do qual possa usufruir rendimentos ao longo do tempo.

Perceba que a novidade das anuidades é o valor das parcelas PMT, que são aplicações ou saques de valores iguais feitos no decorrer do tempo. A importância das anuidades é que elas permitem projetar o saldo de uma aplicação financeira de valor fixo com meses ou anos de antecedência, bem como descobrir o total que é preciso ter hoje, em uma aplicação financeira, para poder fazer retiradas mensais de valor fixo ao longo do tempo, que é o **princípio da previdência privada**.

Os cálculos das anuidades podem ser feitos com juros simples ou com juros compostos, para pagamentos de juros antecipados ou postecipados. As anuidades **antecipadas** são as que pagam juros no ato da aplicação, e as **postecipadas** são as que pagam juros depois de transcorrido o período de capitalização. Como postecipadas são as usualmente praticadas nas operações financeiras no Brasil a juros compostos, concentraremos nelas nossos estudos.

Para entender melhor como funciona o **princípio da anuidade**, imagine uma aplicação mensal regular de R$ 100,00 que rende a uma taxa de juros compostos de 1,0% ao mês. Considerando que esses juros são creditados depois de um mês de aplicação (juros postecipados), qual será o valor futuro depois de 12 aplicações mensais? A Tabela 5.1, a seguir, reproduz a aplicação do problema mês a mês e, além de fornecer a resposta à questão, também ajuda a entender o processo de capitalização de parcelas fixas mensais.

Tabela 5.1 – Evolução de uma anuidade

Período	Taxa de juros	Juros	Parcela	Valor futuro
(n)	(i)	(J)	(PMT)	(FV)
1	1,00%	0,00	100,00	100,00
2	1,00%	1,00	100,00	201,00
3	1,00%	2,01	100,00	303,01
4	1,00%	3,03	100,00	406,04
5	1,00%	4,06	100,00	510,10
6	1,00%	5,10	100,00	615,20
7	1,00%	6,15	100,00	721,35
8	1,00%	7,21	100,00	828,57
9	1,00%	8,29	100,00	936,85
10	1,00%	9,37	100,00	1.046,22
11	1,00%	10,46	100,00	1.156,68
12	1,00%	11,57	100,00	1.268,25

A Tabela 5.1 demonstra a evolução da aplicação de R$ 100,00 mensais durante 12 meses, capitalizados a uma taxa fixa de juros compostos de 1,00% ao mês. Todo mês uma nova aplicação é feita na coluna PMT e, ao seu valor, somam-se os valores aplicados nos períodos anteriores e os juros já capitalizados para formar o saldo da aplicação (FV).

Perceba que, ao final dos 12 meses, há um ganho de R$ 68,25 de juros. Como se trata de juros compostos, os ganhos de juros crescem em ordem geométrica e, caso a aplicação continuasse por 48 meses, o valor futuro seria de R$ 6.122,26, e o total de juros ganhos seria de R$ 1.322,26.

Por meio da análise da Tabela 5.1, você pode perceber que as anuidades têm parcelas de valor fixo e a taxa de juros também é fixa ao longo de toda a aplicação. Como os pagamentos de juros são postecipados, é preciso esperar um mês para receber os juros da aplicação; contudo, como se trata de juros compostos, esses juros ganhos se juntam ao capital e são capitalizados nos períodos seguintes. Note também que a aplicação feita no 12º mês não gera juros, que serão acumulados no mês seguinte, não contemplado na tabela.

5.1 Valor futuro das anuidades (FV)

O valor futuro das anuidades é o saldo que resulta da soma de uma quantidade de aplicações fixas e dos juros capitalizados ao longo dos períodos de capitalização. O cálculo do valor futuro ajuda a resolver questões como estas:

a. Quanto terei acumulado em uma aplicação que rende 1% de juros compostos ao mês se aplicar R$ 1.000,00 todo mês por 2,5 anos?

b. O que é mais rentável: depositar R$ 100,00 por mês a uma taxa de juros de 1% ao mês durante 5 anos ou aplicar R$ 1.200,00 ao ano a uma taxa anual de juros de 12% durante 5 anos?

Diante dessas questões, você deve ter percebido que, para calcular o valor futuro (FV) de uma anuidade, é preciso conhecer o valor das parcelas fixas (PMT), o percentual da taxa de juros (i) e a quantidade de aplicações que serão realizadas (n). Com esse conjunto de dados, basta utilizar a seguinte fórmula da matemática financeira:

$$FV = PMT [(1 + i)^n - 1] \div i$$

Em que:

FV: valor futuro de uma aplicação financeira

PMT: valor das parcelas iguais da aplicação

i: taxa de juros incidente a cada período de capitalização

n: número de aplicações sucessivas

Essa fórmula do valor futuro não é igual à dos Capítulos 2 e 3, em que abordamos as capitalizações simples e compostas. Lá, havia apenas uma aplicação, ou seja, o valor futuro era calculado a partir de um valor presente único. Aqui, o valor futuro é calculado com base em uma série de aplicações periódicas iguais.

É preciso prestar atenção aos períodos das aplicações, que devem coincidir com o período de capitalização da taxa de juros, ou seja, se a taxa de juros for ao mês, as aplicações deverão ser mensais, se a taxa de juros for ao dia, os depósitos deverão ser diários. Isso impõe alguma limitação aos cálculos de aplicações de valores diferentes a cada período ou que não respeitam uma regularidade de tempo. Contudo, esses casos não regulares podem ser resolvidos por meio de planilhas eletrônicas, aplicando-se os mesmos princípios matemáticos de que trataremos neste capítulo.

Acompanhe o desenvolvimento do exemplo a seguir para entender a aplicação prática da anuidade em uma aplicação financeira. Depois, resolva os exercícios de fixação propostos.

Exemplo

O gestor financeiro da empresa X pretende depositar mensalmente R$ 500,00 em uma aplicação financeira que remunera o capital à taxa de juros de 0,85% ao mês. Depois de 5 anos, quanto a empresa terá acumulado?

Dados	Desenvolvimento matemático
PMT = 500,00 i = 0,0085 a.m. (0,85 ÷ 100) n = 60 aplic. mensais (5 anos) FV = ?	$FV = PMT\,[(1+i)^n - 1] \div i$ $FV = 500\,[(1+0{,}0085)^{60} - 1] \div 0{,}0085$ $FV = 500\,[(1{,}0085)^{60} - 1] \div 0{,}0085$ $FV = 500\,[1{,}661706 - 1] \div 0{,}0085$ $FV = 500 \times 0{,}661706 \div 0{,}0085$ $FV = 38.923{,}87$
	HP-12C
	f → FIN 500 → CHS → PMT 60 → n 0,85 → i → FV 38.923,87

Resposta: A empresa terá acumulado R$ 38.923,87 em 5 anos.

Acompanhando o exemplo, você pode constatar que o período de capitalização foi convertido de anos para meses, uma vez que as aplicações são mensais. Assim, o número de aplicações determina a quantidade de capitalizações e, por isso, a incidência da taxa de juros deve respeitar o período das parcelas. Lembre-se, caso a taxa de juros fosse capitalizada ao dia, tanto para o ano comercial (360 dias) quanto para o ano financeiro (252 dias), seria necessário converter os 5 anos em dias – 1.800 dias para o ano comercial, e 1.260 dias para o ano financeiro.

Exercícios de fixação

1. Uma pessoa aplicou regularmente R$ 100,00 todo mês em um fundo de renda fixa. Se a taxa de juros compostos for de 1,0% ao mês, qual será o valor acumulado depois de 2,5 anos? Confirme o resultado com a calculadora financeira.

Dados	Desenvolvimento matemático
PMT = i = n = FV = ?	$FV = PMT \left[(1 + i)^n - 1 \right] \div i$

Resposta:

2. Ana deposita R$ 350,00 todo mês em uma aplicação financeira que rende a taxa de juros de 8,0% ao ano, capitalizados ao dia útil. Quanto Ana terá acumulado depois de 4 anos e 3 meses nessa aplicação? Confirme o resultado com a calculadora financeira.

Dados	Desenvolvimento matemático	
	Taxa equivalente (i_Q)	**Valor futuro (FV)**
PMT = i = n = i_Q = FV = ?	$i_Q = \left[(1 + i_T)^{1/n} \right] - 1$	$FV = PMT \left[(1 + i)^n - 1 \right] \div i$

Resposta:

5.2 Valor da parcela das anuidades (PMT)

O valor da parcela de uma anuidade é o valor fixo que, aplicado regularmente ao longo de um período de tempo e capitalizado a uma taxa de juros constante, resultará em um valor futuro ou pretendido. A fórmula do valor da parcela permite responder a perguntas como estas:

a. Qual é a quantia que devo aplicar todo mês para conseguir acumular R$ 100.000,00 em 5 anos, em uma aplicação que rende 1% de juros ao mês?

b. Após um período de 2,5 anos, uma pessoa conseguiu acumular R$ 30.000,00 em uma aplicação que rendia 0,6% ao mês. Quanto ela precisou depositar mensalmente para alcançar essa soma?

Diante dessas questões, você pode notar que, para saber o valor da parcela (PMT), é preciso conhecer a quantidade de aplicações (n), a taxa de juros que remunera as aplicações (i) e o valor futuro pretendido ou conhecido (FV). Com esses três dados, basta utilizar a fórmula apresentada a seguir:

$$PMT = FV \times i \div [(1 + i)^n - 1]$$

Em que:

PMT: valor das parcelas iguais da aplicação*

FV: valor futuro de uma aplicação financeira

i: taxa de juros incidente a cada período de capitalização

n: número de aplicações sucessivas

Acompanhe a resolução do exemplo a seguir para entender melhor como utilizar a fórmula matemática e a calculadora HP-12C para solucionar um problema prático de parcela de anuidade. Em seguida, resolva os exercícios de fixação propostos.

Exemplo

Daqui a 3 anos, a empresa X pretende comprar o imóvel que hoje aluga. O proprietário do imóvel estimou o valor da venda em um milhão de reais. Considerando que o dono do imóvel mantenha o

---

* Conforme destacamos no início do capítulo, PMT vem de *payment*, palavra em inglês que pode significar *pagamento, parcela* ou *prestação*. Aqui, como estamos tratando de aplicações financeiras, usaremos o termo *parcela*. Mais adiante, quando tratarmos de amortização de dívidas, chamaremos de *prestação*.

preço de venda e sabendo que a melhor aplicação disponível no banco rende juros de 0,7% ao mês, quanto a empresa deve aplicar mensalmente para comprar à vista o imóvel daqui a 3 anos?

Dados	Desenvolvimento matemático
FV = 1.000.000,00	$PMT = FV \times i \div [(1 + i)^n - 1]$
i = 0,007 a.m. (0,7 ÷ 100)	$PMT = \mathbf{1.000.000 \times 0,007} \div [(1 + \mathbf{0,007})^{36} - 1]$
n = 36 meses (3 anos)	$PMT = 7.000 \div [(1,007)^{36} - 1]$
PMT = ?	$PMT = 7.000 \div [\mathbf{1,285467} - 1]$
	$PMT = \mathbf{7.000 \div 0,285467}$
	$PMT = 24.521,22$
HP-12C	
$f \to FIN$	
$1.000.000 \to FV$	
$36 \to n$	
$0,7 \to i \to PMT$	
$[-24.521,22] \to CHS$	
$24.521,22$	

Resposta: A empresa deverá aplicar mensalmente R$ 24.521,22.

O valor obtido com a HP-12C é negativo porque a calculadora utiliza o princípio do fluxo de caixa, e o valor das parcelas é um dinheiro que sai do caixa da empresa para ser depositado em uma aplicação financeira do banco. Como se trata de uma saída do caixa, leva sinal de negativo. Contudo, esse valor costuma ser utilizado com sinal positivo no Brasil, por isso, ao final da operação na HP-12C, digita-se CHS (troca sinal) para converter o número negativo em positivo.

Exercícios de fixação

1. O Pet Shop Y acumulou R$ 80.000,00 para comprar um furgão à vista. Sabendo que a empresa aplicava todo mês a mesma quantia durante um período de 4 anos e que a aplicação rendia 0,6% de juros ao mês, quanto a empresa poupava todo mês para comprar o furgão à vista hoje? Confirme o resultado com a calculadora financeira.

Dados	Desenvolvimento matemático
FV = i = n = PMT = ?	$PMT = FV \times i \div [(1 + i)^n - 1]$

Resposta:

2. Igor acabou de completar 16 anos e pretende acumular R$ 50.000,00 para comprar um carro zero quilômetro quando completar 18 anos. Sabendo que ele aplicará na poupança, que rende 0,55% ao mês em média, quanto Igor deverá depositar todo mês a partir de hoje para acumular o valor pretendido? Confirme o resultado com a calculadora financeira.

Dados	Desenvolvimento matemático
FV = i = n = PMT = ?	$PMT = FV \times i \div [(1 + i)^n - 1]$

Resposta:

5.3 Número de aplicações de uma anuidade (n)

O número de aplicações de uma anuidade determina quantas aplicações serão necessárias para alcançar um valor futuro pretendido, a uma taxa de juros e com um valor de parcela conhecidos. O número de aplicações ajuda a responder a perguntas como estas:

a. Quantas aplicações mensais de R$ 500,00 devem ser feitas em uma aplicação que rende 1% ao mês para obter a soma de R$ 100.000,00?

b. É preciso realizar aplicações regulares por quantos anos para acumular um fundo de aposentadoria?

Para saber quantas aplicações devem ser feitas para alcançar um valor pretendido (FV), é preciso saber também quanto se pode aplicar em cada período (PMT) e a taxa de juros da aplicação (i). Com essas informações, basta usar a seguinte a fórmula:

$$n = LN [(i \times FV \div PMT) + 1] \div LN (1 + i)$$

Em que:

n: número de aplicações sucessivas

PMT: valor das parcelas iguais da aplicação

FV: valor futuro de uma aplicação financeira

i: taxa de juros incidente a cada período de capitalização

LN: logaritmo natural (da HP-12C) – pode ser substituído pelo logaritmo de base 10 (log) das calculadoras científicas

É importante não confundir o valor de n de uma série uniforme de pagamentos com o valor do número de períodos de capitalização (simples ou composta), que vimos nos Capítulos 2 e 3. Aqui, o valor de n é a quantidade de aplicações sucessivas e iguais de uma anuidade. Acompanhe o exemplo a seguir para verificar como é possível resolver um problema financeiro por meio da descoberta do valor de n. Em seguida, resolva os exercícios de fixação para praticar a resolução matemática e com a calculadora financeira.

Exemplo

A empresa X pretende reunir R$ 100.000,00 para comprar uma nova máquina. Para isso, fará depósitos mensais iguais de R$ 1.500,00 em uma aplicação que rende juros de 1% ao mês. Quantos meses a empresa levará para reunir o capital necessário?

Dados	Desenvolvimento matemático
FV = 100.000,00	$n = LN [(i \times FV \div PMT) + 1] \div LN (1 + i)$
PMT = 1.500,00	$n = LN [(0,01 \times 100.000 \div 1.500) + 1] \div LN (1 + 0,01)$
i = 0,01 a.m. (1 ÷	$n = LN [0,666667 + 1] \div LN (1,01)$
100)	$n = LN [1,666667] \div 0,009950$
n = ?	$n = 0,510826 \div 0,009950$
	$n = 51,339296$
	$n = 52$ meses
	HP-12C
	$f \rightarrow FIN$
	$100.000 \rightarrow FV$
	$1.500 \rightarrow CHS \rightarrow PMT$
	$1 \rightarrow i \rightarrow n$
	52

Resposta: A empresa levará 52 meses para reunir o capital necessário.

A HP-12C fornece o período inteiro; logo, arredonda o número de períodos para cima.

Acompanhando o exemplo, você pode perceber que o resultado matemático de **n** é de aproximadamente 51,34 meses. Contudo, como os juros serão acumulados na virada para o 52º mês, a resposta arredondada para baixo está errada – com 51 meses apenas, o valor de R$ 100.000,00 não seria alcançado. Assim, é necessário sempre arredondar o valor de **n** para cima quando o resultado não é um número inteiro, mesmo que o valor esteja muito mais próximo do valor menor, como no exemplo.

Exercícios de fixação

1. Quantas aplicações mensais iguais de R$ 2.000,00 devem ser realizadas para juntar um montante total de R$ 200.000,00 em uma aplicação financeira que rende juros de 0,65% ao mês? Confirme o resultado com a calculadora financeira.

Dados	Desenvolvimento matemático
FV = PMT = i = n = ?	$n = LN\ [(i \times FV \div PMT) + 1] \div LN\ (1 + i)$
Resposta:	

2. Ana pretende acumular R$ 20.000,00 para fazer uma viagem a Paris. Ela pode aplicar todo mês a quantia de R$ 500,00 em uma aplicação que rende 0,75% de juros ao mês. Daqui a quantos anos Ana poderá fazer sua viagem? Confirme o resultado com a calculadora financeira.

Dados	Desenvolvimento matemático
FV = PMT = i = n = ?	$n = LN\ [(i \times FV \div PMT) + 1] \div LN\ (1 + i)$
Resposta:	

5.4 Valor presente de uma anuidade (PV)

O valor presente de uma anuidade é o valor atualizado para hoje de um número de aplicações de valor fixo capitalizadas por uma taxa de juros ao longo de um período de tempo. O valor presente também é o capital necessário para que se possa fazer saques iguais ao longo do tempo, considerando que o capital aplicado rende a uma taxa de juros definida – o **princípio do fundo de aposentadoria**. O valor presente ajuda a responder a questões como estas:

a. Quanto você aceita receber hoje em troca de receber 10 parcelas de R$ 100,00, considerando que a taxa de juros de uma aplicação é de 1% ao mês?

b. Quanto devo ter acumulado hoje, em uma aplicação que rende 0,7% ao mês, para sacar R$ 5.000,00 por mês durante 30 anos?

Para responder a essas questões e a outras que envolvem saber o valor presente (PV) de uma anuidade, é necessária uma fórmula matemática que atualize o valor de todas as parcelas futuras a dada taxa de juros, revelando quanto cada uma delas vale hoje. Depois, deve-se somar o valor de todas elas para conhecer o valor presente. Esse processo, que pode parecer complicado, é feito por meio da seguinte fórmula matemática:

$$PV = PMT \, [(1 + i)^n - 1] \div [i \, (1 + i)^n]$$

Em que:

PV: valor presente de uma anuidade

PMT: valor das parcelas iguais da aplicação

n: número de aplicações sucessivas

i: taxa de juros incidente a cada período de capitalização

Acompanhe, no exemplo a seguir, a resolução de problema financeiro como o da questão "a" anterior. Veja como obter o valor presente de uma série uniforme de aplicações e, depois, acompanhe o raciocínio sobre o resultado obtido para entender por que o valor presente hoje é financeiramente igual a 10 parcelas a serem recebidas todo mês.

Exemplo

Quanto Igor deve aceitar receber hoje em troca de receber 10 parcelas mensais de R$ 100,00, considerando uma taxa de juros de 1% ao mês?

Dados	Desenvolvimento matemático
PMT = 100,00	$PV = PMT [(1 + i)^n - 1] \div [i (1 + i)^n]$
n = 10 meses	$PV = 100 [(1 + 0,01)^{10} - 1] \div [0,01 (1 + 0,01)^{10}]$
i = 0,01 a.m. (1 ÷ 100)	$PV = 100 [(1,01)^{10} - 1] \div [0,01 (1,01)^{10}]$
PV = ?	$PV = 100 [1,104622 - 1] \div [0,01 \times 1,104622]$
	$PV = 100 \times 0,104622 \div 0,011046$
	$PV = 947,13$
	HP-12C
	f → FIN
	100 → CHS → PMT
	12 → n
	1 → i → PV
	947,13

Resposta: Igor deve aceitar hoje R$ 947,13.

A resposta do exemplo revela que R$ 947,13 aplicados a uma taxa de 1% ao mês durante 10 meses resultará no mesmo valor que 10 aplicações mensais de R$ 100,00 a render a mesma taxa de juros. Logo, como diz o ditado popular, receber R$ 947,13 hoje ou dez parcelas de R$ 100,00 é "trocar seis por meia dúzia". Agora, acompanhe a Tabela 5.2, a seguir, para entender outra curiosidade: caso você aplique R$ 947,13 hoje a uma taxa de juros de 1% ao mês, poderá fazer 10 saques de R$ 100,00 dessa aplicação antes que o dinheiro aplicado acabe.

Tabela 5.2 – Planilha de saques de uma anuidade

Períodos (n)	Aplicação (PV)	Juros J	Saques PMT	Saldo da aplicação
0	947,13	+0,00	−0,00	= 947,13
1	−	+9,47	−100,00	= 856,60
2	−	+8,57	−100,00	= 765,17
3	−	+7,65	−100,00	= 672,82
4	−	+6,73	−100,00	= 579,55
5	−	+5,80	−100,00	= 485,34
6	−	+4,85	−100,00	= 390,20
7	−	+3,90	−100,00	= 294,10
8	−	+2,94	−100,00	= 197,04
9	−	+1,97	−100,00	= 99,01
10	−	+0,99	−100,00	= 0,00

A Tabela 5.2 revela como funciona o princípio do fundo de aposentadoria. Com o valor de R$ 947,13 aplicado a uma taxa de 1% ao mês, foi possível realizar 10 saques mensais de R$ 100,00. Como você deve saber, seria necessário ter R$ 1.000,00 para dar conta de tantos saques – a diferença aqui são os juros acumulados na aplicação durante os 10 meses, que foram de R$ 52,87.

O exemplo da Tabela 5.2 permite expandir a ideia de valor presente. Acompanhe o exemplo a seguir e veja como planejar uma aposentadoria mensal de R$ 5.000,00 que dure 20 anos.

Exemplo

Ari planeja aposentar-se com uma renda mensal de R$ 5.000,00 e estima viver cerca de 20 anos após a aposentadoria. Considerando uma taxa de juros média da aplicação para a aposentadoria de 0,75% ao mês, quanto Ari precisa acumular de saldo para se aposentar?

Dados	Desenvolvimento matemático
PMT = 5.000,00	$PV = PMT [(1 + i)^n - 1] \div [i (1 + i)^n]$
n = 240 meses	$PV = 5.000 [(1 + 0,0075)^{240} - 1] \div [0,0075 (1 + 0,0075)^{240}]$
(20 anos)	$PV = 5.000 [(1,0075)^{240} - 1] \div [0,0075 (1,0075)^{240}]$
i = 0,0075 a.m.	$PV = 5.000 [6,009142 - 1] \div [0,0075 \times 6,009152]$
(0,75 ÷ 100)	$PV = \mathbf{5.000 \times 5,009142 \div 0,045069}$
PV = ?	$PV = 555.719,23$

	HP-12C
	f → FIN
	5.000 → CHS → PMT
	240 → n
	0,75 → i → PV
	555.724,77
	*Quando houver diferença, prefira o valor da HP-12C.

Resposta: Ari precisa acumular R$ 555.724,77 antes de se aposentar.

Perceba a importância dos juros compostos para o sistema de previdência privada: no exemplo, o total de saques que Ari fará ao longo dos 20 anos somará 1,2 milhão de reais (R$ 5.000,00 × 240), entretanto, se ele tiver acumulado R$ 556.000,00, já poderá aposentar-se fazendo saques mensais de R$ 5.000,00. Isso porque esse saldo inicial será capitalizado a juros compostos ao longo dos 20 anos, e os juros acumulados, no decorrer do tempo, cobrirão a diferença.

Exercícios de fixação

1. Sr. João pretende fazer uma viagem de volta ao mundo e estima gastos mensais de R$ 10.000,00 durante 5 anos. Sabendo que ele fará uma reserva financeira, aplicando-a a uma taxa de juros de 0,7% ao mês, quanto Sr. João deve economizar antes de iniciar sua viagem?

Dados	Desenvolvimento matemático
PMT = n = i = PV = ?	$PV = PMT \left[(1 + i)^n - 1\right] \div \left[i (1 + i)^n\right]$
Resposta:	

2. Ana recebeu uma proposta para vender seu carro à vista por R$ 25.000,00 ou receber R$ 30.000,00 em 12 parcelas de R$ 2.500,00. Sabendo que a taxa de juros é de 1% ao mês, qual é a melhor escolha para Ana?

Dados	Desenvolvimento matemático
PMT = n = i = PV = ?	$PV = PMT \left[(1 + i)^n - 1\right] \div \left[i (1 + i)^n\right]$
Resposta:	

Este segundo exercício de fixação pode ser solucionado por meio da comparação entre o valor à vista (hoje) e o valor presente das parcelas: se o valor presente for maior que o valor à vista, é vantajoso receber parcelado, pois, mesmo depois de descontados os juros de cada parcela, ainda sobra um valor superior ao que se receberia pelo carro à vista. Caso o valor presente seja menor que o valor à vista, é preferível vender o carro por R$ 25.000,00 à vista. Veja como fica a regra para comparar valores à vista e parcelados com base no valor presente das parcelas:

- se PV > preço à vista, é vantajoso receber parcelado;

- se PV < preço à vista, é vantajoso receber à vista;

- se PV = preço à vista, é indiferente financeiramente.

Note que não se compara o valor à vista com a soma das parcelas, mas com seu valor presente. Aliás, esse princípio de comparação é a base para a decisão da viabilidade financeira de investimentos, assunto do Capítulo 7, quando analisaremos o valor presente líquido.

5.4.1 Planejamento de aposentadoria

Você já deve ter percebido a importância das anuidades para o planejamento financeiro de longo prazo, como são as aposentadorias, mas, para reforçar esse conhecimento, vamos entender como funciona o planejamento de aposentadoria por meio de dois exemplos.

No primeiro exemplo, encontraremos o valor das aplicações mensais que é preciso fazer antes da aposentadoria para receber uma renda fixa; no segundo exemplo, a partir de um valor aplicado todo mês, descobriremos quantas aplicações mensais devem ser feitas para obter uma renda de aposentadoria pretendida. Acompanhe os exemplos e veja como os juros compostos são generosos com quem planeja o futuro.

Exemplo

Ana pretende aposentar-se aos 60 anos recebendo uma renda mensal de R$ 10.000,00 até os 90 anos de idade. Sabendo que hoje ela tem 30 anos e que a taxa de juros de uma aplicação financeira rende 0,8% ao mês em média, quanto Ana deve começar a aplicar hoje para realizar seu objetivo de aposentadoria?

Passo 1: Saber qual saldo aos 60 anos permitirá sacar R$ 10.000,00 todo mês, ou seja, saber o valor presente (PV) para a data da aposentadoria.

Passo 2: Saber qual valor de parcela, aplicado desde os 30 até os 60 anos, permitirá acumular aquele saldo, que agora será uma meta, ou seja, um valor futuro (FV).

Dados	Desenvolvimento matemático
Passo 1	$PV = PMT \, [(1 + i)^n - 1] \div [i \, (1 + i)^n]$
PMT = 10.000,00	$PV = 10.000 \, [(1 + 0,008)^{360} - 1] \div [0,008 \, (1 + 0,008)^{360}]$
n = 360 meses	$PV = 10.000 \, [(1,008)^{360} - 1] \div [0,008 \, (1,008)^{360}]$
(30 anos)	$PV = 10.000 \, [17,611306 - 1] \div [0,008 \times 17,611306]$
i = 0,008 (0,8 ÷ 100)	$PV = \mathbf{10.000 \times 16,611306 \div 0,140890}$
PV = ?	$PV = 1.179.022,87$
	HP-12C
	$f \rightarrow FIN$
	$10.000 \rightarrow CHS \rightarrow PMT$
	$360 \rightarrow n$
	$0,8 \rightarrow i \rightarrow PV$
	$1.179.022,87$

(continua)

(conclusão)

Dados	Desenvolvimento matemático
Passo 2	$PMT = FV \times i \div [(1 + i)^n - 1]$
n = 360 meses	$PMT = \mathbf{1.179.022{,}87} \times \mathbf{0{,}008} \div [(\mathbf{1 + 0{,}008})^{360} - 1]$
(30 anos)	$PMT = 9.432{,}182960 \div [(\mathbf{1{,}008})^{360} - 1]$
i = 0,008 (0,8 ÷ 100)	$PMT = 9.432{,}182960 \div [\mathbf{17{,}611306} - \mathbf{1}]$
FV = 1.179.022,87	$PMT = \mathbf{9.432{,}182960} \div 16{,}611306$
PMT = ?	$PMT = 567{,}82$
(aplicações)	**HP-12C**
	f → FIN
	1.179.022,87 → FV
	360 → n
	0,8 → i → PMT → CHS
	567,82

Resposta: Ana deverá realizar aplicações mensais de R$ 567,82 dos 30 aos 60 anos para poder sacar R$ 10.000,00 por mês dos 60 aos 90 anos.

Acompanhando o exemplo com atenção, foi possível constatar que, primeiro, descobrimos o valor presente (PV) e, depois, esse valor se tornou o valor futuro (FV) para o cálculo do valor das aplicações (PMT). Isso porque, ao calcular o PV, sabemos quanto Ana deverá ter de saldo em sua aplicação aos 60 anos no dia em que se aposentará. Logo, aos 30 anos, esse é o valor que ela deverá atingir com suas aplicações mensais até os 60, ou seja, trata-se de uma meta de valor futuro.

Perceba outra coisa fascinante: Ana poderá fazer 360 saques de R$ 10.000,00 de seu fundo de aposentadoria, resultando em um total de 3,6 milhões sacados em 30 anos. Para isso, ela precisará realizar 360 aplicações mensais de R$ 567,82, que somam apenas R$ 204.415,20. A diferença entre os saques e as aplicações é de quase 3,4 milhões e será coberta pelo ganho de juros na fase de aplicação e na fase de saques, afinal, serão 60 anos acumulando juros.

Muitos atribuem a Albert Einsten, o grande gênio da física do século XX, a seguinte frase: "Os juros compostos são a maior força do universo". Embora ninguém tenha comprovado que ele disse isso, vimos, por meio do exemplo anterior, que realmente os juros compostos são poderosos para multiplicar o capital ao longo dos anos, fato que o bilionário Warren Buffet sempre considerou como a principal causa de seu sucesso como investidor no mercado financeiro.

Agora que você já compreendeu como os juros compostos funcionam para "turbinar" o valor das aplicações ao longo do tempo, veja, no exemplo a seguir, outra forma de fazer o planejamento de um fundo de aposentadoria a partir de uma pequena sobra de renda mensal.

Exemplo

João pretende aposentar-se com uma renda mensal de R$ 8.000,00 e viver da aposentadoria durante pelo menos 30 anos, mas só tem R$ 350,00 de sobra de renda para aplicar todo mês. Sabendo que hoje ele tem 25 anos e que a taxa de juros de uma aplicação financeira rende 1,0% ao mês em média, quantas aplicações mensais João deverá fazer antes de se aposentar?

Passo 1: Saber qual saldo permitirá a João sacar R$ 8.000,00 todo mês durante 30 anos, ou seja, o valor presente (PV) para a data da aposentadoria.

Passo 2: Saber quantas aplicações de R$ 350,00 permitem acumular o PV, que se converterá na meta FV, que é o valor necessário para realizar saques de R$ 8.000,00 durante 30 anos.

Dados	Desenvolvimento matemático
Passo 1 PMT = 8.000,00 n = 360 meses (30 anos) i = 0,01 (1 ÷ 100) PV = ?	$PV = PMT [(1 + i)^n - 1] \div [i (1 + i)^n]$ $PV = 8.000 [(1 + 0,01)^{360} - 1] \div [0,01 (1 + 0,01)^{360}]$ $PV = 8.000 [(1,01)^{360} - 1] \div [0,01 (1,01)^{360}]$ $PV = 8.000 [35,949641 - 1] \div [0,01 \times 35,949641]$ $PV = \mathbf{8.000 \times 34,949641} \div \mathbf{0,359496}$ $PV = 777.746,65$
	HP-12C
	f → FIN 8.000 → CHS → PMT 360 → n 1 → i → PV 777.746,65
Passo 2 PMT = 350,00 i = 0,01 (1 ÷ 100) FV = 777.746,65 n = ?	$n = LN [(i \times FV \div PMT) + 1] \div LN (1 + i)$ $n = LN [(\mathbf{0,01} \times 777.746,65 \div \mathbf{350}) + 1] \div LN (\mathbf{1 + 0,01})$ $n = LN [22,221333 + 1] \div LN (\mathbf{1,01})$ $n = \mathbf{LN [23,221333]} \div 0,009950$ $n = \mathbf{3,145071} \div \mathbf{0,009950}$ $n = 316,077065$ $n = 317$ aplicações mensais (ou 26,5 anos)
	HP-12C
	f → FIN 777.746,65 → FV 350 → PMT → CHS 1 → i → n 317

Resposta: João deverá realizar 317 aplicações mensais de R$ 350,00 para poder sacar R$ 8.000,00 por mês durante 30 anos.

Assim, João aplicará somente R$ 350,00 ao mês durante 26,5 anos para, depois, receber R$ 8.000,00 todo mês durante 30 anos caso a taxa de juros se mantenha em 1% ao mês. Aliás, se a taxa média aumentar acima de 1%, João precisará de menos tempo para acumular o valor necessário à sua aposentadoria – e, claro, se a taxa de juros cair, ele precisará ficar mais tempo realizando as aplicações.

Esses dois exemplos sobre planejamento de aposentadoria são fundamentais para entender a importância da taxa de juros compostos para a geração de renda aos aplicadores. Você pode notar que, a partir de um pequeno capital, é possível obter rendas múltiplas vezes superiores e por períodos também superiores ao necessário para sua formação. Agora, resolva os dois exercícios de fixação propostos para testar sua habilidade em solucionar problemas envolvendo o planejamento de aposentadorias.

Exercícios de fixação

1. Quanto é preciso aplicar mensalmente durante 20 anos, em uma aplicação financeira que rende 0,65% ao mês, para ter uma aposentadoria R$ 5.000,00 mensais por 25 anos?

Dados	Desenvolvimento matemático
Passo 1 Calcular o saldo que permitirá os saques PMT = n = i = PV = ?	$PV = PMT\ [(1 + i)^n - 1] \div [i\ (1 + i)^n]$

Dados	Desenvolvimento matemático
Passo 2 Calcular o valor das aplicações mensais $n =$ $i =$ $FV =$ $PMT = ?$	$PMT = FV \times i \div [(1 + i)^n - 1]$

Resposta:

2. Iniciando aos 30 anos, Igor pretende depositar mensalmente R\$ 1.000,00 em uma aplicação para formar um fundo de aposentadoria que lhe permita usufruir de uma renda mensal de R\$ 12.000,00 durante 35 anos. Sabendo que a taxa de juros média da aplicação escolhida por Igor rende 0,85% ao mês, com quantos anos Igor poderá aposentar-se?

Dados	Desenvolvimento matemático
Passo 1 Calcular o saldo que permitirá os saques $PMT =$ $n =$ $i =$ $PV = ?$	$PV = PMT [(1 + i)^n - 1] \div [i (1 + i)^n]$
Passo 2 Calcular a quantidade de aplicações $PMT =$ $i =$ $FV =$ $n = ?$	$n = LN [(i \times FV \div PMT) + 1] \div LN (1 + i)$

Resposta:

5.5 Taxa de juros de uma anuidade (i) e valor futuro (FV)

A taxa de juros de uma anuidade faz a relação entre o valor das parcelas e o valor futuro* dada uma quantidade de parcelas aplicadas a render juros por períodos de capitalização definidos. Logo, quando apuramos a taxa de juros, tentamos dar resposta a questões como estas:

a. Qual deve ser a taxa de juros ao mês que fará com que 12 aplicações mensais de R$ 500,00 resultem em um total acumulado de R$ 8.000,00?

b. Depois de 5 anos depositando R$ 100,00 em uma aplicação todo mês, saquei R$ 10.000,00. Qual foi a taxa de juros mensal média dessa aplicação?

Você não conseguirá calcular diretamente o valor da taxa de juros de uma anuidade com uma fórmula matemática, como fizemos com as demais variáveis até aqui. Contudo, é possível estimar seu valor por meio da interpolação de duas taxas de juros de teste. Parece complicado, mas é só um pouco trabalhoso, pois é preciso testar taxas de juros até descobrir duas que estejam próximas da taxa correta e, então, por meio de uma regra de três, obter o valor da taxa de juros. Os passos dessa operação são os seguintes:

1. Encontrar o valor da divisão entre o valor futuro (FV) e o valor das parcelas (PMT). O resultado dessa divisão fornece um valor de referência, chamado de *razão* (R).

$$R = FV \div PMT$$

2. Descobrir o fator 1 (F_1), testando a primeira taxa de juros (i_1) na fórmula do fator 1.

$$F_1 = [(1 + i_1)^n - 1] \div i_1$$

---

* Na próxima seção, abordaremos a taxa de juros que faz a relação entre as parcelas e o valor presente.

Se o valor de F_1 for maior que o valor de referência ($F_1 > R$), repita o teste com uma taxa de juros menor até que F_1 seja menor que R ($F_1 < R$).

3. Descobrir o fator 2 (F_2), testando a segunda taxa de juros (i_2) na fórmula do fator 2.

$$F_2 = [(1 + i_2)^n - 1] \div i_2$$

O valor de F_2 deve ser maior que R, mas não exageradamente (nesse caso, é preciso testar outra taxa i_2, menor).

4. Obter a diferença entre os valores de R e F_1, chamada de *delta 1* (Δ_1).

$$\Delta_1 = R - F_1$$

5. Obter a diferença positiva entre os valores de F_2 e F_1, chamada de *delta 2* (Δ_2).

$$\Delta_2 = F_2 - F_1$$

6. Dividir o valor de Δ_1 pelo de Δ_2 e multiplicar o resultado pela diferença entre as taxas i_2 e i_1. Esse valor é chamado de *delta interpolado* (Δ_i).

$$\Delta_i = (\Delta_1 \div \Delta_2) \times (i_2 - i_1)$$

7. Somar o valor do delta interpolado (Δ_i) ao valor da menor taxa de juros i_1 para, finalmente, obter a taxa de juros por interpolação linear (i).

$$i = \Delta_i + i_1$$

Você deve ter achado muito trabalhoso obter a taxa de juros de uma anuidade, mas, seguindo os passos, conseguirá uma taxa de juros bem aproximada sem precisar de uma calculadora financeira ou de uma planilha eletrônica. Acompanhe a resolução do exemplo a seguir e veja como fazer todo o processo na prática.

Exemplo

Qual deve ser a taxa de juros ao mês para que 12 aplicações mensais de R$ 500,00 resultem em um total acumulado de R$ 8.000,00?

Dados	Desenvolvimento matemático
PMT = 500,00	**1º passo (razão)**
n = 12 meses	R = FV ÷ PMT
FV = 8.000,00	R = 8.000 ÷ 500
i = ?	R = 16
i_1 = 0,05 (5 ÷ 100)	**2º passo (fator 1)**
F_1 < R → elevar i_2	$F_1 = [(1 + i_1)^n - 1] \div i_1$
i_2 = 0,06 (6 ÷ 100)	$F_1 = [(1 + 0,05)^{12} - 1] \div 0,05$
	$F_1 = [(1,05)^{12} - 1] \div 0,05$
	$F_1 = [1,795856 - 1] \div 0,05$
	$F_1 = 0,795856 \div 0,05$
	$F_1 = 15,917127$
	3º passo (fator 2)
	$F_2 = [(1 + i_2)^n - 1] \div i_2$
	$F_2 = [(1 + 0,06)^{12} - 1] \div 0,06$
	$F_2 = [(1,06)^{12} - 1] \div 0,06$
	$F_2 = [2,012196 - 1] \div 0,06$
	$F_2 = 1,012196 \div 0,06$
	$F_2 = 16,869941$
	4º passo (delta 1)
	$\Delta_1 = R - F1$
	$\Delta_1 = 16 - 15,917127$
	$\Delta_1 = 0,082873$
	5º passo (delta 2)
	$\Delta_2 = F_2 - F_1$
	$\Delta_2 = 16,869941 - 15,917127$
	$\Delta_2 = 0,952815$

(continua)

(conclusão)

Dados	Desenvolvimento matemático
	6º passo (delta interpolado) $\Delta_i = (\Delta_1 \div \Delta_2) \times (i_2 - i_1)$ $\Delta_i = (0{,}082873 \div 0{,}952815) \times (0{,}06 - 0{,}05)$ $\Delta_i = 0{,}086978 \times 0{,}01$ $\Delta_i = 0{,}000870$ **7º passo (taxa de juros)** $i = \Delta_i + i_1$ $i = 0{,}000870 + 0{,}05$ $i = 0{,}050870 \,(\times 100)$ $i = 5{,}0870\%$ ao mês.

Resposta: A taxa de juros será de 5,0870% ao mês.

Na HP-12C, fica assim: f → FIN; 500 → CHS → PV; 10.000 → FV;
12 → n → i; 5,0897%

Você notou que é possível efetuar o cálculo aproximado da taxa de juros por meio do esquema de interpolação linear e percebeu também que o valor final de nossas contas ficou próximo do valor da HP-12C, mas não "bateu" certinho. Isso aconteceu porque, na calculadora, o método é via aproximação de F com R, ou seja, a calculadora tenta várias taxas de juros até encontrar uma taxa que produza um valor de F igual ao valor de R, desse modo, a taxa de juros encontrada não é aproximada, é exata.

O método da interpolação é feito para que você possa obter uma taxa de juros bem aproximada a partir de duas taxas de juros de teste (i_1 e i_2). Caso aconteça a sorte de uma dessas taxas de teste resultar em um valor de F igual ao valor de R, não é mais preciso continuar os cálculos de interpolação, pois, se F = R, então, você já descobriu a taxa exata, como acontece na calculadora. Agora você sabe que é possível tirar a taxa de juros "na unha", mas, sempre que puder, use a calculadora ou a planilha eletrônica, pois é muito mais rápido e o valor é exato.

Acompanhe, no exemplo a seguir, como obter a taxa de juros em planilha eletrônica e na calculadora financeira HP-12C. Depois, tente resolver os exercícios de fixação propostos.

Exemplo

Um gestor financeiro fez 48 aplicações mensais de R$ 500,00 que resultaram em um total acumulado de R$ 40.000,00. Qual foi a taxa de juros mensal dessa aplicação financeira?

Dados	Resolução via planilha eletrônica
FV = 40.000,00	Fórmula TAXA:
PMT = 500,00	=TAXA(n;-PMT;PV;FV)*
n = 48 meses	Digite em uma célula da planilha eletrônica:
i = ?	=TAXA(48;-500;;40000)*100 → ENTER
	2,030351
	*Ao multiplicar por 100 (*100), o valor fica em %.
	HP-12C
	f → FIN
	40.000 → FV
	500 → CHS → PMT
	48 → n → i
	2,030351

Resposta: A taxa de juros foi de 2,030351% ao mês.

Para resolver essa questão na planilha eletrônica, basta escolher uma célula vazia e digitar o símbolo de igual, em seguida a palavra TAXA, abrir parênteses e informar os valores na sequência solicitada pela fórmula. Em caso de esquecimento da sequência

---

* Ao utilizar o valor das parcelas para o cálculo da taxa de juros, devemos deixar em branco o valor presente e, por isso, digitar duas vezes ponto e vírgula (;;), como você pode ver no desenvolvimento da fórmula.

correta, há uma função financeira TAXA disponível no menu Fórmulas → Financeira. Nesse caso, é preciso inserir os valores correspondentes nos campos e dar o comando OK para que o cálculo seja realizado pela planilha eletrônica, conforme a Figura 5.1.

Figura 5.1 – Campos de preenchimento da função TAXA da planilha eletrônica

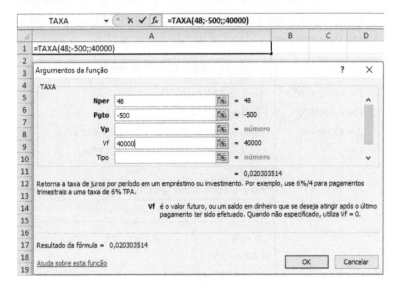

Em que:
Nper: número de aplicações iguais, número de capitalizações (n)
Ptgo: valor das aplicações iguais (PMT)
Vp: valor presente (PV) (deixe em branco)
Vf: valor futuro ou saldo futuro pretendido (FV)
Tipo: 0 → pagamento postecipado (padrão); 1 → pagamento antecipado (deixe em branco)

Nos campos de preenchimento da Figura 5.1, é possível achar a taxa de juros tendo o valor presente no lugar do valor futuro. Vamos explorar essa possibilidade mais adiante. Agora, resolva o exercício de fixação a seguir para praticar o que você aprendeu sobre interpolação de taxas de juros.

Exercício de fixação

Qual taxa de juros converterá aplicações mensais de R$ 1.000,00 em um montante total de R$ 100.000,00 em 5 anos?

Dados	Desenvolvimento matemático	
PMT =	**1º passo (razão)**	**5º passo (delta 2)**
n =	$R = FV \div PMT$	$\Delta_2 = F_2 - F_1$
FV =	**2º passo (fator 1)**	**6º passo (delta**
i = ?	$F_1 = [(1 + i_1)^n - 1] \div i_1$	**interpolado)**
$i_1 =$	**3º passo (fator 2)**	$\Delta_i = (\Delta_1 \div \Delta_2) \times (i_2 - i_1)$
$i_2 =$	$F_2 = [(1 + i_2)^n - 1] \div i_2$	**7º passo (taxa de**
	4º passo (delta 1)	**juros)**
	$\Delta_1 = R - F1$	$i = \Delta_i + i_1$
Resposta:		

5.6 Taxa de juros de uma anuidade (i) e valor presente (PV)

Nesta seção, você aprenderá a obter a taxa de juros a partir do valor presente de uma anuidade e constatará que o processo é quase idêntico ao da seção anterior. A taxa de juros que vamos obter fará, portanto, a relação entre o valor fixo das parcelas e um valor presente, dada uma quantidade de parcelas e um período de capitalização de juros. Assim, a taxa de juros a partir do valor presente de uma anuidade ajuda a responder a estes tipos de questões:

a. Para que uma aplicação de R$ 100.000,00 permita realizar 60 saques mensais de R$ 2.000,00, qual deve ser sua taxa de juros ao mês?

b. Uma pessoa acumulou R$ 500.000,00 para aposentar-se e, depois, ficou por 30 anos sacando R$ 5.000,00 mensalmente. Qual foi a taxa de juros de seu fundo de aposentadoria?

Assim como na seção anterior, em que descobrimos a taxa de juros a partir do valor futuro, aqui também não será possível calcular diretamente o valor da taxa de juros com uma fórmula matemática. É possível estimar seu valor a partir da interpolação de duas taxas de juros de teste, observando os seguintes passos:

1. Encontrar o valor da divisão entre o valor presente (PV) e o valor das parcelas (PMT). O resultado dessa divisão fornece um valor de referência, chamado de *razão* (R).

$$R = PV \div PMT$$

2. Descobrir o fator 1 (F_1) testando a primeira taxa de juros (i_1) na fórmula do fator 1.

$$F_1 = [1 - (1 + i_1)^{-n}] \div i_1$$

Se o valor de F_1 for maior que o valor de referência ($F_1 > R$), repita o teste com uma taxa de juros maior até que F_1 seja menor que R ($F_1 < R$).

3. Descobrir o fator 2 (F_2) testando a segunda taxa de juros (i_2) na fórmula do fator 2 (a taxa de juros deve ser **menor** que a usada para F_1).

$$F_2 = [1 - (1 + i_2)^{-n}] \div i_2$$

O valor de F_2 deve ser maior que R, mas não exageradamente (nesse caso, é preciso testar uma taxa i_2 maior, porém ainda menor que i_1).

4. Obter a diferença entre os valores de R e F_1, chamada de *delta 1* (Δ_1).

$$\Delta_1 = R - F_1$$

5. Obter a diferença positiva entre os valores de F_2 e F_1, chamada de *delta 2* (Δ_2).

$$\Delta_2 = F_2 - F_1$$

6. Dividir o valor de Δ_1 pelo de Δ_2 e multiplicar o resultado pela diferença entre as taxas i_1 e i_2. Esse valor é chamado de *delta interpolado* (Δ_i).

$$\Delta_i = (\Delta_1 \div \Delta_2) \times (i_1 - i_2)$$

7. Somar o valor do delta interpolado (Δ_i) ao valor da menor taxa de juros i_2 para, finalmente, obter a taxa de juros por interpolação linear (i).

$$i = \Delta_i + i_2$$

Você deve ter constatado que os passos para encontrar a taxa de juros a partir do valor presente são quase iguais aos desenvolvidos na seção anterior, com mudanças apenas na forma de obter os valores de R e F e no fato de que a segunda taxa testada deve ser menor que a primeira, o que muda a taxa menor no último passo. Agora acompanhe a resolução dos exemplos a seguir e veja como é realizado cada passo, até chegar à taxa de juros.

Exemplo

Para que uma aplicação de R$ 100.000,00 permita realizar 60 saques mensais de R$ 2.000,00, qual deve ser sua taxa de juros ao mês?

Dados	Desenvolvimento matemático
PMT = 2.000,00	**1º passo (razão)**
n = 60 meses	$R = PV \div PMT$
PV = 100.000,00	$R = 100.000 \div 2.000$
i = ?	$R = 50$
$i_1 = 0,007 \ (0,7 \div 100)$	**2º passo (fator 1)**
$F_1 < R \rightarrow$ reduzir i_2	$F_1 = [1 - (1 + i_1)^{-n}] \div i_1$
$i_2 = 0,005 \ (0,5 \div 100)$	$F_1 = [1 - (\mathbf{1 + 0,007})^{-60}] \div 0,007$
	$F_1 = [1 - (\mathbf{1,007})^{-60}] \div 0,007$
	$F_1 = [\mathbf{1 - 0,658009}] \div 0,007$
	$F_1 = \mathbf{0,341991} \div \mathbf{0,007}$
	$F_1 = 48,855872$
	3º passo (fator 2)
	$F_2 = [1 - (1 + i_2)^{-n}] \div i_2$
	$F_2 = [1 - (\mathbf{1 + 0,005})^{-60}] \div 0,005$
	$F_2 = [1 - (\mathbf{1,005})^{-60}] \div 0,005$
	$F_2 = [\mathbf{1 - 0,741372}] \div 0,005$
	$F_2 = \mathbf{0,258628} \div \mathbf{0,005}$
	$F_2 = 51,725561$
	4º passo (delta 1)
	$\Delta_1 = R - F1$
	$\Delta_1 = 50 - 48,855872$
	$\Delta_1 = 1,144128$
	5º passo (delta 2)
	$\Delta_2 = F_2 - F_1$
	$\Delta_2 = 51,725561 - 48,855872$
	$\Delta_2 = 2,869689$

(continua)

(conclusão)

Dados	Desenvolvimento matemático
	6º passo (delta interpolado)
	$\Delta_i = (\Delta_1 \div \Delta_2) \times (i_1 - i_2)$
	$\Delta_i = (\mathbf{1,144128} \div 2,869689) \times (\mathbf{0,007 - 0,005})$
	$\Delta_i = \mathbf{0,398694 \times 0,002}$
	$\Delta_i = 0,000797$
	7º passo (taxa de juros)
	$i = \Delta_i + i_2$
	$i = 0,000797 + 0,005$
	$i = 0,005797 \ (\times 100)$
	$i = 0,5797\%$ ao mês.

Resposta: A taxa de juros deve ser de 0,5797% ao mês.

Na HP-12C, fica assim: f → FIN; 2.000 → CHS → PV; 100.000 → FV; 60 → n → i; 0,618341%

O método da interpolação ajuda muito, pois reduz a quantidade de cálculo para obter a taxa aproximada, mas, pelo resultado do exemplo, você percebeu que foi preciso testar duas taxas muito próximas (0,7% e 0,5%) e, mesmo assim, o resultado ficou bem afastado da taxa exata que a calculadora financeira fornece. Por isso, recomenda-se fazer a resolução na calculadora financeira ou na planilha eletrônica sempre que for possível.

Acompanhe, no exemplo a seguir, como obter a taxa de juros em uma planilha eletrônica e na calculadora financeira HP-12C. Depois, tente resolver os exercícios de fixação propostos, seja na calculadora, seja em planilha eletrônica e/ou por meio dos cálculos propostos.

Exemplo

Qual é o valor da taxa de juros ao mês que fará a equivalência entre R$ 200.000,00 hoje ou 30 parcelas mensais de R$ 10.000,00?

Dados	Resolução via planilha eletrônica
PV = 40.000,00 PMT = 10.000,00 n = 30 meses i = ?	Fórmula TAXA: =TAXA(n;-PMT;PV;FV) Digite em uma célula da planilha eletrônica: =TAXA(30;-10000;200000;0)*100 → ENTER = 2,844636% *Ao multiplicar por 100 (*100), o valor fica em %.
	HP-12C
	f → FIN 200.000 → PV 10.000 → CHS → PMT 30 → n → i 2,844636

Resposta: A taxa de juros é de 2,844636% ao mês.

Assim como você fez na seção anterior, para resolver essa questão na planilha eletrônica, basta escolher uma célula vazia e digitar o símbolo de igual, em seguida a palavra TAXA, abrir parênteses e informar os valores na sequência solicitada pela fórmula. Reiteramos que, em caso de esquecimento da sequência correta, há uma função financeira TAXA disponível no menu Fórmulas → Financeira. Nesse caso, é preciso inserir os valores correspondentes nos campos e dar o comando OK para que o cálculo seja realizado pela planilha eletrônica, conforme a Figura 5.2.

Figura 5.2 – Campos de preenchimento da função TAXA da planilha eletrônica

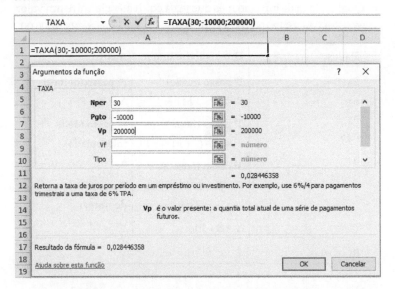

Em que:

Nper: número de aplicações iguais, número de capitalizações (n)
Ptgo: valor das aplicações iguais (PMT)
Vp: valor presente (PV)
Vf: valor futuro ou saldo futuro pretendido (FV) (deixe em branco)
Tipo: 0 → pagamento postecipado (padrão); 1 → pagamento antecipado (deixe em branco)

Agora que você também aprendeu a obter a taxa de juros de uma anuidade a partir dos valores das parcelas, da taxa de juros e dos períodos de capitalização, resolva o exercício de fixação a seguir pelo método da interpolação. Depois, confirme o resultado em uma calculadora financeira ou planilha eletrônica.

Exercício de fixação

Qual é a taxa de juros ao mês que faz a equivalência entre um valor presente de R$ 120.000,00 e trinta parcelas mensais de R$ 5.000,00?

Dados	Desenvolvimento matemático	
PMT =	**1º passo (razão)**	**5º passo (delta 2)**
n =	$R = PV \div PMT$	$\Delta_2 = F_2 - F_1$
PV =	**2º passo (fator 1)**	**6º passo (delta**
i = ?	$F_1 = [1 - (1 + i_1)^{-n}] \div i_1$	**interpolado)**
$i_1 =$	**3º passo (fator 2)**	$\Delta_i = (\Delta_1 \div \Delta_2) \times (i_1 - i_2)$
$i_2 =$	$F_2 = [1 - (1 + i_2)^{-n}] \div i_2$	**7º passo (taxa**
	4º passo (delta 1)	**de -juros)**
	$\Delta_1 = R - F1$	$i = \Delta_i + i_2$

Resposta:

Neste capítulo, você aprendeu a planejar aplicações financeiras para prever o valor futuro de uma aplicação com base no conhecimento da taxa de juros e do valor das aplicações. Além disso, aprendeu a planejar um fundo de aposentadoria, ou seja, quanto é preciso ter acumulado hoje, ou na data da aposentadoria, em uma aplicação financeira para poder realizar saques mensais iguais por décadas. Aprendeu também como obter o valor das prestações, da quantidade de aplicações e da taxa de juros das anuidades.

Agora que você já desenvolveu e testou todas as habilidades para solucionar vários tipos de problemas financeiros que envolvem anuidades postecipadas a juros compostos, dedique-se à resolução dos exercícios propostos a seguir. Alguns desafios exigirão a reunião de vários conhecimentos.

Lista de exercícios

1. Depois de aplicar R$ 500,00 por 12 meses seguidos a uma taxa de juros de 2% ao mês, qual deverá ser o saldo da aplicação?

2. Qual será o total acumulado após 2 anos de depósitos mensais sucessivos de R$ 3.000,00 remunerados a uma taxa nominal anual de 10% com capitalização mensal de juros?

3. Calcule o valor das parcelas fixas a serem depositadas mensalmente para acumular, ao fim de 5 anos, um total de R$ 50.000,00 em uma aplicação que rende 0,95% ao mês.

4. Elis precisa acumular R$ 10.000,00 para viajar aos Estados Unidos nas férias e pretende depositar, durante 2 anos, uma parte de seu salário mensal na caderneta de poupança, que rende 0,65% ao mês. Qual é o valor dos depósitos que Elis deverá realizar todo mês?

5. Um caminhoneiro pode aplicar R$ 5.000,00 todo mês em um fundo de renda fixa que paga 1,1% de juros ao mês para comprar à vista um caminhão novo, que custa R$ 250.000,00. Ele prevê, ainda, que poderá vender seu caminhão atual por R$ 100.000,00. Quantas aplicações mensais o caminhoneiro deverá fazer para acumular o capital necessário à compra do novo caminhão?

6. Calcule a quantidade de depósitos fixos mensais de R$ 300,00 necessários para acumular um total de R$ 3.000,00 em uma aplicação que rende juros de 3% ao mês.

7. Considerando uma taxa de juros de 0,9% ao mês, qual deve ser o valor a ser aplicado todo mês durante 20 anos para obter um fundo de aposentadoria que permita fazer saques de R$ 7.000,00 mensais por 30 anos?

8. Considerando uma taxa de juros de 0,85% ao mês, quantas aplicações mensais de R$ 300,00 é capaz de gerar uma renda mensal de R$ 5.000,00 durante 25 anos?

9. Qual é a taxa de juros ao mês que fará com que 60 aplicações mensais de R$ 320,00 resultem em um total acumulado de R$ 30.000,00?

10. Qual é a taxa de juros que permite fazer 20 saques de R$ 5.000,00 de uma aplicação de R$ 80.000,00?

Sistema de amortização de dívidas

Conteúdos do capítulo:

- Sistemas de amortização.
- Sistema de amortização crescente (tabela Price).
- Sistema de amortização constante (tabela SAC).

Após o estudo deste capítulo, você será capaz de:

1. compreender o que é amortização de dívida e conhecer as diferenças entre os sistemas de amortização crescente e constante de dívidas;
2. calcular o valor da prestação de uma dívida pelo sistema de amortização crescente e montar a tabela Price;
3. calcular os valores de amortização e de juros de uma dívida pela tabela Price e obter o valor do saldo devedor para quitação antecipada de dívidas;
4. calcular o valor da prestação de uma dívida pelo sistema de amortização crescente e montar a tabela SAC;
5. calcular os valores de amortização e de juros de uma dívida pela tabela SAC e obter o valor do saldo devedor para quitação antecipada de dívidas.

Amortizar significa devolver o capital tomado de empréstimo ao seu proprietário por meio de pagamentos de parcelas, em prestações. Quando a devolução do capital é feita de uma única vez, tanto os juros quanto o capital são devolvidos integralmente de uma só vez. Quando o devedor faz a devolução do capital em duas ou mais parcelas, no entanto, em cada parcela quitada, ele devolve ao credor uma parte do capital e paga juros.

Em cada parcela de uma dívida, portanto, há amortização e pagamento de juros. Somente a parte da amortização, contudo, reduz a dívida. Conforme pagamos as prestações de uma dívida, diminuímos seu saldo devedor e, ao mesmo tempo, remuneramos com juros aquele que nos concedeu crédito.

O sistema de amortização de dívidas é o método pelo qual se define o valor da amortização em cada parcela e, por consequência, também o valor dos juros em cada parcela. Os principais sistemas de amortização utilizados nas operações comerciais e financeiras são o sistema de amortização crescente (sistema francês ou **tabela Price**); e o sistema de amortização constante (ou **tabela SAC**).

Acompanhe, a seguir, a descrição desses dois sistemas de amortização de dívidas. Ambos são largamente utilizados e podem oferecer vantagens ou desvantagens tanto aos que oferecem crédito (credores ou mutuantes) quanto aos que tomam créditos (devedores ou mutuários).

6.1 Sistema de amortização crescente (tabela Price)

O sistema de amortização crescente também é conhecido como *tabela Price* ou *sistema francês*. No Brasil, é mais conhecido como *tabela Price* e, em razão do uso generalizado desse termo, vamos usá-lo no decorrer do capítulo e, em alguns momentos, retomar o termo técnico para que você relembre que a amortização de dívida é crescente.

A primeira coisa que você deve aprender sobre a tabela Price é que a prestação é fixa, ou seja, seu valor não muda, desde a primeira até a última prestação.* Logo, se a parcela é fixa e a tabela Price é um sistema de amortização crescente, então, o valor amortizado nas primeiras prestações é menor que nas últimas. Lembre-se da

---

* Consideramos a inexistência de inflação. Contudo, quando estiver previsto no contrato da dívida que pode haver correção monetária, o saldo devedor da dívida é corrigido pela inflação de tempos em tempos – geralmente um ano – e a prestação varia. Se não houver previsão de correção monetária no contrato ou não houver inflação, a prestação será sempre a mesma, da primeira à última.

introdução deste capítulo, cada parcela de uma dívida divide-se em duas partes: amortização (devolução do capital) e juros.

Pois bem, se nas primeiras parcelas a amortização é menor e nas últimas a amortização é maior, a parte dos juros deve variar de maneira inversa – os juros são maiores nas primeiras parcelas e menores nas últimas. Acompanhe o Gráfico 6.1 para visualizar a distribuição dos juros e da amortização em cada parcela de uma dívida quitada em 10 prestações iguais.

Gráfico 6.1 – Evolução dos juros e da amortização – tabela Price

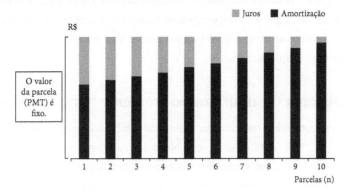

Você pode perceber que a altura das colunas é sempre igual ao longo das 10 parcelas, o que representa seu valor fixo, da primeira até a última parcela paga. Note também que as partes que compõem cada parcela variam: a parte clara da coluna são os juros, que são maiores nas primeiras parcelas que nas últimas.

Assim, é possível constatar que o valor cobrado de juros em cada parcela cai ao longo do pagamento das prestações da dívida. A parte escura da coluna é a amortização, que é menor nas primeiras parcelas e maior nas últimas, logo, o valor amortizado da dívida vai aumentando no decorrer do pagamento.

Pela tabela Price, quando alguém decide quitar uma dívida antecipadamente, mas restando poucas parcelas para o vencimento da dívida, terá pouco desconto de juros, pois a maior parte deles já foi paga nas primeiras parcelas; nas últimas parcelas, restam poucos juros e muita amortização.

Você sabe o que é saldo devedor? É o capital que deve ser devolvido, amortizado, não incluindo juros ou outras taxas cobradas na operação de crédito. Assim, o saldo devedor é igual ao valor tomado de crédito antes do pagamento da primeira parcela e cai à medida que elas são pagas no exato valor da amortização de cada parcela. Os juros pagos em cada parcela, portanto, não reduzem o saldo devedor.

Para saber qual é o saldo devedor de uma dívida depois de quitadas algumas parcelas, é preciso construir uma tabela de sua evolução ao longo do tempo. Para facilitar a compreensão, acompanhe, no exemplo a seguir, a construção de uma tabela Price e veja a evolução do saldo devedor à medida que cada parcela é quitada.

Exemplo

Santiago emprestou R$ 40.000,00 no banco a uma taxa de juros de 5% ao mês. O empréstimo será pago em 10 parcelas fixas de R$ 5.180,18, e o banco usará a tabela Price para realizar o cálculo das amortizações.

Tabela 6.1 – Tabela Price de amortização da dívida de Santiago

Períodos (t)	Prestação (PMT)	Juros (J)	Amortização (A)	Saldo devedor (SD)
0				40.000,00
1	5.180,18	2.000,00	3.180,18	36.819,82
2	5.180,18	1.840,99	3.339,19	33.480,62
3	5.180,18	1.674,03	3.506,15	29.974,47
4	5.180,18	1.498,72	3.681,46	26.293,01
5	5.180,18	1.314,65	3.865,53	22.427,48
6	5.180,18	1.121,37	4.058,81	18.368,67
7	5.180,18	918,43	4.261,75	14.106,92
8	5.180,18	705,35	4.474,84	9.632,09
9	5.180,18	481,60	4.698,58	4.933,51
10	5.180,18	246,68	4.933,51	0,00
Totais	**51.801,80**	**11.801,80**	40.000,00	–

A Tabela 6.1 tem muito a revelar, mas vamos por partes. A primeira característica a destacar é que as 10 prestações são iguais – mais adiante você aprenderá a calcular o valor da prestação PMT, que é a base da tabela Price. A segunda é que a diferença entre a soma de todas as prestações e o valor emprestado são os juros pagos na operação de crédito, o que é possível conferir pelos totais de cada coluna apresentados na última linha. A terceira é que o valor dos juros cai a cada parcela, e o valor das amortizações aumenta. É fundamental entender, portanto, que o valor dos juros é calculado tomando como base o valor do saldo devedor de cada parcela. Assim, na primeira parcela, o valor amortizado é de R$ 2.000,00, ou 5% de R$ 40.000,00, e a diferença entre o valor dos juros e o valor da prestação é amortização.

Como destacamos, as amortizações são crescentes na tabela Price, pois, à medida que cada parcela é quitada, o saldo devedor se reduz no exato valor de sua amortização. Assim, com o saldo devedor menor, os juros cobrados na parcela seguinte também serão menores. Veja que, ao pagar a primeira parcela, sobram R$ 36.819,82 de saldo devedor, e é sobre esse valor que serão calculados os 5% de juros a serem pagos na segunda parcela, ou seja, R$ 1.840,99; para fechar o valor fixo da prestação, a amortização aumenta para R$ 3.339,19, que será o valor da redução do saldo devedor.

Como calcular o valor para quitar antecipadamente uma dívida financiada pela tabela Price? Para responder a essa pergunta, suponha que Santiago decida quitar toda sua dívida após pagar a quinta prestação. Quanto Santiago deve pagar ao banco para quitar sua dívida? Deve pagar o valor da soma das cinco amortizações restantes, referentes aos meses 6, 7, 8, 9 e 10, no total de R$ 22.427,29.

Perceba que, após quitadas metade de todas as parcelas, ainda faltam mais da metade da dívida a ser paga. Isso se deve ao fato de que, nas primeiras cinco parcelas, Santiago pagou R$ 8.328,40 de juros, ou 70,57% dos juros que pagaria nas 10 prestações. Por ter pago tanto juros, pagou pouca amortização – por isso ainda resta mais da metade da dívida após o pagamento da quinta parcela.

Embora não pareça justo para quem antecipa o pagamento de suas dívidas, a tabela Price é o sistema de amortização mais utilizado pelo sistema financeiro nas operações de empréstimos e financiamentos, principalmente porque os juros são pagos em uma proporção maior nas primeiras parcelas em relação às últimas. Acompanhe, a seguir, as operações que permitem construir a tabela Price, tanto por meio de fórmulas matemáticas quanto usando a calculadora financeira HP-12C.

6.1.1 Cálculo da prestação (PMT): 1º passo da tabela Price

Como já ressaltamos, o valor da prestação no sistema de amortização crescente, ou tabela Price, é fixo da primeira até a última parcela. Por meio do valor da prestação, é possível obter a amortização e, portanto, a evolução do saldo devedor a cada parcela quitada. O cálculo do valor de cada prestação pela tabela Price é feito por meio da seguinte fórmula:

$$PMT = PV \times i \div \{1 - [1 \div (1 + i)^n]\}$$

Em que:

PMT: valor das prestações (parcelas)

PV: valor presente (total do crédito concedido)

i: taxa de juros cobrada na operação de crédito

n: número total de prestações para o pagamento da dívida

Atenção para o significado de PMT aqui: trata-se do valor das prestações que devem ser pagas para amortizar uma dívida – no capítulo anterior, sobre anuidades, a sigla PMT se referia ao valor das aplicações periódicas ou dos saques. Acompanhe atentamente o exemplo a seguir para compreender como obter o valor da prestação tanto com a fórmula quanto com o uso da calculadora HP-12C.

Exemplo

Caio financiou um televisor de R$ 3.000,00 em 6 parcelas fixas, com uma taxa de juros de 3% ao mês. Considerando que a loja usa a tabela Price no crediário, qual será o valor das parcelas mensais dessa dívida?

Dados	Desenvolvimento matemático
PV = 3.000,00	$PMT = PV \times i \div \{1 - [1 \div (1 + i)^n]\}$
i = 0,03 a.m. (3 ÷ 100)	$PMT = \mathbf{3.000} \times \mathbf{0,03} \div \{1 - [1 \div \mathbf{(1 + 0,03)^6}]\}$
n = 6 meses	$PMT = 90 \div \{1 - [1 \div \mathbf{(1,03)^6}]\}$
PMT = ?	$PMT = 90 \div \{1 - [1 \div 1,194052]\}$
	$PMT = 90 \div \{\mathbf{1 - 0,837484}\}$
	$PMT = \mathbf{90} \div \mathbf{0,162516}$
	$PMT = 553,79$
HP-12C	
f → FIN	
3000 → CHS → PV	
3 → i	
6 → n → PMT	
553,79	

Resposta: O valor das parcelas mensais será de R$ 553,79.

Por meio do cálculo da prestação do exemplo, é possível conhecer outros dois valores. O primeiro deles é o valor total da dívida (FV), que obtemos multiplicando o valor da prestação pela quantidade de prestações para quitação da dívida: **FV = PMT × n**. O segundo valor são os juros cobrados (J), que é a diferença entre o valor total da dívida (FV) e o valor financiado (PV): **J = FV − PV**. Resolva o exercício de fixação a seguir e, após obter o valor da prestação, obtenha mais esses dois valores.

Exercício de fixação

A empresa X Ltda. vendeu uma máquina pelo preço de R$ 12.500,00, financiada pela tabela Price em 18 meses, com juros de 1,5% ao mês. Qual será o valor de cada parcela da dívida? Qual será o valor total da dívida? Quanto o cliente pagará em juros?

Dados	Desenvolvimento matemático	
PV = i = n = PMT = ? FV = ? J = ?	$PMT = PV \times i \div \{1 - [1 \div (1 + i)^n]\}$	$FV = PMT \times n$ $J = FV - PV$

Resposta 1:

Resposta 2:

Resposta 3:

6.1.2 Cálculo dos juros de cada parcela (J_t): 2º passo da tabela Price

O valor dos juros de cada parcela é calculado considerando o saldo devedor que antecede o pagamento daquela parcela. Portanto, o valor dos juros pagos na primeira parcela (j_1) é calculado aplicando-se a taxa de juros da dívida sobre o saldo devedor inicial (SD_0); o valor dos juros pagos na segunda parcela (J_2) é obtido aplicando-se a taxa de juros sobre o saldo devedor após o pagamento da primeira parcela (SD_1).

Assim, os juros pagos em cada parcela (J_t) são calculados aplicando-se a taxa de juros sobre o saldo devedor anterior à quitação da parcela (SD_{t-1}). Perceba que o valor de **t** informa o tempo atual e o valor de **t−1** informa o tempo anterior. Logo, a fórmula dos juros pagos em cada parcela (J_t) é:

$$J_t = SD_{t-1} \times i$$

Em que:

J_t: juros de cada parcela

t: período da parcela (usaremos t para diferenciar de n, que é quantidade total de parcelas)

SD_{t-1}: saldo devedor anterior

i: taxa de juros por período cobrada na operação de crédito

Você deve ter achado um pouco confuso. Isso acontece porque colocamos algo prático na forma de uma notação matemática, porém, na aplicação, você verá que é muito simples. Acompanhe o exemplo a seguir para entender como obter os juros de uma parcela.

Exemplo

Caio financiou um televisor de R$ 3.000,00 em 6 parcelas fixas, com uma taxa de juros de 3% ao mês. Considerando que a loja usa a tabela Price no crediário, quanto de juros será cobrado na primeira prestação?

Dados	Desenvolvimento matemático
t = 1	$J_t = SD_{t-1} \times I$
$SD_{t-1} = 3.000,00$	$J_1 = SD_0 \times i$
i = 0,03 a.m. (3 ÷ 100)	$J_1 = 3.000,00 \times 0,03$
$J_1 = ?$	$J_1 = 90,00$

Resposta: O valor dos juros pagos na primeira prestação será de R$ 90,00.

Na primeira prestação, o valor dos juros é calculado sobre o valor do saldo devedor integral da dívida (SD_0), que foi o valor financiado. À medida que quitar as prestações, Caio amortizará a dívida aos poucos e, portanto, o saldo devedor reduzirá. Como os juros de cada parcela são calculados sobre o saldo devedor anterior à quitação, os valores dos juros em cada parcela futura serão sempre menores que nas prestações anteriores.

6.1.3 Cálculo da amortização de cada parcela (A_t): 3º passo da tabela Price

No início deste capítulo, você aprendeu que *amortizar* é devolver por meio de prestações o capital tomado de empréstimo ao seu proprietário, bem como que é a parte da amortização de cada parcela que reduz o saldo devedor.

Como o valor de cada parcela divide-se em juros (que não reduz o saldo devedor) e amortização (que reduz o saldo devedor), o valor da amortização em cada parcela (A_t) é a parte do valor daquela parcela que não corresponde aos juros (J_t). Uma vez conhecido o valor da prestação (PMT), basta retirar os juros do valor da parcela, chegando, assim, ao valor da amortização, como ilustra a fórmula a seguir.

$$A_t = PMT - J_t$$

Em que:

A_t: valor da amortização contido na parcela

t: período da parcela (usaremos t para diferenciar de n, que é quantidade total de parcelas)

PMT: valor da prestação

J_t: valor do juros contido na parcela

Voltemos ao financiamento de Caio para calcular o valor da amortização. Acompanhe o exemplo e veja como fazer na prática. Lembre-se: tanto o valor da prestação quanto o valor dos juros já foram calculados nos passos anteriores.

Exemplo

Caio financiou um televisor de R$ 3.000,00 em 6 parcelas fixas, com uma taxa de juros de 3% ao mês. Considerando que a loja usa a tabela Price no crediário, qual será o valor da amortização paga na primeira parcela da dívida?

Dados	Desenvolvimento matemático
$t = 1$	$A_t = PMT - J_t$
$PMT = 553,79$	$A_1 = PMT - J_1$
$J_1 = 90,00$	$A_1 = 553,79 - 90,00$
$A_1 = ?$	$A_1 = 463,79$

Resposta: O valor da amortização paga na primeira parcela será de R$ 463,79.

Acompanhando o exemplo, você pode perceber que o valor de R$ 463,79 de amortização é o que Caio deduz da dívida com o lojista ao quitar a primeira parcela; logo, conforme ressaltamos, o valor dos juros pagos não afeta o saldo devedor.

6.1.4 Cálculo do saldo devedor de cada parcela (SD_t): 4º passo da tabela Price

O saldo devedor é o valor que resta amortizar de uma dívida, ou seja, é o capital que ainda precisa ser devolvido pelo devedor ao credor. Portanto, antes do pagamento da primeira prestação, o saldo devedor é igual do valor do crédito concedido; do pagamento da primeira parcela em diante, o valor do saldo devedor decresce no exato valor de cada amortização paga. Logo, para calcular o saldo devedor após o pagamento de uma parcela (SD_t), tomamos o valor do saldo devedor anterior (SD_{t-1}) e subtraímos dele o valor da amortização contida naquela parcela (A_t). A fórmula fica assim:

$$SD_t = SD_{t-1} - A_t$$

Em que:

SD_t: saldo devedor atual

t: período da parcela (usaremos t para diferenciar de n, que é quantidade total de parcelas)

SD_{t-1}: saldo devedor anterior

A_t: valor da amortização contido na parcela

Agora que chegamos ao cálculo do saldo devedor, podemos concluir os cálculos que permitem obter a primeira linha da tabela Price e, com base nela, reiniciar todo o processo para construí-la até a última linha, quando é quitada a última prestação de uma dívida. Acompanhe o exemplo a seguir para assimilar o cálculo do saldo devedor.

Exemplo

Caio financiou um televisor de R$ 3.000,00 em 6 parcelas fixas, com uma taxa de juros de 3% ao mês. Considerando que a loja usa a tabela Price no crediário, qual será o valor do saldo devedor após o pagamento da primeira parcela da dívida?

Dados	Desenvolvimento matemático
$SD_{t-1} = 3.000,00$	$SD_t = SD_{t-1} - A_t$
$A_t = 463,79$	$SD_1 = \mathbf{3.000 - 463,79}$
$SD_1 = ?$	$SD_1 = 2.536,21$

Resposta: O saldo devedor após o pagamento da primeira prestação será de R$ 2.536,21.

Agora que realizou as quatro etapas iniciais para aprender a construir a tabela Price, que representa o sistema de amortização crescente de dívidas, você poderá reunir os valores calculados nos exemplos anteriores para montar as primeiras linhas da tabela

Price do financiamento do televisor de Caio. Após quitar a primeira prestação, as duas primeiras linhas da tabela Price da dívida de Caio com a loja ficam assim:

Parcela (t)	Prestação (PMT)	Juros (J)	Amortização (A)	Saldo devedor (SD)
0				3.000,00
1	553,79	90,00	463,79	2.536,21

Utilizando as mesmas fórmulas usadas para montar a segunda linha, obtemos as demais. Veja:

Parcela (t)	Prestação (PMT)	Juros (J)	Amortização (A)	Saldo devedor (SD)
0				3.000,00
1	553,79	90,00	463,79	2.536,21
2	553,79	76,09	477,67	2.058,54

Para montar a tabela Price até a sexta prestação, basta repetir os mesmos cálculos usados na segunda linha, lembrando-se sempre de trocar os valores do saldo devedor a cada linha resolvida na hora de calcular os juros. Para treinar, calcule os valores de cada linha para as demais quatro parcelas do financiamento de Caio, conforme solicita o exercício de fixação a seguir.

Exercício de fixação

Caio financiou um televisor de R$ 3.000,00 em 6 parcelas fixas, com uma taxa de juros de 3% ao mês. Complete a tabela Price desse crediário, linha a linha.

Parcela (t)	Prestação (PMT)	Juros (J)	Amortização (A)	Saldo devedor (SD)
0				3.000,00
1	553,79	90,00	463,79	2.536,21
2	553,79	76,09	477,67	2.058,54
3	553,79			
4	553,79			
5	553,79			
6	553,79			

6.1.5 Tabela Price na HP-12C

É possível montar toda a tabela Price usando os recursos de amortização (AMORT) da calculadora HP-12C. Para fazer isso, basta obter o valor da prestação (PMT), conforme demonstrado nos exemplos anteriores e realizar a seguinte sequência: 1 → f → AMORT → x ⪌ y → RCL → PV → CHS. Observe o esquema da Figura 6.1 para visualizar as posições das teclas.

Figura 6.1 – Sequência de teclas da HP-12C para montagem da tabela Price

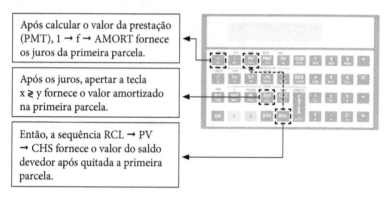

Após calcular o valor da prestação (PMT), 1 → f → AMORT fornece os juros da primeira parcela.

Após os juros, apertar a tecla x ⪌ y fornece o valor amortizado na primeira parcela.

Então, a sequência RCL → PV → CHS fornece o valor do saldo devedor após quitada a primeira parcela.

Lembre-se, antes de usar a sequência, você precisa calcular a prestação. Com a sequência da tabela Price (1 → f → AMORT → × ⋛ y → RCL → PV → CHS), a calculadora fornece primeiro o valor dos juros da primeira prestação, depois o valor amortização e, ao final, o valor do saldo devedor após a quitação da primeira parcela. Repetindo a sequência, obtemos os valores para a segunda linha da tabela e assim por diante, até a última linha. Acompanhe no exemplo a seguir o passo a passo da construção da tabela Price na HP-12C.

Exemplo

A loja W vendeu no crediário um celular de R$ 2.000,00 em 10 parcelas, com juros de 2,5% ao mês. Construa a tabela Price desse crediário.

Dados	Resolução via HP-12C
PV = 2.000,00	f → FIN
n = 10 parcelas mensais	2.000 → CHS → PV
i = 2,5% ao mês	10 → n
PMT = ?	2,5 → i → PMT
	228,52

Parcela (t)	Prestação (PMT)	Juros (J) 1 → f → AMORT	Amortização (A) x ⋛ y	Saldo devedor (SD) RCL → PV → CHS
0	–	–	–	2.000,00
1	228,52	50,00	178,18	1.821,48
2	228,52	45,54	182,98	1.638,50
3	228,52	40,96	187,55	1.450,95
4	228,52	36,27	192,24	1.258,70
5	228,52	31,47	197,05	1.061,65

(continua)

(conclusão)

6	228,52	26,54	201,98	859,68
7	228,52	21,49	207,03	652,65
8	228,52	16,32	212,20	440,45
9	228,52	11,01	217,51	222,94
10	228,52	55,57	222,94	0,00

Para montar a tabela Price inteira na HP-12C, basta repetir a cada linha, a partir da coluna dos juros, a mesma sequência de teclas, 1 → f → AMORT (juros), → × ≷ y (amortização) e → RCL → PV → CHS (saldo devedor), e a calculadora fornece os valores sempre na mesma sequência. Contudo, a HP-12C tem um limite de 20 prestações para montar a tabela; logo, acima de 20 parcelas, é preciso calcular manualmente ou via planilha eletrônica, como você aprenderá na sequência.

Antes de prosseguirmos, no entanto, você pode aprender mais um "truque" da HP-12C, que é saber o saldo devedor para a quitação de uma dívida depois de quitadas algumas prestações sem precisar montar a tabela toda. Veja no exemplo a seguir como isso é possível.

Exemplo

O cliente da loja W comprou, no crediário, um celular de R$ 2.000,00 em 10 parcelas, com juros de 2,5% ao mês, mas voltou à loja após pagar a sexta parcela para quitar totalmente a dívida. Quanto a loja deve cobrar para liquidar o saldo devedor do cliente?

Dados	Resolução via HP-12C	
PV = 2.000,00	**1º passo**	**2º passo**
n = 10 parcelas	Calcular o PMT	Calcular o saldo devedor
mensais	f → FIN	após 6 parcelas pagas
i = 2,5% ao mês	2.000 → CHS → PV	6 → f → AMORT
PMT = ?	10 → n	RCL → PV → CHS
SD_6 = ?	2,5 → i → PMT	859,68
	228,52	

Resposta: A loja deve cobrar R$ 859,68 para liquidar a dívida após o pagamento da sexta parcela.

Confirme o valor obtido na HP-12C com o valor na tabela Price do exemplo anterior e perceba que são idênticos. Logo, para calcular o saldo devedor de uma dívida na HP-12C, basta saber quantas parcelas já foram quitadas e iniciar daí o processo de cálculo da amortização na calculadora. Como foram seis parcelas quitadas, usamos o valor 6 na HP-12C.

6.1.6 Tabela Price na planilha eletrônica

É possível montar a tabela Price em uma planilha eletrônica. Para isso, é preciso usar primeiro a fórmula pagamento (PGTO) para obter o valor da prestação e, depois, calcular os valores dos juros, da amortização e do saldo devedor, conforme você aprendeu nas seções anteriores. Acompanhe o exemplo a seguir, que apresenta em detalhes a montagem da tabela Price em uma planilha eletrônica.

Exemplo

Tais pretende financiar em 48 prestações, sem entrada, um veículo de R$ 35.000,00 com uma taxa de juros de 1,0% ao mês. Monte a tabela Price desse financiamento.

Tabela 6.2 – Esquema da tabela Price na planilha eletrônica

	A	B	C	D	E
1	Parcela (t)	Prestação (PMT)	Juros (J)	Amortização (A)	Saldo devedor (SD)
2	0	0,00	0,00	0,00	35.000,00
3	1	=PGTO(0,01;48; −35000;0) 921,68	=E2*0,01 350,00	=B3−C3 571,68	=E2−D3 34.428,32
4	2	=PGTO(0,01;48; −35000;0) 921,68	=E3*0,01 344,28	=B4−C4 577,40	=E3−D4 33.850,92
⋮	⋮	⋮	⋮	⋮	⋮
49	48	=PGTO(0,01;48; −35000;0) 921,68	=E48*0,01 9,13	=B49−C49 912,55	=E48−D49 0,26
50	Totais	=soma(B3:B49) 44.240,84	=soma(C3:C49) 9.240,84	=soma(C3:C49) 35.000,00	

A partir da linha da primeira prestação, digite o símbolo de igual e, a cada fórmula, conforme o modelo, aperte ENTER para o resultado aparecer na célula. Completada a linha da primeira parcela, basta selecionar as fórmulas, copiar e colar nas linhas seguintes.

Como você acompanhou na Tabela 6.2, a montagem da tabela Price em planilha eletrônica parte do cálculo da prestação com a fórmula PGTO e, depois, segue a mesma lógica matemática para montar a tabela manualmente. Contudo, na planilha eletrônica, o trabalho é facilitado, pois apenas a linha da primeira prestação precisa ser montada, as demais são cópias dela. Se você seguir os passos da Tabela 6.2, chegará à Tabela 6.3, que apresenta a evolução completa do financiamento em 48 parcelas.

Tabela 6.3 – Tabela Price: financiamento de R$ 35.000,00 em 48 parcelas com juros de 1% a.m.

Parcela (t)	Prestação (PMT)	Juros (J)	Amortização (A)	Saldo devedor (SD)
0	0,00	0,00	0,00	35.000,00
1	921,68	350,00	571,68	34.428,32
2	921,68	344,28	577,40	33.850,92
3	921,68	338,51	583,17	33.267,75
4	921,68	332,68	589,00	32.678,75
5	921,68	326,79	594,89	32.083,86
6	921,68	320,84	600,84	31.483,02
7	921,68	314,83	606,85	30.876,17
8	921,68	308,76	612,92	30.263,25
9	921,68	302,63	619,05	29.644,20
10	921,68	296,44	625,24	29.018,96
11	921,68	290,19	631,49	28.387,47
12	921,68	283,87	637,81	27.749,67
13	921,68	277,50	644,18	27.105,48
14	921,68	271,05	650,63	26.454,86

(continua)

(Tabela 6.3 – continuação)

Parcela (t)	Prestação (PMT)	Juros (J)	Amortização (A)	Saldo devedor (SD)
15	921,68	264,55	657,13	25.797,73
16	921,68	257,98	663,70	25.134,02
17	921,68	251,34	670,34	24.463,68
18	921,68	244,64	677,04	23.786,64
19	921,68	237,87	683,81	23.102,83
20	921,68	231,03	690,65	22.412,18
21	921,68	224,12	697,56	21.714,62
22	921,68	217,15	704,53	21.010,08
23	921,68	210,10	711,58	20.298,50
24	921,68	202,99	718,69	19.579,81
25	921,68	195,80	725,88	18.853,93
26	921,68	188,54	733,14	18.120,79
27	921,68	181,21	740,47	17.380,31
28	921,68	173,80	747,88	16.632,44
29	921,68	166,32	755,36	15.877,08
30	921,68	158,77	762,91	15.114,17
31	921,68	151,14	770,54	14.343,63
32	921,68	143,44	778,24	13.565,39
33	921,68	135,65	786,03	12.779,37
34	921,68	127,79	793,89	11.985,48
35	921,68	119,85	801,83	11.183,65
36	921,68	111,84	809,84	10.373,81
37	921,68	103,74	817,94	9.555,87

(Tabela 6.3 – conclusão)

Parcela (t)	Prestação (PMT)	Juros (J)	Amortização (A)	Saldo devedor (SD)
38	921,68	95,56	826,12	8.729,75
39	921,68	87,30	834,38	7.895,36
40	921,68	78,95	842,73	7.052,64
41	921,68	70,53	851,15	6.201,48
42	921,68	62,01	859,67	5.341,82
43	921,68	53,42	868,26	4.473,56
44	921,68	44,74	876,94	3.596,61
45	921,68	35,97	885,71	2.710,90
46	921,68	27,11	894,57	1.816,33
47	921,68	18,16	903,52	912,81
48	921,68	9,13	912,55	0,26
Totais	44.240,84	9.240,84	35.000,00	–

Você pode perceber que sobraram R$ 0,26 não amortizados na última prestação. Isso é comum em financiamentos longos: mesmo que a planilha eletrônica opere com o máximo de casas decimais possíveis, haverá alguma sobra de saldo devedor. Esse restinho de dívida pode ser incorporado ao valor da última prestação ou mesmo desprezado pelo credor.

Quando usamos uma planilha eletrônica, podemos facilmente calcular os totais na última linha da tabela. Basta usar a fórmula da soma, como você pode conferir na última linha da Tabela 6.2. Então, descobrimos que o valor total da dívida é de R$ 44.240,84, que o total dos juros pagos no financiamento é de R$ 9.240,84 e o total amortizado soma exatamente o valor à vista do veículo (R$ 35.000,00).

Por meio da construção integral da tabela Price, é possível acompanhar a evolução de qualquer financiamento e descobrir a qualquer momento o saldo devedor para a quitação da dívida, após dada quantidade de prestações quitadas. Por exemplo: depois de quitadas 30 parcelas, o saldo devedor para a quitação é R$ 15.114,17, como você pode conferir na Tabela 6.3.

Agora que você já adquiriu a técnica para montar a tabela Price por meio das fórmulas, da HP-12C e da planilha eletrônica, resolva os exercícios de fixação propostos a seguir para testar seus conhecimentos.

Exercícios de fixação

1. Uma agência de turismo quer vender por R$ 4.999,99 um pacote turístico de 5 dias para o carnaval em Salvador parcelando em até 12 vezes, com juros de 2,99% ao mês.

   1) Monte a tabela Price para essa operação de crédito.
   2) Calcule o valor total a prazo do pacote turístico.
   3) Calcule o montante total de juros pago na operação de crédito.
   4) Calcule o valor para quitação antecipada da dívida após o pagamento da oitava parcela.

Parcela (t)	Prestação (PMT)	Juros (J)	Amortização (A)	Saldo devedor (SD)
0				
1				
2				
3				
4				
5				
6				
7				
8				
9				
10				
11				
12				
Totais				

Resposta 2:

Resposta 3:

Resposta 4:

2. Você tomou um empréstimo de R$ 5.000,00 no banco para quitar em 18 parcelas com juros de 4,5% ao mês. Depois de pagar a nona parcela, ganhou um dinheiro inesperado e foi ao banco para quitar sua dívida. Qual é o valor que o banco deve lhe cobrar para dar a dívida como quitada?

Dados	Desenvolvimento matemático
PV = i = n = PMT = ?	$PMT = PV \times i \div \{1 - [1 \div (1 + i)^n]\}$

Parcela (t)	Prestação (PMT)	Juros (J)	Amortização (A)	Saldo devedor (SD)
0				
1				
2				
3				
4				
5				
6				
7				
8				
9				

Resposta:

6.2 Sistema de amortização constante (tabela SAC)

O sistema de amortização constante (SAC), ou *tabela SAC*, como é geralmente conhecido, é aquele no qual o valor das parcelas cai ao longo do tempo. Isso acontece porque a parte da amortização é constante e o valor dos juros cai à medida que as parcelas são quitadas, uma vez que o valor do saldo devedor reduz-se no exato valor das amortizações pagas em cada parcela.

Acompanhe a Gráfico 6.2 para assimilar melhor como funciona a tabela SAC e compare com o Gráfico 6.1, a fim de compreender a diferença entre a tabela SAC e a tabela Price.

Gráfico 6.2 – Evolução dos juros e da amortização (tabela SAC)

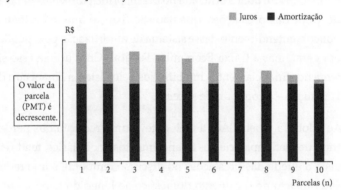

Você pode perceber, no Gráfico 6.2, que a altura das colunas cai ao longo do período de amortização da dívida. Essa queda na altura da coluna representa a queda no valor dos juros em cada parcela, uma vez que o valor da amortização é sempre o mesmo ao longo de todo o período – fato que você pode comprovar por meio da parte mais escura de cada coluna, que representa o valor da amortização em cada parcela.

Note também que, na tabela SAC, o devedor inicia pagando parcelas maiores – maiores até que as parcelas da tabela Price –, contudo, ao longo do financiamento, o valor das parcelas cai e ficam menores que as parcelas da tabela Price. Mais adiante, você poderá comprovar que essa queda no valor das parcelas resulta em uma dívida total menor pela tabela SAC em relação à tabela Price.

Outra diferença entre os dois sistemas está no valor para quitação antecipada da dívida. Como na tabela SAC a amortização é constante, o valor para quitação é proporcional às parcelas já quitadas, ou seja, se metade das parcelas foram quitadas, faltará exatamente metade do saldo devedor para quitar a dívida. Pela tabela Price, depois de 50% pagos das parcelas, faltaria cerca de 70% da dívida a ser amortizada.

A tabela SAC é pouco utilizada no Brasil, principalmente em razão do valor das prestações, que não são fixos, o que dificulta um pouco o entendimento desse sistema de amortização pelo público em geral, mas a Caixa Econômica Federal (CEF) utiliza esse sistema nos financiamentos imobiliários pelo Sistema Financeiro da Habitação – e com grande sucesso.

Ao adotar a tabela SAC, a CEF obteve uma redução dos percentuais de inadimplência nos financiamentos imobiliários, tendo em vista a queda das prestações no discurso temporal, o que reduz seu impacto no orçamento doméstico ao longo do tempo – se o mutuário consegue pagar uma prestação mais elevada no começo do plano de pagamento, é bem provável que consiga pagar uma prestação menor depois de anos pagando o financiamento. Assim, a redução da inadimplência é a maior vantagem da tabela SAC, porém, outras desvantagens desestimulam sua ampla utilização por bancos e financeiras.

Acompanhe o exemplo a seguir – igual ao exemplo resolvido para a tabela Price – para entender como funciona a tabela SAC, constatando, na prática, as principais diferenças em relação à tabela Price.

Exemplo

Santiago emprestou R$ 40.000,00 no banco a uma taxa de juros de 5% ao mês. O empréstimo será pago em 10 parcelas fixas de R$ 5.180,18, e o banco usará a tabela SAC para realizar o cálculo das amortizações (Obs.: a seguir, veremos como calcular o valor da parcela).

Tabela 6.4 – Tabela SAC

Períodos (t)	Prestação PMT	Juros (J)	Amortização (A)	Saldo devedor (SD)
0				40.000,00
1	6.000,00	2.000,00	**4.000,00**	36.000,00
2	5.800,00	1.800,00	**4.000,00**	32.000,00
3	5.600,00	1.600,00	**4.000,00**	28.000,00
4	5.400,00	1.400,00	**4.000,00**	24.000,00
5	5.200,00	1.200,00	**4.000,00**	20.000,00
6	5.000,00	1.000,00	**4.000,00**	16.000,00
7	4.800,00	800,00	**4.000,00**	12.000,00
8	4.600,00	600,00	**4.000,00**	8.000,00
9	4.400,00	400,00	**4.000,00**	4.000,00
10	4.200,00	200,00	**4.000,00**	0,00
Totais	**51.000,00**	**11.000,00**	**40.000,00**	–

Você pode perceber, na Tabela 6.4, que o valor das prestações começa em R$ 6.000,00* e acaba em R$ 4.200,00 – conforme ressaltamos anteriormente, essa é a principal característica do sistema de amortização constante. Note também que o valor das amortizações mensais

---

* A parcela fixa da tabela Price era de R$ 5.180,00.

é sempre igual e, por isso, a causa para a queda no valor das prestações é a queda dos juros cobrados em cada parcela, que se iniciam em R$ 2.000,00 e acabam em apenas R$ 200,00.

O valor total da dívida calculada pela tabela SAC é de R$ 51.000,00 e, portanto, o total de juros cobrados é de R$ 11.000,00. Agora, se voltarmos à Tabela 6.2, veremos que, pela tabela Price, o total da dívida era de R$ 51.801,83 e o total dos juros cobrados era de R$ 11.801,83. Logo, pela tabela SAC, sairá R$ 801,83 mais barato pagar o empréstimo.

Suponha, agora, que Santiago decida pagar sua dívida após quitadas 5 parcelas. Quanto ele teria de pagar ao banco para quitar a dívida? Ele teria de pagar exatamente o valor de R$ 20.000,00, pois, tendo quitado 50% das prestações, faltaria metade do valor do saldo devedor para a quitação. Pela tabela Price, Santiago deveria pagar R$ 22.427,48 para quitar sua dívida após 5 parcelas quitadas.

Comparando as Tabelas 6.2 e 6.4, que mostram o mesmo financiamento feito pela tabela Price e pela tabela SAC, você pode perceber que a tabela SAC tem uma desvantagem para o devedor: as parcelas são maiores no início do plano de pagamento. Contudo, ela beneficia o devedor ao reduzir o total de sua dívida e permitir uma quitação antecipada por um valor menor que o da tabela Price. Assim, o devedor, sempre que possível, deve preferir a tabela SAC em seus financiamentos.

6.2.1 Cálculo da prestação (PMT) e do saldo devedor (SD): tabela SAC

O valor das prestações pelo sistema de amortização constante é realizado parcela a parcela e é o resultado do valor da amortização, que é fixo, somado aos juros, que são decrescentes. Logo, para saber o valor de cada prestação, é preciso primeiro calcular o valor da amortização e, depois, calcular o valor dos juros, parcela a parcela, para, então, somar os dois valores e obter o valor da prestação.

Para montar a tabela SAC e saber o valor das prestações, uma vez que são diferentes, é preciso começar obtendo o valor da amortização (A), igual para todas as parcelas, obtido pela divisão do saldo devedor inicial (SD_0) pela quantidade total de parcelas (n). Confira a fórmula:

$$A = SD_0 \div n$$

O valor da amortização é obtido por meio de uma simples divisão e será a base para o cálculo de cada prestação e montagem da tabela SAC. Depois de obtido o valor da amortização, é possível calcular os juros de cada parcela, resultado da multiplicação da taxa de juros (i) pelo saldo devedor anterior (SD_{t-1}). Confira a fórmula:

$$J_t = i \times SD_{t-1}$$

Após obter o valor das amortizações e o valor dos juros da primeira parcela, é possível calcular o valor da primeira prestação (PMT_t), que é o resultado da soma da amortização (A) com os juros (J_t) da primeira parcela – e, assim, sucessivamente, até a última prestação. Confira a fórmula:

$$PMT_t = J_t + A$$

Por fim, para saber o valor do saldo devedor após o pagamento de cada prestação (SD_t), basta subtrair do saldo devedor anterior (SD_{t-1}) o valor da amortização (A). Confira a fórmula:

$$SD_t = SD_{t-1} - A$$

O saldo devedor (SD_t) atualizado de uma dívida parcelada pela tabela SAC pode ser obtido a qualquer momento. Como o saldo devedor atualizado é a parte não amortizada da dívida e a amortização é constante, basta multiplicar o valor da amortização pela quantidade de parcelas ainda não quitadas. Confira a fórmula:

$$SD_t = A (n - t)$$

Como até aqui você só viu fórmulas, pode ter ficado um pouco confuso ainda; portanto, vamos direto a um exemplo para colocar as fórmulas em prática. Você verá como é fácil calcular a tabela SAC, embora não seja possível usar a HP-12C para sua construção.

Exemplo

Caio financiou um televisor de R$ 3.000,00 em 6 parcelas fixas, com uma taxa de juros de 3% ao mês. Construa a tabela SAC desse crediário.

Dados	Desenvolvimento matemático
$SD_0 = 3.000,00$ (ou PV)	$A = SD_0 \div n$
	$A = 3.000 \div 6$
$i = 0,03 (3 \div 100)$	$A = 500,00$
$n = 6$	
$A = ?$	

Parcela (t)	Amortização (A)	Juros (J)	Prestação (PMT)	Saldo devedor (SD)
0	–	–	–	3.000,00
1	500,00	$(J_t = SD_{t-1} \times i)$ $(J_1 = 3.000 \times 0,03)$ 90,00	$(PMT_t = A + J_t)$ $(PMT_1 = 500 + 90)$ 590,00	$(SD_t = SD_{t-1} - A)$ $(SD_1 = 3.000 - 500)$ 2.500,00
2	500,00	$(J_2 = 2.500 \times 0,03)$ 75,00	$(PMT_2 = 500 + 75)$ 575,00	$(SD_2 = 2.500 - 500)$ 2.000,00

(continua)

(conclusão)

3	500,00	$(J_3 = 2.000 \times 0,03)$	$(PMT_3 = 500 + 60)$	$(SD_3 = 2.000 - 500)$
		60,00	560,00	1.500,00
4	500,00	$(J_4 = 1.500 \times 0,03)$	$(PMT_4 = 500 + 45)$	$(SD_4 = 1.500 - 500)$
		45,00	545,00	1.000,00
5	500,00	$(J_5 = 1.000 \times 0,03)$	$(PMT_5 = 500 + 30)$	$(SD_5 = 1.000 - 500)$
		30,00	530,00	500,00
6	500,00	$(J_6 = 500 \times 0,03)$	$(PMT_6 = 500 + 15)$	$(SD_6 = 500 - 500)$
		15,00	515,00	0,00
Totais	3.000,00	315,00	3.315,00	–

Se você resolveu o exercício de fixação da Seção 6.1.4 (pela tabela Price), percebeu que se trata do mesmo exercício, agora resolvido pela tabela SAC. Compare os valores totais dos juros e da dívida para constatar que, usando a tabela Price, o devedor pagará mais para quitar a mesma dívida do que pagaria com a tabela SAC. Aproveite para comparar os saldos devedores a cada prestação quitada e, novamente, constate que, pela tabela SAC, o saldo devedor para quitação é sempre menor que pela Price.

6.2.2 Tabela SAC na planilha eletrônica

Para reforçar o entendimento sobre a tabela SAC e suas vantagens para o mutuário (devedor), compare o Quadro 6.1 com o exemplo a seguir, que será resolvido com a tabela SAC, servindo de exemplo para a montagem de uma tabela SAC na planilha eletrônica.

Exemplo

Rodrigo comprou um carro financiando no valor de R$ 35.000,00 para quitar em 48 parcelas fixas, com juros de 1% ao mês. Considerando que o banco aplicou a tabela SAC no financiamento, qual será o valor de cada parcela? Quanto será o valor total pago pelo veículo ao final do financiamento? Quanto Rodrigo pagará de juros ao banco?

Tabela 6.5 – Tabela SAC na planilha eletrônica

	A	B	C	D	E
1	Período (t)	Amortização (A)	Juros (J)	Prestação (PMT)	Saldo devedor (SD)
2	0	–	–	–	35.000,00
3	1	=$E$2/48 729,17	=E2*0,01 350,00	=B3+C3 1.079,16	=E2-B3 34.270,83
4	2	=$E2$/48 729,17	=E3*0,01 342,71	=B4+C4 1.071,88	=E3-B4 33.541,63
⋮	⋮	⋮	⋮	⋮	⋮
49	48	=$E$2/48 729,17	=E48*0,01 7,29	=B49+C49 729,17	=E48-DB9 0,00
50	Totais	=soma(B3:B49) 35.000,00	=soma(C3:C49) 8.575,00	=soma(D3:D49) 43.575	

Resposta 1: O valor total do carro financiado será de R$ 43.575,00.
Resposta 2: O valor dos juros do financiamento será de R$ 8.575,00.

Monte a tabela SAC conforme o exemplo e, depois de digitar as fórmulas na linha da primeira prestação (t_1), copie as fórmulas e cole nas linhas seguintes até o período 48. A planilha eletrônica calculará automaticamente os valores de cada célula na tabela SAC. Confirme o resultado com os valores da Tabela 6.6, a seguir.

Tabela 6.6 – Tabela SAC: financiamento de R$ 35.000,00 em 48 parcelas e juros de 1% a.m.

Período (t)	Juros (J)	Amortização (A)	Prestação (PMT)	Saldo devedor (SD)
0				35.000,00
1	350,00	729,17	1.079,17	34.270,83
2	342,71	729,17	1.071,88	33.541,67
3	335,42	729,17	1.064,58	32.812,50
4	328,13	729,17	1.057,29	32.083,33
5	320,83	729,17	1.050,00	31.354,17
6	313,54	729,17	1.042,71	30.625,00
7	306,25	729,17	1.035,42	29.895,83
8	298,96	729,17	1.028,13	29.166,67
9	291,67	729,17	1.020,83	28.437,50
10	284,38	729,17	1.013,54	27.708,33
11	277,08	729,17	1.006,25	26.979,17
12	269,79	729,17	998,96	26.250,00
13	262,50	729,17	991,67	25.520,83
14	255,21	729,17	984,38	24.791,67
15	247,92	729,17	977,08	24.062,50
16	240,63	729,17	969,79	23.333,33
17	233,33	729,17	962,50	22.604,17
18	226,04	729,17	955,21	21.875,00
19	218,75	729,17	947,92	21.145,83
20	211,46	729,17	940,63	20.416,67

(continua)

(Tabela 6.6 – continuação)

Período (t)	Juros (J)	Amortização (A)	Prestação (PMT)	Saldo devedor (SD)
21	204,17	729,17	933,33	19.687,50
22	196,88	729,17	926,04	18.958,33
23	189,58	729,17	918,75	18.229,17
24	182,29	729,17	911,46	17.500,00
25	175,00	729,17	904,17	16.770,83
26	167,71	729,17	896,88	16.041,67
27	160,42	729,17	889,58	15.312,50
28	153,13	729,17	882,29	14.583,33
29	145,83	729,17	875,00	13.854,17
30	138,54	729,17	867,71	13.125,00
31	131,25	729,17	860,42	12.395,83
32	123,96	729,17	853,13	11.666,67
33	116,67	729,17	845,83	10.937,50
34	109,38	729,17	838,54	10.208,33
35	102,08	729,17	831,25	9.479,17
36	94,79	729,17	823,96	8.750,00
37	87,50	729,17	816,67	8.020,83
38	80,21	729,17	809,38	7.291,67
39	72,92	729,17	802,08	6.562,50
40	65,62	729,17	794,79	5.833,33
41	58,33	729,17	787,50	5.104,17
42	51,04	729,17	780,21	4.375,00
43	43,75	729,17	772,92	3.645,83

(continua)

(Tabela 6.6 – conclusão)

Período (t)	Juros (J)	Amortização (A)	Prestação (PMT)	Saldo devedor (SD)
44	36,46	729,17	765,63	2.916,67
45	29,17	729,17	758,33	2.187,50
46	21,87	729,17	751,04	1.458,33
47	14,58	729,17	743,75	729,17
48	7,29	729,17	736,46	0,00
Totais	35.000,00	8.575,00	43.575,00	–

A Tabela 6.6 apresenta a evolução de um financiamento usando a tabela SAC. Os mesmos dados foram usados na Tabela 6.3, adotando o sistema de amortização crescente (tabela Price), assim você poderá comparar alguns elementos diferenciadores de ambos os sistemas de amortização.

Comece analisando o valor das parcelas. Na tabela Price, o valor das parcelas era fixo em R$ 921,68 e, agora, usando a tabela SAC, o valor da primeira prestação é de R$1.079,17 e cai até o mínimo de R$ 736,46 na última parcela. Logo, é mais caro começar a pagar o veículo financiado pela tabela SAC.

Por outro lado, o total da dívida pela tabela SAC é menor que pela Price (R$ 43.575,00 contra R$ 44.240,64). Isso porque a amortização constante provoca uma queda bem mais rápida do saldo devedor, que, por sua vez, resulta em menor cobrança de juros, que incidem sobre o saldo devedor. Pela tabela SAC, o total de juros cobrados foi de R$ 8.575,00; pela Price, foi de R$ 9.240,84. Nessa diferença de cobranças de juros reside a diferença nos valores totais das dívidas entre os dois sistemas de amortização.

Por fim, caso Rodrigo decida quitar antecipadamente seu financiamento a qualquer momento, pagará menos pela tabela SAC do que pagaria pela tabela Price. Por exemplo: se decidir quitar toda a dívida faltando 24 parcelas, pagará R$ 17.500,00 pela tabela SAC e R$ 19.579,81 pela tabela Price.

A tabela SAC permite uma cobrança menor de juros porque esse sistema de amortização obriga o pagamento de prestações maiores no início do plano de pagamento; logo, é uma escolha de juros totais menores por um sacrifício maior no início do pagamento da dívida. Para o credor, a tabela SAC também é vantajosa, pois permite receber mais rapidamente o capital cedido e, portanto, direcioná-lo antes a novas operações de crédito. Além disso, a redução no valor das parcelas contribui para a redução da inadimplência e dos calotes.

Agora que você já adquiriu a técnica para montar uma tabela SAC por meio das fórmulas e da planilha eletrônica, resolva os exercícios de fixação propostos a seguir para testar seus conhecimentos.

Exercícios de fixação

1. Uma agência de turismo quer vender por R$ 4.999,99 um pacote turístico de 5 dias para o carnaval em Salvador parcelando em até 12 vezes, com juros de 2,99% ao mês.

   1. Monte a tabela SAC para essa operação de crédito.

   2. Calcule o valor total a prazo do pacote turístico.

   3. Calcule o montante total de juros pago na operação de crédito.

   4. Calcule o valor para quitação antecipada da dívida após o pagamento da oitava parcela.

Dados		Desenvolvimento matemático		
$SD_0 =$		$A = SD_0 \div n$		
$i =$				
$n =$				
$A = ?$				

Parcela (t)	Amortização (A)	Juro (J)	Prestação (PMT)	Saldo devedor (SD)
0				
1				
2				
3				
4				
5				
6				
7				
8				
9				
10				
11				
12				
Totais				

Resposta 2:

Resposta 3:

Resposta 4:

2. Você tomou um empréstimo de R$ 5.000,00 no banco para quitar em 18 parcelas com juros de 4,5% ao mês. Depois de pagar a nona parcela, ganhou um dinheiro inesperado e foi ao banco para quitar sua dívida. Qual é o valor que o banco deve lhe cobrar para dar a dívida como quitada?

Dados	Desenvolvimento matemático	
$SD_0 =$ $i =$ $n =$ $A = ?$ $SD_9 = ?$	$A = SD_0 \div n$	$SD_t = A \times (n - t)$

Parcela (t)	Amortização (A)	Juros (J)	Prestação (PMT)	Saldo devedor (SD)
0				
1				
2				
3				
4				
5				
6				
7				
8				
9				

Resposta:

Procure fazer este exercício pelos dois métodos: por meio da fórmula de SD_t e montando a tabela até a nona prestação.

Lista de exercícios

1. Uma empresa de festas infantis precisa de um empréstimo de R$ 10.000,00 para comprar brinquedos (pula-pula, piscina de bolinhas, mesa de pebolim etc.) e planeja pagá-lo em 6 parcelas mensais. Considerando que a taxa de juros mensal cobrada no empréstimo será de 5%, calcule pela tabela Price:
   a) o valor da parcela mensal;
   b) o valor total a ser pago pelo empréstimo;
   c) o valor total dos juros cobrados no empréstimo.

2. Uma empresa vai financiar uma máquina de R$ 300.000,00 a uma taxa de juros mensais de 1,0% e com pagamento em 60 parcelas. Caso a empresa resolva quitar a dívida antecipadamente, depois de pagar 40 parcelas, qual será o valor necessário para quitação pela tabela SAC?

3. Ana quer tomar um empréstimo de R$ 2.500,00, com uma taxa de juros mensal de 4,5%, para ser pago em 6 parcelas.
   a) Elabore as tabelas de amortização Price e SAC.
   b) Calcule o valor total a ser pago pelo empréstimo em cada tabela.
   c) Calcule o valor de juros pagos ao final do empréstimo em cada tabela.

4. Eder decidiu comprar um celular novo de R$ 2.000,00, e a loja parcelou sua compra em 12 prestações mensais sem entrada, com juros mensais de 3,0% tanto pela tabela Price quanto pela tabela SAC. Elabore os planos de pagamento pelas duas tabelas de amortização e descubra os totais de juros cobrados em cada uma delas.

5. Uma empresa financia suas vendas em 15, 30 e 45 dias, cobrando taxas de juros nominais de 1,5% a quinzena. Com base nessas informações, calcule o valor das prestações pelas tabelas Price e SAC para uma venda de R$ 5.000,00 parcelada em três vezes (15, 30, 45).

Desconto

Conteúdos do capítulo:

- Desconto de recebíveis.
- Desconto simples: racional, comercial e bancário.
- Desconto composto: racional, comercial e bancário.

Após o estudo deste capítulo, você será capaz de:

1. compreender o que é uma operação financeira de desconto de recebíveis;
2. calcular os valores de desconto racional, comercial e bancário a uma taxa de juros simples para determinar os valores do desconto e os valores descontados;
3. calcular os valores de desconto racional, comercial e bancário a uma taxa de juros compostos para determinar os valores do desconto e os valores descontados;
4. comparar os métodos de desconto financeiro para definir qual é o mais vantajoso para o devedor ou o credor da operação.

As operações de desconto são muito comuns nos bancos e nas *factorings** e têm o objetivo de antecipar recebíveis, que são créditos que as empresas têm por vendas a prazo realizadas a seus clientes. Assim, as operações de desconto podem ser definidas como a antecipação de recebíveis mediante o desconto de juros relativos ao prazo de vencimento dos créditos.

Considere que a empresa X tenha vendido R$ 90.000,00 em novembro, mas seus clientes parcelaram as compras em três parcelas (entrada, 30 e 60 dias) com cheques pré-datados. Logo, a empresa recebeu R$ 30.000,00 à vista e receberá em cheques outros R$ 30.000,00 no mês de dezembro e mais R$ 30 mil em janeiro.

---

* Empresa comercial especializada em descontos de duplicatas, cheques pré-datados e outros recebíveis.

Agora, suponha que X precise de uma parte dos R$ 30.000 que só receberá em janeiro para pagar a segunda parcela do 13º salário de funcionários em dezembro. Para antecipar o recebimento dos cheques pré-datados que recebeu dos clientes, a empresa pode solicitar ao banco o desconto desses recebíveis.

Para realizar a operação de adiantamento dos cheques, a empresa deverá aceitar um desconto sobre os valores a receber em janeiro, ou seja, o banco pagará pelos cheques a receber em janeiro um valor descontado, menor que o valor a receber, e aguardará que os clientes de X quitem todos os cheques.

Caso um dos cheques não seja compensado por falta de fundos ou outro motivo qualquer, o banco cobrará o valor integral do cheque de X, ou seja, fará o débito dos valores não recebidos em sua conta-corrente. Perceba que a empresa deve aceitar um valor de desconto para adiantar os cheques, mas, mesmo perdendo esse valor para o banco, ela ainda deverá honrar o pagamento dos cheques caso algum deles não seja compensado.

Qual é o valor cobrado pelo banco para fazer uma operação de desconto?

O valor do desconto depende de três fatores: do regime de capitalização (juros simples ou compostos); da taxa de juros cobrada na operação de desconto de recebíveis; da metodologia de cálculo utilizado para o desconto dos títulos. De acordo com esses três fatores, classificamos as operações de desconto em:

a. desconto racional simples (por dentro simples);

b. desconto comercial simples (por fora simples);

c. desconto bancário simples;

d. desconto racional composto (por fora composto);

e. desconto comercial composto (por dentro composto);

f. desconto bancário composto.

Nas seções seguintes deste capítulo, você aprenderá cada metodologia de cálculo de desconto para entender suas diferenças e aprender a escolher a metodologia mais apropriada para fazer uma operação quando ela se fizer necessária. Além disso, reunirá conhecimentos fundamentais para negociar descontos de recebíveis com agentes financeiros.

7.1 Desconto simples

As operações de desconto simples são todas aquelas que utilizam o regime de capitalização simples de juros para calcular os valores de desconto. São três modalidades: desconto racional simples (DRS); desconto comercial simples (DCS); desconto bancário simples (DBS).

7.1.1 Desconto racional simples

O desconto racional simples (DRS), ou desconto por dentro simples, é o valor de juros simples cobrado daquele que têm créditos a receber no futuro (FV), mas que pretende antecipar seu recebimento mediante uma operação de desconto junto a um terceiro (bancos, *factoring* etc.).

O desconto racional é considerado o método correto teoricamente, porque utiliza o valor atualizado dos créditos – valor presente (PV) dos créditos na data do desconto – para calcular o valor do desconto. Logo, o valor do desconto equivale ao montante de juros que o valor presente (PV) geraria pelo prazo do desconto (n) se fosse capitalizado à taxa de juros (i) de desconto cobrada pelo banco. Se tivéssemos conhecimento do valor presente, a fórmula seria: **DRS = PV (n × i)**.

Contudo, como não sabemos o valor presente, somente o valor futuro, que é o valor dos títulos a serem descontados (cheque, boleto, duplicata etc.), substituímos PV pela fórmula do valor presente a juros simples: $PV = FV \div (1 + n \times i)$. Assim, obtemos a fórmula para o cálculo do desconto racional simples (DRS).

$$DRS = \underbrace{FV \div (1 + n \times i)}_{PV} \times (n \times i)$$

Em que:

DRS: desconto racional simples

FV: valor futuro dos recebíveis

i: taxa de juros de desconto

n: períodos de capitalização entre a data do desconto e o vencimento dos recebíveis

O valor do desconto é aquele que o banco cobrará do cliente para fazer a operação, ou seja, a parte com que o banco ficará do total dos recebíveis. Essa parte é proporcional à taxa de juros cobrada pelo banco e ao prazo entre a data da operação de desconto e o vencimento dos recebíveis. A outra parte, a que o cliente receberá, é chamada de *valor descontado racional simples* (VRS), que é simplesmente a diferença entre o valor futuro e o valor do desconto cobrado pelo banco:

$$VRS = FV - DRS$$

Agora que você já conhece a fórmula do desconto racional simples (DRS) e do valor descontado racional simples (VRS), acompanhe o exemplo a seguir para entender como efetuar as operações e extrair os valores para resolver um problema prático.

Exemplo

A empresa X decidiu adiantar R$ 30.000,00 em cheques pré-datados que venceriam em 38 dias em uma *factoring* que cobra uma taxa de juros de desconto de 5% ao mês. Considerando que a operação foi de desconto racional simples, quanto foi cobrado de desconto e qual foi o valor descontado que X recebeu?

Dados	Desenvolvimento matemático
FV = 30.000,00	DRS = FV ÷ (1 + n × i) × (n × i)
i = 0,001667 a.d.	DRS = 30.000 ÷ (1 + **0,001667 × 38**) × (**0,001667 × 38**)
n = 38 dias	DRS = 30.000 ÷ (**1 + 0,063346**) × 0,063346
DRS = ?	DRS = **30.000 ÷ 1,063346 × 0,063346**
VRS = ?	DRS = 1.787,17
	VRS = FV − DRS
	VRS = 30.000 − 1.787,17
	VRS = 28.212,83

Resposta 1: O valor do desconto foi de R$ 1.787,17.

Resposta 2: O valor descontado que X recebeu foi de R$ 28.212,83.

Você pode observar, no exemplo, que a taxa de juros definida para o desconto foi mensal, mas o período entre a data de compensação dos cheques e a operação de desconto somam 38 dias. Assim, convertemos a taxa de juros de mensal para diária por meio da taxa proporcional*, uma vez que se trata de juros simples.

Outro detalhe importante no desenvolvimento do exemplo é que calculamos primeiro o valor do desconto, que é a parte cobrada pela *factoring*, para só então calcular o valor descontado, que é o valor que a empresa obtém na operação de desconto. Contudo, na prática, é utilizada uma fórmula que extrai o valor descontado diretamente. Nessa fórmula, o valor do DRS é substituído pela fórmula correspondente, assim:

$$\text{VRS} = \text{FV} - [\text{FV} \div (1 + n \times i) \times (n \times i)]$$

---

* Taxa proporcional (i_P) = ?; taxa total (i_T) = 0,05 (5 ÷ 100); n = 30 × i_P = i_T ÷ n; i_P = 0,05 ÷ 30; i_P = 0,001667.

Escolhemos separar o valor do desconto (DRS) do valor descontado (VRS) para destacar o custo da operação para o cliente. Contudo, fica a seu critério, nas operações de desconto que virá a realizar, utilizar as duas fórmulas separadamente ou apenas a fórmula direta do valor descontado. Agora, resolva o exercício de fixação proposto para praticar o conteúdo apresentado.

Exercício de fixação

Um banco cobra uma taxa de juros para desconto de recebíveis de 5,5% ao mês. Uma empresa pretende descontar um total em cheques pré-datados de R$ 50.000,00, que vencerão em 40 dias. Qual será o valor do desconto e o valor descontado nessa operação?

Dados	Desenvolvimento matemático	
FV =	$DRS = FV \div (1 + n \times i) \times (n \times i)$	$VRS = FV - DRS$
i =		
n =		
DRs = ?		
VRs = ?		
Resposta 1:		
Resposta 2:		

7.1.2 Desconto comercial simples

A principal característica do desconto comercial simples (DCS) é a utilização do valor futuro para o cálculo do desconto. Assim, o valor do desconto é maior que no método racional, que utiliza o valor presente; portanto, esse desconto é considerado errado teoricamente, embora seja largamente utilizado pelas financeiras e bancos. Para obter valor do DCS, utilizamos a fórmula que você observa a seguir.

$$DCS = FV \times n \times i$$

Em que:

DCS: desconto comercial simples

FV: valor futuro dos recebíveis

i: taxa de juros de desconto

n: períodos de capitalização entre a data do desconto e o vencimento dos recebíveis

Para encontrar o valor descontado comercial simples (VCS), basta subtrair do valor futuro o valor do desconto comercial:

$$VCS = FV - DCS$$

Agora que você já conhece a fórmula do desconto comercial simples e do valor descontado comercial simples, acompanhe o exemplo a seguir, que usa os mesmos dados do exemplo realizado na seção anterior, permitindo comparar os dois métodos de desconto, o racional e o comercial.

Exemplo

A empresa X decidiu adiantar R$ 30.000,00 em cheques pré-datados que venceriam em 38 dias em uma *factoring* que cobra uma taxa de juros de desconto de 5% ao mês. Considerando que a operação foi de desconto comercial simples, quanto foi cobrado de desconto e qual foi o valor descontado que X recebeu na operação?

Dados	Desenvolvimento matemático	
FV = 30.000,00 i = 0,001667 a.d. n = 38 DCS = ? VCS = ?	DCS = FV × n × i DCS = **30.000 × 38 × 0,001667** DCS = 1.900,38	VCS = FV − DCS VCS = 30.000 − 1.900,38 VCS = 28.099,62

Resposta 1: O valor do desconto foi de R$ 1.900,38.

Resposta 2: O valor descontado que X recebeu foi de R$ 28.099,62.

Por meio da comparação entre os exemplos, que usam os mesmos dados, mas são resolvidos com métodos diferentes, você pode constatar que a empresa paga mais à *factoring* quando é aplicado o desconto comercial simples, pois, ao utilizar diretamente o valor futuro, que é maior que o valor presente, o total de juros cobrados na operação é maior e, portanto, o valor descontado que fica com a empresa é menor. Resolva o exercício de fixação a seguir para praticar esse método de desconto antes de prosseguir para a análise desconto bancário simples.

Exercício de fixação

Um banco cobra uma taxa de juros para desconto de recebíveis de 5,5% ao mês. Uma empresa pretende descontar um total em cheques pré-datados de R$ 50.000,00, que vencerão em 40 dias. Considerando que a operação é de desconto comercial simples, qual será o valor do desconto e o valor descontado nessa operação?

Dados	Desenvolvimento matemático	
FV = i = n = DCS = ? VCS = ?	$DCS = FV \times n \times i$	$VCS = FV - DCs$

Resposta 1:

Resposta 2:

7.1.3 Desconto bancário simples

O desconto bancário simples (DBS) acresce ao valor do desconto comercial uma taxa de serviços bancários (B) para o desconto. Independentemente do método que o banco utilize para cobrar a taxa de desconto (um valor por título, um valor por operação ou um percentual sobre o valor da operação), esse valor eleva o valor do desconto e, portanto, reduz o valor que fica com o dono dos títulos descontados.

A fórmula do desconto bancário simples é, portanto, a mesma fórmula do desconto comercial composto acrescida da taxa bancária:

$$DBS = B + (FV \times n \times i)$$

Em que:

DBS: desconto bancário simples

B: taxa de serviço bancário

FV: valor futuro dos recebíveis

i: taxa de juros de desconto

n: períodos de capitalização entre a data do desconto e o vencimento dos recebíveis

O valor descontado bancário simples (VBS), que é o valor recebido pela empresa na operação de desconto, como nos casos anteriores, é calculado subtraindo-se do valor futuro o valor do desconto bancário:

$$VBS = FV - DBS$$

Repetiremos os dados do enunciado dos exemplos anteriores no exemplo a seguir, para comparar o valor obtido nas operações. Acompanhe e, em seguida, resolva o exercício de fixação proposto.

Exemplo

A empresa X decidiu adiantar R$ 30.000,00 em cheques pré-datados que venceriam em 38 dias no banco em que a empresa tem conta-corrente. O banco cobra uma taxa de juros mensal de 5% e uma taxa de serviço bancário de R$ 20,00 para fazer a operação. Calcule o valor do desconto e o valor descontado nessa operação.

Dados	Desenvolvimento matemático
$FV = 30.000,00$	$DBS = B + (FV \times n \times i)$
$i = 0,001667$	$DBS = 20 + (\mathbf{30.000 \times 38 \times 0,001667})$
a.d.	$DBS = \mathbf{20 + 1.900,38}$
$n = 38$	$DBS = 1.920,38$
$B = 20,00$	
$DBS = ?$	$VBS = FV - DBS$
$VBS = ?$	$VBS = 30.000 - 1.920,38$
	$VBS = 28.079,62$

Resposta 1: O valor do desconto será de R$ 1.920,38.

Resposta 2: O valor descontado será de R$ 28.079,62.

Exercício de fixação

Um banco cobra taxa de juros para desconto de recebíveis de 5,5% ao mês e uma taxa bancária de 0,5% sobre o valor dos títulos descontados. Qual será o valor do desconto e o valor descontado de um total em cheques pré-datados de R$ 50.000,00, que vencerão em 40 dias?

Dados	Desenvolvimento matemático	
FV =	$DBS = B + (FV \times n \times i)$	$VBS = FV - DBS$
i =		
B =		
n =		
DBS = ?		
VBS = ?		

Resposta 1:

Resposta 2:

7.2 Desconto composto

São chamadas de *desconto composto* todas as operações de desconto que utilizam a capitalização composta de juros para calcular os valores de desconto. São três modalidades: desconto racional composto (DRC); desconto comercial composto (DCC); desconto bancário composto (DBC).

As modalidades do desconto composto, portanto, são as mesmas do desconto simples, a mudança é justamente a utilização da capitalização composta dos juros nas operações de desconto. Para melhorar o aprendizado, manteremos os mesmos exemplos da seção anterior para que você possa comparar os resultados das mesmas operações de desconto feitas com juros simples e com juros compostos. Essa comparação lhe permitirá fazer melhores escolhas financeiras nas operações de desconto.

7.2.1 Desconto racional composto

A fórmula do desconto racional composto (DRC) permite, considerando uma taxa de juros compostos, obter o valor dos juros a ser descontado de um montante de créditos a receber no futuro. É considerado o método correto teoricamente de realizar a operação de desconto, porque se utiliza do valor atualizado dos créditos, ou valor presente, sobre o qual é aplicada a taxa de juros de desconto.

Assim, o valor do desconto equivale ao montante de juros que o valor presente (PV) geraria pelo prazo do desconto (n) se fosse capitalizado à taxa de juros (i) contratada de desconto. A fórmula seria: $DRC = PV (1 + i) n - 1$. Novamente, como não sabemos o valor presente, é preciso calculá-lo a partir do valor futuro (FV), substituindo o valor presente por sua fórmula a juros compostos para então, obter a fórmula do desconto racional composto.

$$DRC = \underbrace{FV \div (1 + i)^n}_{PV} \times [(1 + i)^n - 1]$$

Em que:

DRC: desconto racional composto

FV: valor futuro dos recebíveis

i: taxa de juros de desconto

n: períodos de capitalização entre a data do desconto e o vencimento dos recebíveis

O valor do desconto é o que o banco cobrará do cliente para fazer a operação, ou seja, a parte com que o banco ficará do total dos recebíveis. Essa parte é proporcional à taxa de juros cobrada pelo banco e ao prazo entre a data da operação de desconto e o vencimento dos recebíveis. A outra parte, a que o cliente receberá, é chamada de *valor descontado racional composto* (VRC), que é simplesmente a diferença entre o valor futuro e o valor do desconto cobrado pelo banco:

$$VRC = FV - DRC$$

Assim, para calcular o valor obtido em uma operação de desconto, primeiro calculamos o valor que o banco ou a *factoring* cobrará na operação de desconto, que será descontado do valor futuro (créditos totais a receber). O resultado dessa operação é o valor descontado, que é o que a empresa recebe na operação de desconto de seus créditos.

Exemplo

A empresa X decidiu adiantar R$ 30.000,00 em cheques pré-datados que venceriam em 38 dias em uma *factoring* que cobra uma taxa de juros de desconto de 5% ao mês. Considerando que a operação foi de desconto racional composto, quanto foi cobrado de desconto e qual foi o valor descontado que X recebeu?

Dados	Desenvolvimento matemático
FV = 30.000,00	$DRC = FV \div (1+i)^n \times [(1+i)^n - 1]$
i = 0,05 a.m.	$DRC = 30.000 \div (1+0,001628)^{38} \times [(1+0,001628)^{38} - 1]$
i_Q = 0,001628 a.d.	$DRC = 30.000 \div (1,001628)^{38} \times [(1,001628)^{38} - 1]$
n = 38	$DRC = 30.000 \div 1,063751 \times [1,063751 - 1]$
DRC = ?	$DRC = \mathbf{30.000 \div 1,063751 \times 0,063751}$
VRC = ?	$DRC = 1.797,90$
	$VRC = FV - DRC$
	$VRC = 30.000 - 1.797,90$
	$VRC = 28.202,10$

Resposta 1: O valor do desconto cobrado foi de R$ 1.797,90.

Resposta 2: O valor descontado que X recebeu foi de R$ 28.202,10.

Perceba que a taxa de juros mensal foi convertida para a taxa de juros diária pelo método da taxa equivalente (i_Q)*, pois o desconto composto é feito a juros compostos. O mesmo exemplo desenvolvido para juros simples anteriormente resultou em um valor descontado R\$ 10,73 menor, logo, a empresa paga mais juros em uma operação de desconto racional composto.

Exercício de fixação

Utilize o método do desconto racional composto para calcular o valor do desconto e o valor descontado de um total em cheques pré-datados de R\$ 50.000,00 a vencer em 40 dias, sabendo que o banco cobra uma taxa de juros de 5,5% ao mês nas operações de desconto.

Dados	Desenvolvimento matemático	
FV = i = i_Q = n = DRC = ? VRC = ?	$DRC = FV \div (1 + i)^n \times [(1 + i)^n - 1]$	$VRC = FV - DRC$
Resposta 1:		
Resposta 2:		

7.2.2 Desconto comercial composto

O desconto comercial composto (DCC), assim como o simples, utiliza diretamente o valor futuro para o cálculo dos juros a serem descontados de uma dívida paga antecipadamente, no lugar do

---

* Taxa equivalente (i_Q) = ?; taxa total (i_T) = 0,05 (5 ÷ 100); n = 30 × i_Q = $(1 + i_T)^{1/n} - 1$; i_Q = 0,001628 a.d.

valor presente utilizado no desconto racional. A fórmula matemática do desconto comercial composto é:

$$DCC = FV [1 - (1 - i)^n]$$

Em que:

DCC: desconto comercial composto

FV: valor dos créditos a receber no futuro (cheque, boletos, duplicatas etc.)

i: taxa de juros por período (ao dia, ao mês, ao ano etc.)

n: períodos de capitalização entre a data do desconto e o vencimento dos recebíveis

Como nas modalidades anteriores, para obter o valor descontado comercial composto (VCC), é preciso retirar o valor do desconto do valor futuro:

$$VCC = FV - DCC$$

Acompanhe o exemplo a seguir e perceba que, no desconto comercial composto, também utilizamos a taxa de juros equivalente para transformar uma taxa de juros mensal em uma taxa de juros diária, necessária para a correta resolução do exercício.

Exemplo

A empresa X decidiu adiantar R$ 30.000,00 em cheques pré-datados que venceriam em 38 dias em uma *factoring* que cobra uma taxa de juros de desconto de 5% ao mês. Considerando que a operação foi de desconto comercial composto, quanto foi cobrado de desconto e qual foi o valor descontado que X recebeu?

Dados	Desenvolvimento matemático
FV = 30.000,00	DCC = FV $[1 - (1 - i)^n]$
i = 0,05 a.m.	DCC = 30.000 $[1 - (1 - 0,001628)^{38}]$
i_Q = 0,001628 a.d.	DCC = 30.000 $[1 - (0,998372)^{38}]$
n = 38	DCC = 30.000 **[1 - 0,939975]**
DCC = ?	DCC = **30.000 × 0,060025**
VCC = ?	DCC = 1.800,73
	VCC = FV - DCC
	VCC = 30.000 - 1.800,73
	VCC = 28.199,27

Resposta 1: O valor do desconto cobrado foi de R$ 1.800,73.

Resposta 2: O valor descontado que X recebeu foi de R$ 28.199,27.

Compare este exemplo com da seção anterior, que trata do desconto racional composto. Veja que, novamente, o desconto comercial cobra mais juros que o desconto racional, pois o comercial aplica a taxa de juros diretamente sobre o valor futuro, ao passo que o desconto racional aplica a taxa de juros sobre o valor presente. Agora, resolva o exercício de fixação a seguir para praticar e reforçar esta parte do conteúdo.

Exercício de fixação

Utilize o método do desconto comercial composto para calcular o valor do desconto e o valor descontado de um total em cheques pré-datados de R$ 50.000,00 a vencer em 40 dias, sabendo que o banco cobra uma taxa de juros de 5,5% ao mês nas operações de desconto.

Dados	Desenvolvimento matemático	
FV = i = i_Q = n = DCC = ? VCC= ?	$DCC = FV\,[1 - (1 - i)^n]$	$VCC = FV - DCC$

Resposta 1:

Resposta 2:

7.2.3 Desconto bancário composto

O desconto bancário composto (DBC) acresce ao valor do desconto comercial uma taxa de serviços bancários (B) para o desconto. Independentemente do método que o banco utilize para cobrar a taxa de desconto (um valor por título, um valor por operação ou um percentual sobre o valor da operação), esse valor eleva o valor do desconto e, portanto, reduz o valor que fica com o dono dos títulos descontados.

A fórmula do desconto bancário composto (DBC) é, portanto, a mesma fórmula do desconto comercial composto, acrescida da taxa bancária:

$$DBC = B + \{FV\,[1 - (1 - i)^n]\}$$

Em que:

DBC: desconto bancário composto

B: taxa de serviço bancário

FV: valor dos créditos a receber no futuro (cheque, boletos, duplicatas etc.)

i: taxa de juros por período (ao dia, ao mês, ao ano etc.)

n: períodos de capitalização entre a data do desconto e o vencimento dos recebíveis

Assim como nas demais operações de desconto, partimos do valor do desconto para descobrir o valor descontado:

$$VBC = FV - DBC$$

Exemplo

A empresa X decidiu adiantar R$ 30.000,00 em cheques pré-datados que venceriam em 38 dias no banco em que a empresa tem conta-corrente. O banco cobra uma taxa de juros mensal de 5% e uma taxa de serviço bancário de R$ 20,00 para fazer a operação. Calcule o valor do desconto e o valor descontado nessa operação.

Dados	Desenvolvimento matemático
FV = 30.000,00	$DBC = B + \{FV [1 - (1 - i)^n]\}$
i = 0,05 a.m.	$DBC = 20 + \{30.000 [1 - (1 - 0,001628)^{38}]\}$
i_Q = 0,001628 a.d.	$DBC = 20 + \{30.000 [1 - (0,998372)^{38}]\}$
n = 38	$DBC = 20 + \{30.000 [1 - 0,939975]\}$
B = 20,00	$DBC = 20 + \{30.000 \times 0,060025\}$
DBC = ?	$DBC = 20 + 1.800,73$
VBC = ?	$DBC = 1.820,73$
	$VBC = FV - DBC$
	$VBC = 30.000 - 1.820,73$
	$VBC = 28.179,27$

Resposta 1: O valor do desconto é de R$ 1.820,73.

Resposta 2: O valor descontado é de R$ 28.179,27.

Você percebeu que este exemplo é praticamente igual ao de desconto comercial? A única alteração é a inclusão da taxa bancária, que encarece a operação de desconto e, portanto, reduz o valor que a empresa receberá do banco pelo desconto de seus recebíveis.

Para praticar o desconto bancário composto, resolva o exercício de fixação a seguir.

Exercício de fixação

Utilize o método do desconto bancário composto para calcular o valor do desconto e o valor descontado de um total em cheques pré-datados de R$ 30.000,00 a vencer em 38 dias, sabendo que o banco cobra uma taxa de juros de 6,5% ao mês nas operações de desconto e uma taxa de serviços bancários de R$ 25,00 por operação.

Dados	Desenvolvimento matemático	
FV = i = i_Q = n = B = DBC = ? VBC = ?	$DBC = B + \{FV\,[1 - (1 - i)^n]\}$	$VBC = FV - DBC$

Resposta 1:

Resposta 2:

7.3 Comparação entre as modalidades de desconto

Neste capítulo, você teve a oportunidade de aprender as operações de desconto racional, comercial e bancário, com capitalização simples ou composta de juros. Como usamos os mesmo dados para calcular os exemplos de todas as modalidades desconto, agora podemos montar um quadro comparativo para observar as diferenças entre cada uma.

Exemplo

A empresa X decidiu adiantar R$ 30.000,00 em cheques pré-datados que venceriam em 38 dias em uma *factoring* que cobra uma taxa de juros de desconto de 5% ao mês. Quanto foi cobrado de desconto e qual foi o valor descontado que X recebeu?

Tabela 7.1 – Valor do desconto e valor descontado para cada modalidade

Tipo de desconto	Valor do desconto	Valor descontado
Racional simples	DRS = 1.787,17	VRS = 28.212,83
Comercial simples	DCS = 1.900,38	VCS = 28.099,62
Bancário simples	DBS = 1.920,38	VBS = 28.079,62
Racional composto	DRC = 1.797,90	VRC = 28.202,10
Comercial composto	DCC = 1.800,73	VCC = 28.199,27
Bancário composto	DBC = 1.820,73	VBC = 28.179,27

Note que as operações de desconto a juros simples resultam em valores de desconto maiores que as realizadas com juros compostos; logo, o valor descontado – ou seja, o que a empresa recebe pelos seus recebíveis descontados – é menor a juros simples e maior a juros compostos. Portanto, para perder menos nas operações de desconto, os donos dos créditos a descontar deveriam optar por juros compostos.

Por que o uso de juros compostos resultam em menos juros nas operações de desconto? A resposta está na taxa proporcional dos juros simples, que é maior que a taxa de juros equivalente, a juros compostos, o que discutimos no Capítulo 4. Como o valor da taxa de juros encarece as operações de desconto, quanto maior for a taxa, maior é o desconto e vice-versa, mantidas as demais variáveis constantes.

Lista de exercícios

1. O dono da empresa A recebeu um cheque pré-datado de um cliente no valor de R$ 5.500,00 para ser descontado em 15 dias. No entanto, ele resolveu fazer o adiantamento desse valor com um empresário amigo, que fará a operação de desconto racional simples cobrando uma taxa de juros mensal de 3,5%. Calcule valor que o amigo cobrará e o valor que o dono da empresa obterá após o desconto do cheque.

2. Uma *factoring* recebeu de um cliente um total de R$ 43.980,00 em cheques que vencerão em 45 dias para uma operação de desconto. Considerando que a *factoring* cobra uma taxa de juros de 7,5% ao mês e utiliza o método do desconto comercial simples, calcule o valor do desconto e o valor descontado na operação.

3. Uma distribuidora de bebidas tem uma duplicata de R$ 40.000,00 a vencer em 27 dias e precisa adiantar esse recebível no banco onde tem conta-corrente para pagar seus fornecedores. Sabendo que o banco cobra uma taxa de serviço de 0,5% sobre o valor da operação e uma taxa de juros simples de 6% ao mês, qual será o valor do desconto cobrado pelo banco e qual será o valor descontado que a distribuidora obterá das duplicatas?

4. O dono da empresa A recebeu um cheque pré-datado de um cliente no valor de R$ 5.500,00 para ser descontado em 15 dias. No entanto, ele resolveu fazer o adiantamento desse valor com um empresário amigo, que fará a operação de desconto racional composto cobrando uma taxa de juros mensal de 3,5%. Calcule valor que o amigo cobrará e o valor que o dono da empresa obterá após o desconto do cheque.

5. Uma *factoring* recebeu de um cliente um total de R$ 43.980,00 em cheques que vencerão em 45 dias para uma operação de desconto. Considerando que a *factoring* cobra uma taxa de juros de 7,5% ao mês e utiliza o método do desconto comercial composto, calcule o valor do desconto e o valor descontado na operação.

6. Uma distribuidora de bebidas tem uma duplicata de R$ 40.000,00 a vencer em 27 dias e precisa adiantar esse recebível, no banco em que tem conta-corrente, para pagar seus fornecedores. Sabendo que o banco cobra uma taxa de serviço de 0,5% sobre o valor da operação e uma taxa de juros compostos de 6% ao mês, qual será o valor do desconto cobrado pelo banco e qual será o valor descontado que a distribuidora obterá das duplicatas?

7. Considerando uma taxa de juros de 6,5% ao mês, qual é a opção mais vantajosa para uma empresa descontar R$ 10.000,00 em recebíveis que vencem em 35 dias: o método do desconto comercial simples ou o método do desconto racional composto?

Fluxo de caixa descontado

Conteúdos do capítulo:

- Fluxo de caixa.
- Valor presente líquido.
- Taxa interna de retorno.

Após o estudo deste capítulo, você será capaz de:

1. compreender o que é fluxo de caixa e como é possível fazer seu desconto ou atualização;
2. calcular o valor presente líquido de um fluxo de caixa futuro e usá-lo ao tomar decisões acerca de investimentos;
3. calcular a taxa interna de retorno de um fluxo de caixa futuro e usá-lo ao tomar decisões acerca de investimentos;
4. comparar opções de investimento de capital, tanto com outras opções que gerem lucro quanto com a opção de rentabilidade de juros.

Os fluxos de caixa descontados são operações matemáticas que permitem converter valores de pagamentos futuros em um valor presente atualizado por determinada taxa de juros. Isso é importante porque os valores não são iguais ao longo do tempo, ou seja, R$ 100,00 hoje valem mais do que R$ 100,00 daqui a um mês, ou daqui a um ano, e assim por diante.

Assim, os valores que receberemos no futuro podem e devem ser descontados por uma taxa de juros, para que possam ser comparados, hoje, a outras opções de aplicações para o mesmo capital. Esse é o objetivo deste capítulo: demonstrar a utilização de ferramentas de fluxo de caixa descontado para decidir sobre a melhor maneira de investir o mesmo capital.

Você analisará, neste capítulo, o fluxo de caixa (CF)*, ou seja, os valores que entram ou saem do caixa da empresa, não da caixa registradora exatamente, mas do livro-caixa ou de seu substituto digital. Como se trata de entradas e saídas de dinheiro, os fluxos de caixa podem ser positivos – quando se trata de entradas – ou negativos – quando se trata de saídas de caixa. Vejamos algumas situações:

a. Uma empresa aplicou R$ 100.000,00 em um fundo de investimento de um banco. Trata-se de uma saída de caixa, ou seja, um fluxo de caixa negativo, pois saiu da posse da empresa e entrou para a posse do banco.

b. Uma empresa ganhou juros de uma aplicação financeira. Esses juros ganhos saíram do banco e entraram no caixa da empresa, um fluxo de caixa positivo, portanto.**

Como destacamos anteriormente, você poderá utilizar as ferramentas de fluxo de caixa descontado para fazer a análise do retorno de um investimento. As duas principais ferramentas são o valor presente líquido (VPL) e a taxa interna de retorno (TIR), que permitem fazer o confronto do valor de um investimento com o valor de seu retorno de lucros, dada uma taxa de juros, para determinar se o investimento é viável ou não financeiramente.

8.1 Valor presente líquido***

O valor presente líquido (VPL) é o resultado que sobra do valor dos fluxos de caixa futuros descontados por uma taxa de juros,

---

* A sigla corresponde a *cash flow*, "fluxo de caixa" em português.

** Adotamos o ponto de vista da empresa, que é cliente do banco. As mesmas duas situações, quando considerados segundo a ótica do banco, formam-se fluxos de caixas invertidos.

*** A tecla correspondente na HP-12C é **NPV**: *net present value*, ou valor presente líquido (VPL). Manteremos a sigla em português, pois é largamente utilizada na literatura e na prática de análise de viabilidade econômico-financeira de projetos no Brasil – a não ser no tópico a respeito do cálculo na HP-12C, em que usaremos NPV.

após a dedução do valor do investimento que gerou aqueles fluxos de caixa. O VPL é um dos principais indicadores de viabilidade financeira de um investimento, pois determina, para uma dada taxa de juros, se os retornos com o investimento são maiores, iguais ou menores àqueles que se poderia obter em uma aplicação financeira que remunera à mesma taxa de juros que descontou os fluxos de caixa.

Parece complicado, mas, na prática, o entendimento é muito simples. Imagine que você é dono de uma transportadora e tem um milhão de reais em caixa. Você pode aplicar esse dinheiro no banco e ganhar uma taxa de juros de 10% ao ano, ou comprar três novos caminhões para ampliar sua frota. Com a compra dos caminhões, você espera aumentar seus lucros futuros; esse aumento dos lucros são os ganhos que você confrontará com os ganhos dos 10% de juros do banco. Se os ganhos com os lucros forem maiores que os ganhos com juros, o investimento nos caminhões é financeiramente viável, se forem menores, é inviável.

Logo, é preciso saber ou estimar os valores dos lucros futuros, frutos do investimento, para compará-los com os ganhos de juros. Uma vez conhecidos os lucros futuros, basta utilizar o valor presente líquido para saber o que rende mais, os lucros do investimento ou os juros da aplicação financeira de baixo risco.

Como o VPL pode revelar a viabilidade financeira? Por meio do sinal de seu resultado: se o valor do VPL for positivo, os lucros superam os juros de uma aplicação financeira segura e, portanto, o investimento é viável; por outro lado, se os lucros forem menores que os juros da aplicação financeira, o VPL é negativo e o investimento é inviável; por fim, se o VPL for igual a zero, é indiferente investir na empresa ou aplicar o dinheiro no banco para ganhar juros, pois ambos renderão a mesma coisa. Assim, para resumir:

VPL > 0: viável financeiramente.

VPL < 0: inviável financeiramente.

VPL = 0: indiferente financeiramente.

Você deve concordar que o sucesso de um investimento é medido pelo valor do seu lucro e que a ocorrência de prejuízo é um sinal evidente de que o investimento não deu certo. Contudo, a viabilidade financeira não é tão simplista, pois mesmo um investimento que dá lucro pode ser inviável financeiramente. Isso ocorre em razão do **custo de oportunidade**, que é o retorno obtido pela escolha alternativa, que, em nosso caso, são os ganhos de juros, definidos pela taxa de juros das aplicações financeiras.

Você pode perceber, então, a importância da taxa de juros: ela é a alternativa de rentabilidade e desconta os fluxos de caixa de lucros futuros. Logo, à medida que aumenta, a taxa de juros torna alguns investimento inviáveis – e quanto mais subir, mais esses investimentos tornam-se inviáveis.

Por outro lado, quando cai, a taxa de juros permite que mais investimentos tornem-se viáveis – e quanto mais baixa ficar, mais esses investimentos serão viáveis. Isso porque a rentabilidade de lucros não varia com a taxa de juros, aliás, pode até variar inversamente, uma vez que o pagamento de juros é um custo para empresas que investem com capital de terceiros.

Acompanhe o desenvolvimento do exemplo a seguir para compreender como calcular o VPL, por meio de fórmulas, diretamente na HP-12C ou por meio da planilha eletrônica.

Exemplo

A empresa X pretende realizar um investimento de R$ 50.000,00 em sua expansão e projeta que o investimento aumente seus lucros futuros para os próximos 5 anos, conforme o diagrama de fluxo de caixa (CF$_j$)* apresentado na Figura 8.1. Considerando uma taxa de juros de mercado de 10% ao ano, esse investimento é viável financeiramente?

Figura 8.1 – Diagrama do fluxo de caixa

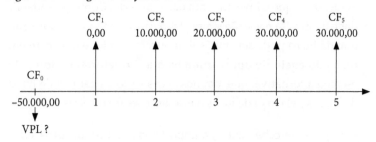

Passamos os valores do diagrama da Figura 8.1 para um quadro, de modo a organizar os dados e calcular os valores presentes de cada fluxo de caixa, descontando-os pela taxa de juros informada (10% a.a.). Após somar os valores presentes para obter o valor presente total, subtraímos dele o valor do investimento e obtemos, enfim, o valor presente líquido apresentado na Tabela 8.1.

Dados:
i = 0,10 a.a. (10 ÷ 100)
CF$_0$ = 50.000,00
CF$_1$ = 0,00
CF$_2$ = 10.000,00
CF$_3$ = 20.000,00
CF$_4$ = 30.000,00
CF$_5$ = 30.000,00
$$PVT = \sum_{1}^{n} PV$$
VPL = PVT − CF$_0$

---

* A letra j subscrita indica a quantidade de valores do fluxo de caixa e segue o padrão de grafia usado nas teclas da HP-12C.

> Obs.: O valor presente total (PVT) é o somatório dos valores presentes (PV) do primeiro (1) ao último (n) valor.

Tabela 8.1 – Valor presente líquido (VPL)

Períodos de capitalização (n)	Fluxos de caixa (CF_j)	Valor presente* $PV = CF_j \div (1 + i)^n$
1	0,00	0,00
2	10.000,00	8.264,46
3	20.000,00	15.026,30
4	30.000,00	20.490,40
5	30.000,00	18.627,64
Valor presente total (PVT) =		62.408,80
Investimento (CF_0) =		50.000,00
Valor presente líquido (VPL)** =		12.408,80

> **Resposta:** O investimento é viável financeiramente porque o VPL é positivo.

* Trata-se da mesma fórmula do valor presente (PV) a juros compostos, com a substituição do valor futuro (FV) pelos fluxo de caixa (CF_j) de cada período de capitalização.

** A tabela simplifica muito a obtenção do VPL, contudo, é possível resolver matematicamente. Fica assim:

$VPL = PVT - CF_0$

$VPL = [CF_1 \div (1+i)^1] + [CF_2 \div (1+i)^2] + [CF_3 \div (1+i)^3] + [CF_4 \div (1+i)^4] + [CF_5 \div (1+i)^5] - 50.000$

$VPL = 0 + [0 \div (1 + 0,1)^1] + [10.000 \div (1 + 0,1)^2] + [20.000 \div (1 + 0,1)^3] + [30.000 \div (1 + 0,1)^4] + [30.000 \div (1+0,1)^5] - 50.000$

$VPL = 0 + [0 \div (1,1)^1] + [10.000 \div (1,1)^2] + [20.000 \div (1,1)^3] + [30.000 \div (1,1)^4] + [30000 \div (1,1)^5] - 50.000$

$VPL = 0 + [0 \div 1,1] + [10.000 \div 1,21] + [20.000 \div 1,331] + [30.000 \div 1,4641] + [30000 \div 1,61051] - 50.000$

$VPL = [0 + 8.264,46 + 15.026,30 + 20.490,40 + 18.827,64] - 50.000$

$VPL = 62.408,80 - 50.000$

$VPL = 12.408,80$

Na linha do primeiro fluxo de caixa, o valor informado é zero. É fundamental informar o valor zero porque cada fluxo de caixa será atualizado para o valor presente em razão dos períodos de capitalização. Logo, como o primeiro fluxo de caixa é zero, o segundo fluxo de caixa será descontado pela taxa de juros referente a dois anos de capitalização.

Os cinco fluxos de caixa anteriores à atualização somam um total de R$ 90.000,00; depois de atualizados pela taxa de juros de 10% ao ano, resultam em uma soma dos valores presentes, ou valores atualizados, de apenas R$ 62.408,80. A diferença de R$ 27.591,20 refere-se aos juros que devem ser descontados para trazer aqueles fluxos de caixa futuros para o valor presente.

O valor presente líquido obtido na Tabela 8.1 revela que o investimento na expansão da empresa produzirá R$ 12.408,80 de lucro acima do ganho financeiro de uma aplicação que rende juros de 10% ao ano. Logo, o investimento na expansão da empresa é viável financeiramente, pois produzirá mais lucros do que a empresa obteria de juros.

8.1.1 Valor presente líquido na HP-12C

O cálculo do valor presente líquido pode ser feito na calculadora financeira HP-12C para até 20 fluxos de caixa futuros. Acompanhe, no Quadro 8.1, a sequência de entradas que deverá ser feita na calculadora HP-12C para cálculo do VPL – ou, aqui, NPV – do exemplo anterior.

Quadro 8.1 – *Esquema para a obtenção do valor presente líquido na HP 12-C (VPL)*

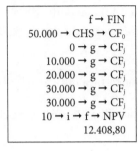
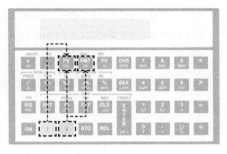

```
          f → FIN
50.000 → CHS → CF₀
     0 → g → CFⱼ
10.000 → g → CFⱼ
20.000 → g → CFⱼ
30.000 → g → CFⱼ
30.000 → g → CFⱼ
    10 → i → f → NPV
         12.408,80
```

A tecla **g** do teclado da HP-12C, de cor azul*, aciona as funções utilizadas para as entradas dos fluxos de caixa (CF_0, CF_j e N_j), entre outras funções grafadas na cor azul. A tecla **f**, de cor laranja, aciona funções grafadas em laranja no teclado da HP-12C, entre elas a função NPV, que usamos para obter o valor presente líquido.

Note que o valor do investimento entra com sinal negativo no fluxo de caixa zero (CF_0), porque a calculadora somará todos os valores atualizados dos fluxos de caixa futuros (CF_j) e depois subtrairá o valor do investimento (CF_0).

É importante incluir todos os fluxos de caixa futuros, inclusive os zerados. Independentemente de qual fluxo de caixa tenha o valor zero, ele sempre deverá ser inserido com o valor zero na calculadora e na ordem correta. Caso o primeiro CF_j seja igual a zero, após entrar com valor do investimento, tecla-se 0 e, em seguida, f e CF_j. O mesmo deve ser feito com os fluxos de caixa negativos: todos devem ser incluídos e na ordem que aparecem, para que o valor presente líquido seja corretamente calculado.

* Para as cores relacionadas aos comandos citados, verifique Figura 1.1.

8.1.2 Valor presente líquido na planilha eletrônica

Também é possível obter rapidamente o VPL na planilha eletrônica. Para isso, é preciso escolher uma célula qualquer da planilha eletrônica e digitar o sinal de igual e a seguinte sequência de dados:

=VPL(taxa;valor1;valor2;...;valor254)-**valor0**

A resolução do exemplo anterior na planilha eletrônica ficaria assim:

=VPL(0,1;0;10000;20000;30000;30000)-50000 → ENTER

=12.408,80

Veja que o valor do investimento (valor0) foi adicionado após o fechamento da fórmula do VPL e com o sinal negativo; assim, a planilha eletrônica calculará primeiramente o valor presente total e, então, subtrairá dele o valor do investimento, fornecendo o valor do valor presente líquido corretamente.

Também é possível resolver o valor presente líquido acionando o menu de fórmulas, escolhendo em Fórmulas → Financeira e clicando na opção VPL. Então, é só preencher os campos conforme indicado na Figura 8.2 e, em seguida, clicar OK.

Figura 8.2 – Valor presente líquido (VPL) na planilha eletrônica

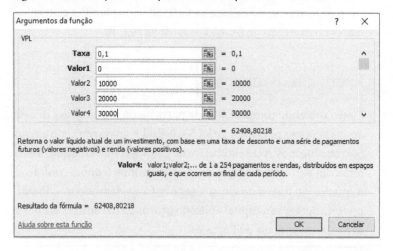

Conforme você pode observar na Figura 8.2, o valor da taxa de juros deve ser informado em decimal, não em percentual; logo em seguida, informam-se os valores dos fluxos de caixa, identificados como *Valor1*, *Valor2* e assim por diante. Aqui, também é preciso lançar os fluxos de caixa zerados na ordem em que ocorrem, bem como os fluxos de caixa negativos, se houver. Na planilha eletrônica, é possível lançar até 254 fluxos de caixa, muito mais que os 20 possíveis na HP-12C.

Contudo, não há campo para o lançamento do fluxo de caixa zero (CF_0) na planilha eletrônica. Portanto, o que a função VPL da planilha eletrônica fornece é somente o valor presente total (PVT). Observe, na Figura 8.2, que o valor 62408,80219 (R$ 62.408,80) aparece logo abaixo dos campos de preenchimento.

Assim, após a obtenção do valor presente total, é preciso subtrair dele o valor do investimento (CF_0), que, em nosso exemplo, é de R$ 50.000,00; daí obtemos R$ 12.404,80, que é o valor correto para o valor presente líquido.

Agora que você já sabe como obter o valor presente líquido por meio de fórmulas, da calculadora HP-12C e da planilha eletrônica, resolva o exercício de fixação proposto a seguir.

Exercício de fixação

Platão pretende comprar 20% da participação da empresa de seu amigo Sócrates pelo valor de R$ 500.000,00. Para convencer o amigo, Sócrates lhe mostrou a estimativa de ganhos com lucros que Platão terá com seu investimento para os próximos 6 anos, conforme o quadro de fluxos de caixa a seguir. Considerando que Platão poderia deixar seu capital aplicado a juros de 8% ao ano, ele deve investir na empresa de Sócrates?

Períodos de capitalização	Fluxos de caixa	Valor presente
(n)	(CF_j)	$PV = CF_j \div (1 + i)^n$
1	20.000,00	
2	40.000,00	
3	80.000,00	
4	120.000,00	
5	160.000,00	
6	160.000,00	
Valor presente total (PVT)		
Investimento (CF_0)		
Valor presente líquido (VPL)		

8.2 Como usar o VPL para comparar opções de investimentos

Não é incomum que as empresas tenham duas ou mais opções para investir o mesmo capital. Podem, por exemplo, ampliar a fábrica usando o terreno que sobra ou construir uma nova unidade em outro terreno; podem comprar uma máquina nacional que será mais barata e entregue em menor tempo, mas com menor capacidade de produção, ou uma máquina importada que será mais cara e entregue mais tarde, porém, com capacidade maior de produção.

Assim, quando houver duas ou mais opções de investimento para o mesmo capital, é possível utilizar o VPL para decidir qual opção é melhor financeiramente. Nesses casos, o maior valor presente líquido positivo é considerado a melhor opção de investimento. Se não houver VPL positivo, ou seja, todos forem negativos, nenhum investimento será melhor do que deixar o dinheiro aplicado a render juros.

Acompanhe o exemplo a seguir para aprender como usar o VPL para decidir sobre as várias opções de investimentos.

Exemplo

O gestor financeiro de uma empresa pretende investir R$ 150.000,00 e precisa decidir entre duas opções de investimentos cuja soma dos fluxos de caixa futuros somam exatamente R$ 205.000,00 nos próximos 12 meses, conforme exposto nos fluxos de caixa 1 e 2 a seguir. Sabendo que a taxa de juros de mercado é de 0,85% ao mês, qual das duas opções o gestor deve escolher e por quê?

Fluxo de caixa 1 (i = 0,0085)			Fluxo de caixa 2 (i = 0,0085)		
Períodos de capitalização	Fluxos de caixa	Valor presente	Períodos de capitalização	Fluxos de caixa	Valor presente
(n)	(CF_j)	$(PV)^*$	(n)	(CF_j)	(PV)
1	0,00	0,00	1	0,00	0,00
2	2.000,00	1.966,43	2	0,00	0,00
3	3.000,00	2.924,78	3	0,00	0,00
4	5.000,00	4.833,55	4	10.000,00	9.667,10
5	10.000,00	9.585,63	5	10.000,00	9.585,63
6	15.000,00	14.257,25	6	10.000,00	9.504,84
7	20.000,00	18.849,45	7	15.000,00	14.137,09
8	30.000,00	28.035,87	8	30.000,00	28.035,87
9	30.000,00	27.799,57	9	30.000,00	27.799,57
10	30.000,00	27.565,27	10	30.000,00	27.565,27
11	30.000,00	27.332,94	11	35.000,00	31.888,43
12	30.000,00	27.102,57	12	35.000,00	31.619,66
Valor presente total		190.253,31	Valor presente total		189.803,45
Investimento (CF_0)		150.000,00	Investimento (CF_0)		150.000,00
Valor presente líquido		40.253,31	Valor presente líquido		39.803,45

Resposta: O melhor investimento é o do fluxo de caixa 1, pois o valor presente líquido é positivo e maior que o VPL do investimento apresentado no fluxo de caixa 2.

* $PV = CF_j \div (1 + i)^n$

Resolução com a calculadora financeira HP-12C

Fluxo de caixa 1 (i = 0,85%)			Fluxo de caixa 2 (i = 0,85%)		
Valor	Sequência de teclas na HP-12C		Valor	Sequência de teclas na HP-12C	
−150.000	→ CHS → g → CF_0		−150.000	→ CHS → g → CF_0	
0	→ g → CF_j		0	→ g → CF_j	
2.000	→ g → CF_j		3	→ g → NF_j	
3.000	→ g → CF_j		10.000	→ g → CF_j	
5.000	→ g → CF_j		3	→ g → NF_j	
10.000	→ g → CF_j		15.000	→ g → CF_j	
15.000	→ g → CF_j		30.000	→ g → CF_j	
20.000	→ g → CF_j		3	→ g → NF_j	
30.000	→ g → CF_j		35.000	→ g → CF_j	
5	→ g → NF_j		2	→ g → NF_j	
0,85	→ i		0,85	→ i	
	f → NPV	40.253,31		f → NPV	39.803,54

NF_j: Número de entradas iguais e sucessivas à entrada anterior.

Você pode perceber, na resolução do exemplo, que o VPL de ambos os investimentos são positivos, isto é, superam a taxa de juros de 0,85% ao mês de rentabilidade financeira; contudo, o investimento do fluxo de caixa 1, que apresenta o maior VPL, é o mais rentável à empresa, portanto, considerando apenas o resultado financeiro do investimento, é o que deve ser escolhido pelo gestor financeiro.

Para resolver na **planilha eletrônica**, é preciso calcular um VPL para cada investimento, digitando, em uma célula, o sinal de igual e a função do VPL incluindo os dados do fluxo de caixa 1; em outra célula, os dados do fluxo de caixa 2, conforme as demonstrações a seguir.

1. **Investimento fluxo de caixa 1**

   =VPL(0,0085;0;2000;3000;5000;10000;15000;20000;30000;
   30000;30000;30000;30000)–150000 → ENTER

   =40.253,31

2. **Investimento fluxo de caixa 2**

   =VPL(0,0085;0;0;0;10000;10000;10000;15000;30000;30000;
   30000;35000;35000)–150000 → ENTER

   =39.803,45

Também é possível preencher os campos da função financeira VPL, conforme demonstrado anteriormente, colocando o valor zero nos fluxos de caixa zerados. Agora, resolva o exercício de fixação a seguir para reforçar esta parte do conteúdo.

Exercício de fixação

Um empresário tem duas opções para investir na ampliação de sua empresa o valor de R$ 400.000,00, segundo os fluxos de caixa 1 e 2, a seguir. Considerando uma taxa de juros de mercado de 12% ao ano, qual será a melhor opção de investimento para a empresa?

Fluxo de caixa 1 (i = 0,12)			Fluxo de caixa 2 (i = 0,12)		
Períodos de capitalização	Fluxos de caixa	Valor presente	Períodos de capitalização	Fluxos de caixa	Valor presente
(n)	(CF_j)	$(PV)*$	(n)	(CF_j)	(PV)
1	50.000,00		1	0,00	
2	100.000,00		2	50.000,00	
3	150.000,00		3	150.000,00	
4	200.000,00		4	200.000,00	
5	200.000,00		5	300.000,00	
Valor presente total			Valor presente total		
Investimento (CF_0)	400.000,00		Investimento (CF_0)	400.000,00	
Valor presente líquido			Valor presente líquido		

8.2.1 Taxa interna de retorno (TIR)

Ao realizar um investimento (CF_0), esperamos os retornos deles mais tarde, os quais são os fluxos de caixa futuros (CF_j). Mas qual é a taxa de rentabilidade que esses retornos oferecem ao investimento? A resposta é a taxa interna de retorno (TIR), o percentual de rentabilidade que um fluxo de caixa apresenta em relação ao valor do investimento.

A TIR é a taxa que torna o valor presente líquido igual a zero, pois é a taxa de retorno do investimento. Logo, se a usarmos para calcular o valor presente líquido para os mesmos valores de CF_0 e CF_j, estaremos calculando o VPL com a própria taxa interna de retorno desse investimento.

A TIR pode, portanto, ser comparada a outra taxa de juros de aplicações financeiras ou mesmo à taxa de rentabilidade de outros

* $PV = CF_j \div (1 + i)^n$

investimentos possíveis e, assim, também servir para definir a viabilidade financeira de um investimento, pois se a TIR for maior que a taxa de juros de mercado* o retorno é viável financeiramente e, entre dois ou mais investimentos, o preferível é o que apresentar a maior taxa interna de retorno.

Quando calculamos a taxa interna de retorno, respondemos a uma questão parecida com esta: Qual é a taxa de rentabilidade de um investimento, feito hoje, que gerará diferentes lucros futuros? Para facilitar o entendimento de como a TIR funciona na prática, acompanhe com atenção o exemplo a seguir e depois teste seus conhecimentos resolvendo o exercício de fixação proposto.

Exemplo

A empresa X pretende realizar um investimento de R$ 50.000,00 em sua expansão e projeta com o investimento um aumento dos lucros futuros para os próximos 5 anos, conforme o diagrama de fluxo de caixa (CFj) da Figura 8.3. Considerando uma taxa mínima de atratividade de 15% ao ano, esse investimento é viável financeiramente?

Figura 8.3 – Diagrama do fluxo de caixa

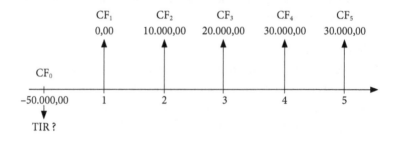

---

* A taxa de juros usada para comparar o retorno de um investimento também é chamada de *taxa mínima de atratividade* (TMA), que é a melhor taxa de juros que se pode obter para a aplicação financeira ou a taxa de juros a ser paga em um financiamento para investir com capital de terceiros. Logo, definida uma TMA, o investimento será viável financeiramente se a TIR for maior que a TMA.

Quadro 8.2 – Taxa interna de retorno (TIR) na HP-12C e na planilha eletrônica

Resolução na HP-12C
f → FIN   50.000 → CHS → CF_0 0 → g → CF_j 10.000 → g → CF_j 20.000 → g → CF_j 30.000 → g → CF_j 30.000 → g → CF_j f → IRR   16,68% 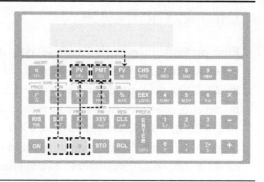
Resolução na planilha eletrônica
Montando a tabela ao lado com os valores dos fluxos de caixa na sequência correta, digitamos na célula "C8":   =TIR(C2:C7)   Em seguida, apertamos a tecla Enter do computador.   Obs.: Para que o valor apareça em percentual, clicamos no ícone de % do menu de comandos superior.
Resposta: Como o valor da TIR, 16,68% a.a., é maior que o valor da TMA, 15% a.a., o investimento é viável financeiramente.

Para calcular a TIR manualmente, é preciso testar algumas taxas de juros na fórmula do valor presente líquido até descobrir a que torna o VPL igual a zero. Esse método pode ser usado caso não se tenha acesso a uma calculadora HP-12C, que tem a função IRR*, ou a uma planilha eletrônica, que tem a função financeira TIR.

Exercício de fixação

Elisa pretende investir R$ 150.000,00 para montar uma *pet shop*. Ela estima que, no primeiro ano, trabalhará com um prejuízo de R$ 20.000,00; no segundo ano, não obterá lucros nem prejuízos; no terceiro, quarto e quinto anos lucrará R$ 50.000,00, R$ 75.000,00 e R$ 100.000,00 sucessivamente. Qual é a taxa interna de retorno desse investimento? Considerando um taxa de juros de renda fixa de 8% ao ano, esse investimento é viável financeiramente?

8.2.1 Como usar a TIR para comparar opções e investimentos

A taxa interna de retorno também permite avaliar dois investimentos com fluxos de caixa diferentes e definir qual deles é financeiramente mais vantajoso para a empresa. Observe o exemplo a seguir e confira como é possível, por meio da TIR, decidir entre duas ou mais opções de investimentos para o mesmo capital.

Exemplo

A empresa X tem duas opções para realizar um investimento em uma nova sede e precisa decidir qual das opções é mais vantajosa financeiramente. Levando em conta os aumentos dos lucros esperados, dispostos a seguir, e considerando uma taxa mínima de atratividade do capital de 10% ao ano, financeiramente, qual é a melhor opção para a empresa?

---

* IRR: *internal return rate*, em português: "taxa interna de retorno".

a. **Opção 1**: custará R$ 500.000,00 e consiste em adquirir um terreno para construir a nova sede; em razão da obra, atrasa em dois anos o início dos ganhos de lucros futuros.

b. **Opção 2**: custará R$ 600.000,00 e consiste em comprar um barracão pronto, atrasando apenas em um ano o início das atividades e dos lucros futuros.

Fluxo de lucros futuros da opção 1		Valor
Fluxo de caixa		**Valor**
0	CF_0	–500.000,00
1	CF_j	0,00
2	CF_j	0,00
3	CF_j	150.000,00
4	CF_j	250.000,00
5	CF_j	300.000,00
6	CF_j	300.000,00

Fluxo de lucros futuros da opção 2		Valor
Fluxo de caixa		**Valor**
0	CF_0	–600.000,00
1	CF_j	0,00
2	CF_j	100.000,00
3	CF_j	150.000,00
4	CF_j	200.000,00
5	CF_j	250.000,00
6	CF_j	250.000,00

Resolução na HP-12C

Opção 1	Opção 2
f → FIN	f → FIN
500.000 → CHS → g → CF_0	600.000 → CHS → g → CF_0
0 → g → CF_j	0 → g → CF_j
0 → g → CF_j	100.000 → g → CF_j
150.000 → g → CF_j	150.000 → g → CF_j
250.000 → g → CF_j	200.000 → g → CF_j
300.000 → g → CF_j	250.000 → g → CF_j
300.000 → g → CF_j	250.000 → g → CF_j
f → IRR	f → IRR
16,01%	11,20%

(continua)

(conclusão)

Resolução via planilha eletrônica

	G10		▼	f_x	=TIR(G3:G9)	
◢	A	B	C	D E	F	G
1		Opção 1			Opção 2	
2	Fluxos de Caixa		Valor	Fluxos de Caixa		Valor
3	0	CF0	-500.000,00	0	CF0	-600.000,00
4	1	CFj	0,00	1	CFj	0,00
5	2	CFj	0,00	2	CFj	100.000,00
6	3	CFj	150.000,00	3	CFj	150.000,00
7	4	CFj	250.000,00	4	CFj	200.000,00
8	5	CFj	300.000,00	5	CFj	250.000,00
9	6	CFj	300.000,00	6	CFj	250.000,00
10		TIR	16,01%		TIR	11,20%

Resposta: Como o valor da taxa interna de retorno (TIR) da opção 1 é maior que o da opção 2, o investimento mais rentável financeiramente é adquirir o terreno e construir a nova sede.

O resultado da taxa interna de retorno para as duas opções de investimento analisadas no exemplo confirma que as duas rendem mais que a taxa mínima de atratividade do capital – ou seja, não há uma opção segura no mercado financeiro que renda mais que investir na empresa – e, acima de tudo, permite decidir entre um investimento ou outro, uma vez que a opção 1, comprar um terreno e construir, resultará em uma TIR superior à da compra de um barracão pronto.

Tanto a taxa interna de retorno quanto o valor presente líquido são fundamentais para a correta tomada de decisão sobre investimentos empresariais. Embora a gestão empresarial deva levar em conta outras questões econômicas e estratégicas do mercado, a matemática financeira e os cálculos de TIR e VPL são ferramentas básicas sem as quais os investimentos seriam feitos sem a correta observância de sua viabilidade financeira. Agora que você já sabe, na prática, como funciona a TIR, resolva o exercício de fixação proposto a seguir e decida sobre a melhor opção de investimento.

Você deve ter percebido que o valor presente líquido e a taxa interna de retorno são métodos de avaliação de investimentos e que a matemática financeira é uma ferramenta que permite obter os resultados para VPL e TIR e auxiliar na tomada de decisão de investimento, mas a **avaliação da viabilidade econômico-financeira de projetos de investimentos** vai muito além do que tratamos neste capítulo, constituindo-se em um ramo de atividade profissional para contadores, economistas e administradores de empresa.

Exercício de fixação

Depois de um incêndio, uma empresa perdeu uma máquina e estima operar com prejuízo anual de R$ 10.000,00 enquanto não a substituir. Ela precisa decidir entre comprar a máquina A, de produção nacional, que custa R$ 150.000,00 e pode ser entregue em seis meses, ou a máquina B, importada e melhor, mas que custa R$ 200.000,00 e só poderá ser entregue daqui a um ano. Com base nos fluxos de caixa de lucros futuros anuais apresentados a seguir, determine qual é o melhor investimento, sabendo que a taxa mínima de atratividade é de 8% ao ano.

Figura A – Fluxo de caixa de lucros da máquina A

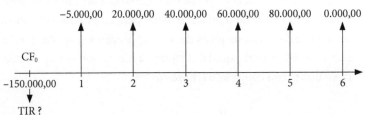

Figura B – Fluxo de caixa de lucros da máquina B

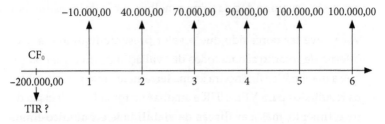

Lista de exercícios

1. A empresa B pretende investir R$ 250.000,00 em uma nova grua para locação e estima um aumento dos lucros anuais conforme o diagrama de fluxo de caixa a seguir. Sabendo que a taxa mínima de atratividade é de 8,5% ao ano, calcule o valor presente líquido e a taxa interna de retorno, e determinando a viabilidade financeira do investimento.

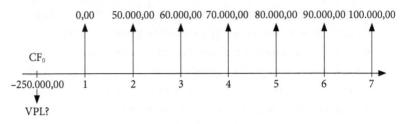

2. Um empresário pretende comprar uma nova empresa já estabelecida, e sua oferta pela empresa será embasada no valor presente líquido dos fluxos de lucros previstos para os próximos 10 anos. Sabendo que a taxa de juros de uma aplicação segura em renda fixa é de 10% ao ano, qual é o valor da oferta que o empresário deve fazer para comprar a empresa?

Fluxos de caixa		Valor presente	Resposta:
CF_1	100.000,00		
CF_2	110.000,00		
CF_3	120.000,00		
CF_4	130.000,00		
CF_5	140.000,00		
CF_6	160.000,00		
CF_7	170.000,00		
CF_8	190.000,00		
CF_9	210.000,00		
CF_{10}	230.000,00		
Valor presente total (VPT)			
Investimento (CF_0)		0,00	
Valor presente líquido (VPL)			

3. O conselho de administração de uma empresa recebeu de sua equipe técnica duas opções de investimento para o crescimento regional da empresa. Considere uma taxa mínima de atratividade do capital de 7% ao ano e, com base na taxa interna de retorno, defina qual deve ser a melhor escolha para empresa.

   a. A compra de uma empresa já estabelecida na região de interesse por 4 milhões de reais.

   b. A instalação de uma nova unidade que custaria apenas 1,5 milhões de reais, mas manteria o concorrente e atrasaria em um ano o início das operações.

Fluxo de lucros futuros da opção A			Fluxo de lucros futuros da opção B		
Fluxo de caixa		Valor	Fluxo de caixa		Valor
0	CF_0	–4.000.000,00	0	CF_0	–1.500.000,00
1	CF_j	500.000,00	1	CF_j	0,00
2	CF_j	600.000,00	2	CF_j	100.000,00
3	CF_j	750.000,00	3	CF_j	200.000,00
4	CF_j	900.000,00	4	CF_j	400.000,00
5	CF_j	1.100.000,00	5	CF_j	600.000,00
6	CF_j	1.500.000,00	6	CF_j	900.000,00

Depreciação

Conteúdos do capítulo:

- Conceito de depreciação.
- Depreciação linear.
- Depreciação variável crescente.
- Depreciação variável decrescente.

Após o estudo deste capítulo, você será capaz de:

1. compreender o que é a depreciação e por que é importante calculá-la tanto para fins de economia no pagamento de impostos quanto para a correta avaliação patrimonial da empresa;
2. calcular a depreciação linear por meio de fórmula, calculadora financeira ou planilha eletrônica;
3. calcular a depreciação variável crescente por meio de fórmula ou calculadora financeira;
4. calcular a depreciação variável decrescente por meio de fórmula, calculadora financeira ou planilha eletrônica.

A depreciação é a perda de valor de um bem causada por seu desgaste e/ou sua obsolescência. Portanto, a depreciação causa a perda de valor patrimonial às empresas após a aquisição dos ativos permanentes. Alguns perdem valor mais rápido, como equipamentos eletrônicos e de informática; uns demoram mais, como máquinas e edificações; e outros podem até ter seu valor elevado, como terrenos e imóveis.

Como a variação no valor dos ativos patrimoniais é uma realidade para qualquer empresa, é preciso fazer a correção dos valores dos bens que estão sujeitos à depreciação por dois motivos: para saber o valor do patrimônio ao longo do tempo; e para que a empresa possa pagar menos imposto de renda.

Mesmo que a depreciação não seja um custo efetivo, pois deveria ser uma reserva que a empresa faria para adquirir novos bens depois do prazo de depreciação, a Receita Federal permite o lançamento dos valores trimestrais de depreciação como custo, o que isso reduz o lucro tributável; logo, os valores de depreciação reduzem o imposto pago sobre o lucro*.

Como é calculada a depreciação? Há dois métodos: o real e o teórico. Para calcular a **depreciação real**, cada bem comprado pela empresa deve ser avaliado periodicamente, a fim de que seja determinado seu preço médio de mercado. Assim, podemos definir a depreciação real como aquela que considera o valor de mercado do bem a cada momento de sua vida útil na empresa.

Calcular a depreciação real de todo o patrimônio de uma empresa pode ser bastante trabalhoso. A cada trimestre ou ano, a empresa teria de contratar diferentes profissionais para fazer a avaliação do preço de venda de todos os seus bens sujeitos à depreciação, algo custoso e inviável. Por isso, esse método existe, mas na prática não é usado.

O método da **depreciação teórica**, por sua vez, é bem mais simples: aplica-se uma taxa de depreciação sobre o valor do bem sujeito à depreciação. Portanto, basta conhecer a taxa de depreciação para cada tipo de bem e aplicá-la conforme o método de depreciação escolhido, que pode ser a taxa definida pela Receita Federal ou a adotada pela gestão financeira da empresa, que fornece uma melhor avaliação do valor patrimonial da empresa.

Embora existam diversos métodos para calcular a depreciação de ativos patrimoniais, abordaremos três deles, pois são os mais utilizados e podem ser calculados tanto por meio de fórmulas quanto em calculadoras financeiras e na planilha eletrônica. São os seguintes:

---

* O governo divulga anualmente as taxas anuais de depreciação como anexo da instrução normativa que disciplina o pagamento do imposto de renda e a contribuição social sobre o lucro líquido das empresas. Para obter essa tabela, basta digitar "taxas anuais de depreciação" nos mecanismos de busca da internet.

a. depreciação linear (DL);

b. depreciação variável crescente (DVc);

c. depreciação variável decrescente (DVd).

9.1 Depreciação linear

A depreciação linear (DL) é a aplicação de uma taxa fixa para atualizar o valor de um bem a cada período até o fim do tempo de depreciação. É o método mais utilizado pelas empresas em razão de sua simplicidade de uso e entendimento, além de ser admitida nos documentos fiscais exigidos pela Receita Federal, o que favorece essa generalização de seu uso. No entanto, trata-se de um método muito limitado para fornecer um valor patrimonial da empresa compatível com o valor de mercado dos ativos sujeitos à depreciação.

Para aplicar a depreciação linear sobre o valor de qualquer bem, é preciso saber três coisas: (1) o valor de compra do bem, também denominado *valor presente* (PV); (2) o valor de revenda depois do prazo de depreciação, chamado de *valor residual ou valor futuro* (FV); e (3) o período de depreciação (n), ou seja, a quantidade de anos ou meses que o bem ficará na empresa.

Com esses três dados, é possível saber a cada período qual será o novo valor do bem, até a data da venda pelo valor residual por meio da seguinte fórmula:

$$DL = (PV - FV) \div n$$

Em que:

PV: valor de aquisição do bem, ou valor presente

FV: valor de venda do bem após o prazo de depreciação, ou valor futuro

n: número de períodos de depreciação

Note que a fórmula pede o valor futuro, que é o valor venda estimado do bem após o período de depreciação. Contudo, a Receita Federal do Brasil permite que a depreciação para fins contábeis e fiscais seja feita integralmente, ou seja, que o valor residual seja igual a zero. Assim, a empresa pode depreciar completamente o valor do bem adquirido durante o prazo legalmente estabelecido pela Receita Federal e, com isso, reduzir o pagamento de imposto de renda sobre o lucro.

Agora que vimos os princípios da depreciação, acompanhe o exemplo a seguir para entender como fazer a depreciação de um bem na prática.

Exemplo

José abriu a *pet shop* D e comprou um novo furgão por R$ 75.000,00 para oferecer serviço de *delivery* a seus clientes. Conforme a tabela de depreciação da Receita Federal, a empresa pode depreciar o furgão em 5 anos. Use o método da depreciação linear para descobrir o valor da depreciação anual e monte a tabela de depreciação para saber o valor patrimonial desse furgão a cada ano.

Dados	Desenvolvimento matemático	HP-12C
PV = 75.000,00	DL = (PV − FV) ÷ n	f → FIN
FV = 0,00	DL = (75.000 − 0) ÷ 5	75.000 → PV
n = 5 anos	DL = 75.000 ÷ 5	0 → FV
DL = ?	DL = 15.000	5 → n → f → SL
		15.000,00

Resposta: O valor da depreciação anual é de R$ 15.000,00.

Tabela 9.1 – Tabela de depreciação

Período de depreciação (n)	Valor da depreciação anual (DL)	Valor atualizado do bem (PV)
0	0,00	75.000,00
1	15.000,00	60.000,00
2	15.000,00	45.000,00
3	15.000,00	30.000,00
4	15.000,00	15.000,00
5	15.000,00	0,00

Acompanhando o exemplo, você pode perceber que, após calcular o valor da depreciação linear, basta reduzir esse valor do valor de compra do bem para obter o valor atualizado depois de um ano. Ao reduzir a depreciação novamente, agora do valor atualizado, temos o valor do bem após dois anos, e assim por diante, até o quinto ano, quando ocorre a depreciação total do bem e seu valor atualizado é zero.

A tabela de depreciação é fundamental para atualizar os documentos contábeis e contribuir para que a empresa pague menos impostos, mas também informa o valor de um ativo para negociação, como você poderá constatar ao resolver o exercício de fixação da Seção 9.1.2.

9.1.1 Depreciação Linear na HP-12C

Além de usar a fórmula da depreciação linear, você pode usar a função SL – de *straight line* (linha reta) – da calculadora financeira HP-12C para obter o valor da depreciação linear. Basta apertar a seguinte sequência de teclas:

Figura 9.1 – Sequência de teclas para obter a depreciação linear na HP-12C

PV → FV → n → f → SL

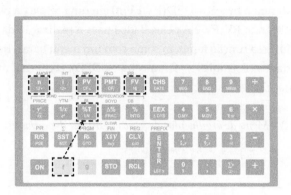

Acompanhe, na Tabela 9.2, a seguir, a aplicação da função SL para resolver e montar a tabela de depreciação do exemplo anterior.

Tabela 9.2 – Resolução da depreciação linear na HP-12C

Dados	Período de depreciação (n)	Sequência das teclas na HP-12C	Depreciação anual (DL)	Tecla HP-12	Valor atualizado do bem (PV)
PV = 75.000 FV = 0,00 n = 5	0	75.000 → PV → 0 → FV → 5 → n			75.000,00
	1	1 → f → SL	15.000,00	$(x \gtreqless y)$	60.000,00
	2	2 → f → SL	15.000,00	$(x \gtreqless y)$	45.000,00
	3	3 → f → SL	15.000,00	$(x \gtreqless y)$	30.000,00
	4	4 → f → SL	15.000,00	$(x \gtreqless y)$	15.000,00
	5	5 → f → SL	15.000,00	$(x \gtreqless y)$	0,00

9.1.2 Depreciação linear na planilha eletrônica

A planilha eletrônica tem uma função financeira que calcula o valor da depreciação linear: a função DPD. Para usá-la, é preciso digitar a função =DPD(PV;FV;n) em uma célula da planilha, substituindo PV, FV e n pelos dados para a realização da depreciação. Essa função também conta com um menu para a inclusão dos dados (Fórmulas → Financeira → DPD), conforme revela a Figura 9.2.

Figura 9.2 – Menu de argumentos da função DPD de depreciação linear

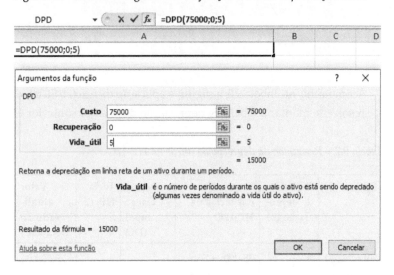

Você pode perceber, na Figura 9.2, que, ao inserir os dados (custo ou PV, recuperação ou FV, vida útil ou n), logo abaixo a planilha oferece o resultado do montante de depreciação a cada período (R$ 15.000,00). Alternativamente, é possível construir a tabela de depreciação na planilha eletrônica para saber o valor atualizado do bem sujeito à depreciação a cada novo período, conforme demonstrado na Tabela 9.2, a seguir.

Tabela 9.3 – Tabela de depreciação linear na planilha eletrônica

	A	B		C
1	Período de depreciação (n)	Valor da depreciação anual (DL)		Valor atualizado do bem (PV)
2	0		0,00	75.000,00
3	1	=C2/5	15.000,00	=C2-B3 60.000,00
4	2	=C2/5	15.000,00	=C3-B4 45.000,00
5	3	=C2/5	15.000,00	=C4-B5 30.000,00
6	4	=C2/5	15.000,00	=C5-B6 15.000,00
7	5	=C2/5	15.000,00	=C6-B7 0,00

Você pode perceber na Tabela 9.3, o valor da depreciação na coluna B é obtido para todas as linhas com a mesma fórmula (=C2/5) e que o valor atualizado do bem é a subtração da depreciação do período em relação ao valor atualizado anterior. Agora que você já sabe fazer a depreciação linear por meio das fórmulas, da calculadora HP-12C e da planilha eletrônica, resolva o exercício de fixação a seguir para praticar seus conhecimentos.

Exercício de fixação

Há 3 anos, uma empresa comprou uma máquina por R$ 250.000,00 a ser depreciada em 5 anos, com valor residual de R$ 50.000,00 após concluído o prazo de vida útil. No entanto, para fazer caixa para despesas imprevistas, a empresa precisa se desfazer da máquina. Qual será o preço de venda calculado pela depreciação linear da máquina hoje?

Dados	Desenvolvimento matemático	
PV = FV = n = DL = ?	$DL = (PV - FV) \div n$	

Período de depreciação (n)	Valor da depreciação anual (DL)	Valor atualizado do bem (PV)

Resposta:

9.1.3 Taxa de depreciação

A taxa de depreciação (T_D) é o percentual sobre o valor de compra do bem que será subtraído a cada período de depreciação, inversamente proporcional à quantidade de períodos de depreciação, ou seja, o valor da taxa de depreciação é tanto **maior** quanto **menor** for o período de depreciação e vice-versa.

Para entender essa ideia, considere que um bem pode ser depreciado em 2 anos; logo, sua taxa anual de depreciação é de 50% ao ano, pois só assim, depois de 2 anos, a depreciação do bem será completa. Se o período de depreciação aumentar para 5 anos, a taxa de depreciação cairá para 20% ao ano, pois, a essa taxa, só depois de 5 anos, o bem será integralmente depreciado. Assim, podemos definir a fórmula da taxa de depreciação (T_D):

$$T_D = 100\% \div n$$

Em que:

T_D: taxa de depreciação por período

PV: valor de aquisição do bem depreciável (ou valor presente)

n: número de períodos de depreciação

Se aplicarmos a fórmula da taxa de depreciação ao exemplo resolvido anteriormente, que tinha um período de depreciação de 5 anos, teremos:

$$T_D = 100\% \div n$$
$$T_D = 100\% \div 5$$
$$T_D = 20\% \text{ ao ano}$$

É importante informar o período da incidência da taxa de depreciação. Na solução ora apresentada, informamos que a taxa é ao ano, que é o mais comum, mas ela pode ser mensal, trimestral, semestral etc., a depender da necessidade da geração de relatórios que exijam a informação dos valores de depreciação e a atualização do valor patrimonial da empresa.

Como vimos nesta seção, a depreciação linear usa uma taxa constante de depreciação, contudo, a taxa nem sempre é constante; ela pode ser variável, como você verá na próxima seção, desde que a soma das taxas anuais de depreciação resulte em 100%. Portanto, não importa o ritmo da depreciação a cada período, desde que ao final do período previsto ou legalmente autorizado, o bem tenha depreciado 100%, ou 100% da parcela depreciável quando houver valor residual (FV) acima de zero.

9.2 Depreciação variável crescente

A depreciação variável é a técnica de atualização no valor de um bem com taxas diferentes a cada período de depreciação, sejam elas crescentes ou decrescentes. Assim, em um método, teremos uma depreciação lenta (crescente) e, no outro, uma depreciação acelerada (decrescente).

A depreciação variável crescente (DVC) é aquela que utiliza uma taxa crescente de depreciação por período, que resulta em valores de depreciação menores nos primeiros períodos e maiores nos períodos finais de depreciação. A grande questão que a depreciação crescente impõe é: Como definir a taxa de crescimento da taxa de depreciação?

Há diferentes formas de definir a taxa de crescimento da taxa de depreciação, também chamada de *razão* (r). Aqui, vamos utilizar a mais conhecida delas: a soma dos dígitos dos períodos de depreciação (SD).

Funciona assim: se forem 5 os períodos de depreciação (anos), teremos os dígitos 1, 2, 3, 4 e 5, referente aos anos. Somando todos eles, temos: $1 + 2 + 3 + 4 + 5 = 15$, que é o valor de SD. Para chegarmos ao valor da razão (r) a ser usada para definir o valor da depreciação de cada período, usamos a seguinte fórmula.

$$r = n \div SD$$

Vamos aprender a usar a depreciação crescente, refazendo o exemplo da seção anterior, agora com a nova técnica de depreciação. Assim você poderá conferir as diferenças entre a depreciação linear e a depreciação crescente.

Exemplo

José abriu a *pet shop* D e comprou um novo furgão por R$ 75.000,00 para oferecer serviço de *delivery* a seus clientes. Conforme a tabela de depreciação da Receita Federal, a empresa pode depreciar o furgão em 5 anos. Use o método da depreciação crescente para descobrir o valor da depreciação anual e monte a tabela de depreciação para saber o valor patrimonial desse furgão a cada ano.

Dados	Desenvolvimento matemático
PV = 75.000,00 FV = 0,00 n = 5 SD = ?	SD = Soma dos dígitos SD = 1 + 2 + 3 + 4 + 5 SD = 15 r = n ÷ SD r_1 = 1 ÷15 = 0,066667 r_2 = 2 ÷15 = 0,133333 r_3 = 3 ÷15 = 0,200000 r_4 = 4 ÷15 = 0,266667 r_5 = 5 ÷15 = 0,333333

Período de depreciação (n)	Razão (r)	Parcela depreciável (PV − FV)	Valor da depreciação anual (DVc)	Valor atualizado do bem (PV)
0			(−)	75.000,00
1	0,066667	× 75.000,00 =	5.000,00	70.000,00
2	0,133333	75.000,00	10.000,00	60.000,00
3	0,200000	75.000,00	15.000,00	45.000,00
4	0,266667	75.000,00	20.000,00	25.000,00
5	0,333333	75.000,00	25.000,00	0,00

Vamos analisar o exemplo com atenção para que você entenda os diferentes processos que foram feitos até chegar ao valor presente final (0,00). Primeiro, calculamos a soma dos dígitos dos períodos de depreciação (SD); com esse valor, obtemos todos os valores de r, um para cada ano de depreciação, que serão usados na tabela de depreciação. Você pode perceber que os valores de r são crescentes – daí vem a nomenclatura dessa técnica de depreciação.

No exemplo, a taxa de depreciação começa em 6,66% e finaliza em 33,33%.

Após calcular todos os valores de **r**, eles foram incluídos na tabela de depreciação para, então, serem multiplicados pelo valor da parcela depreciável, que é a diferença entre o valor presente e o valor futuro (PV – FV) – no exemplo, a parcela depreciável é o próprio valor de compra do bem, pois trata-se da depreciação integral do bem, em que não há valor residual (FV).

O resultado dessa multiplicação é o valor da depreciação para cada ano (DVc), que foi, então, subtraído do valor de compra do bem, resultando no valor atualizado no primeiro ano. Para o segundo ano, usamos o valor atualizado do bem do ano anterior, e assim por diante até o último ano. Um trabalhão, não é? Boa parte desse trabalho pode ser eliminada com o uso da HP-12C, acompanhe.

9.2.1 Depreciação variável crescente na HP-12C

Para calcular a depreciação crescente na HP-12C, utilizamos a função SOYD, de *sum of the years' digits depreciation*, que pode ser traduzida como a soma dos anos de depreciação. Essa função equivale ao que fizemos anteriormente para conseguir o valor de SD (soma dos dígitos dos períodos de depreciação).

Para usar a função SOYD, inserimos os valores da depreciação nas memórias PV, FV e n; em seguida, inserimos o período de depreciação desejado e acionamos a função SOYD. Pratique com os dados do exemplo anterior e descubra o valor atualizado do bem depois de 3 anos de depreciação. Ficará assim:

1º passo: inserir os dados nas memórias

75.000 → PV; 0 → FV; 5 → n

2º passo: obter o valor da depreciação anual após 3 anos

3 → f → SOYD

15.000,00

Para obter os valores de depreciação para todos os anos, é preciso inverter os períodos, ou seja, começar pelo último dígito. Isso é necessário porque a função SOYD da HP-12C está programada para a depreciação decrescente; com a inversão dos períodos, no entanto, é possível também calcular a depreciação crescente – é como dar um "jeitinho" na HP-12C. Não é possível, contudo, extrair automaticamente o valor atualizado do bem (PV), como veremos na próxima seção. Agora, acompanhe, na Tabela 9.4, o cálculo da depreciação crescente com a HP-12C na prática.

Tabela 9.4 – Resolução da depreciação crescente na HP-12C

Dados	Período de depreciação (n)	Sequência das teclas HP-12C	Depreciação anual (DVc)
PV = 75.000,00	0	75.000 → PV → 0 → FV→ 5 → n	
FV = 0,00	1	5 → f → SOYD	5.000,00
n = 5	2	4 → f → SOYD	10.000,00
	3	3 → f → SOYD	15.000,00
	4	2 → f → SOYD	20.000,00
	5	1 → f → SOYD	25.000,00

Agora que você já aprendeu a calcular a depreciação crescente por meio das fórmulas e da HP-12C, cabe uma questão: qual é a vantagem de uma depreciação variável crescente? Muitos bens não perdem rapidamente seu valor no início de sua utilização; essa perda costuma ser mais acentuada no final da vida útil dos bens. Logo, para alguns tipos de bens, a depreciação crescente permite uma aproximação maior à realidade de seu valor no mercado.

Embora a depreciação crescente seja mais simples ao calcular a avaliação do valor patrimonial da empresa, se usada como custo para reduzir o lucro e, assim, reduzir o valor dos impostos pagos, essa técnica é prejudicial às finanças da empresa, uma vez que, ao concentrar a maior parte da depreciação no final do período, ela retarda a recuperação do valor do bem adquirido sob a forma de desconto no pagamento do imposto de renda.

Como as menores quantias são aplicadas no início do período de depreciação e as maiores ao final, há uma redução dos ganhos de juros de aplicações financeiras e/ou de receitas operacionais dos reinvestimentos dos valores de depreciação economizados do pagamento de impostos, provocando uma redução das receitas (financeiras e/ou operacionais), que reduz também o potencial de lucros das empresas.

Assim, a depreciação crescente tem a vantagem de preservar por mais tempo o valor patrimonial da empresa por um lado; mas, por outro, sua utilização reduz o potencial de lucros da empresa. Agora que você já aprendeu fazer a depreciação crescente por meio de fórmulas e da HP-12C, resolva o exercício de fixação a seguir antes de passar à próxima técnica de depreciação, benéfica à rentabilidade da empresa.

Exercício de fixação

Há 3 anos, uma empresa comprou uma máquina por R$ 250.000,00 a ser depreciada em 5 anos, com valor residual de R$ 50.000,00 após concluído o prazo de sua vida útil. No entanto, para fazer caixa para despesas imprevistas, a empresa precisa se desfazer da máquina. Qual será o preço de venda calculado pela depreciação crescente da máquina hoje?

Dados	Desenvolvimento matemático			
PV = FV = n = SD = ?	SD = Soma dos dígitos		r = n ÷ SD	
Período de Depreciação (n)	Razão (r)	Parcela Depreciável (PV – FV)	Valor da Depreciação Anual (DVc)	Valor Atualizado do Bem (PV)
0				
1				
2				
3				
4				
5				
Resposta:				

9.3 Depreciação variável decrescente*

A depreciação variável decrescente (DVd) é aquela na qual a razão (taxa de depreciação por período) cai a medida que avançam os períodos de depreciação, de modo que os valores de depreciação são maiores nos primeiros períodos e menores nos períodos finais de depreciação. Nesse método, também partimos da soma dos dígitos dos períodos de depreciação (SD).

---

* Também chamado de *Método de Cole*, foi criado por William Morse Cole e publicado em seu mais famoso livro *Accounts, their construction and interpretation*, de 1908. Em 2015, o livro estava em sua décima sétima edição.

Como visto anteriormente, obtemos a soma dos dígitos somando todos os números definidos no período de depreciação. Caso sejam 5 os períodos: SD = 1 + 2 + 3 + 4 + 5 = 15; caso sejam 10 os períodos: SD = 1 + 2 + 3 + 4 + 5 + 6 + 7 + 8 + 9 + 10 = 55. Usamos valor de SD para calcular a razão (r), que será a a taxa decrescente de depreciação, por meio da seguinte fórmula.

$$r = n \div SD$$

Você pode notar que se trata da mesma fórmula da depreciação crescente. Os valores de razão obtidos para cada período (ano, mês etc.), são usados para calcular o valor da depreciação variável decrescente (DVd) de cada período. Acompanhe o exemplo a seguir para relembrar como fazer cada etapa e comparar com o resultado que obtivemos no exemplo da seção anterior.

Exemplo

José abriu a *pet shop* D e comprou um novo furgão por R$ 75.000,00 para oferecer serviço de *delivery* a seus clientes. Conforme a tabela de depreciação da Receita Federal, a empresa pode depreciar o furgão em 5 anos. Use o método da depreciação decrescente para descobrir o valor da depreciação anual e monte a tabela de depreciação para saber o valor patrimonial desse furgão a cada ano.

Dados	Desenvolvimento matemático	
PV = 75.000,00 FV = 0,00 n = 5 SD = ?	SD = Soma dos dígitos SD = 1 + 2 + 3 + 4 + 5 SD = 15	$r = n \div SD$ $r_1 = 5 \div 15 = 0,333333$ $r_2 = 4 \div 15 = 0,266667$ $r_3 = 3 \div 15 = 0,200000$ $r_4 = 2 \div 15 = 0,133333$ $r_5 = 1 \div 15 = 0,066667$

Período de depreciação (n)	Razão (r)	Parcela depreciável (PV – FV)	Valor da depreciação anual (DVd)	Valor atualizado do bem (PV)
0			(−)	75.000,00
1	0,333333	× 75.000,00	= 25.000,00	50.000,00
2	0,266667	75.000,00	20.000,00	30.000,00
3	0,200000	75.000,00	15.000,00	15.000,00
4	0,133333	75.000,00	10.000,00	5.000,00
5	0,066667	75.000,00	5.000,00	0,00

Caso você tenha acompanhado o exemplo da seção anterior, percebeu que pouca coisa mudou. Os processos são os mesmos: calculamos a soma dos dígitos (SD) para obter os valores de razão (r), que são multiplicados pela parcela depreciável (PV – FV), resultando nos valores anuais de depreciação (DVd), que, por fim, são usados para descontar o valor do bem e fornecer um valor atualizado (PV) para cada ano.

A principal mudança foi a inversão das taxas depreciação: a primeira depreciação é de 33,33% e a última de apenas 6,66%, ou seja, a taxa caiu e, portanto, gerou valores de depreciação maiores no começo do período e menores ao final.

Essa inversão de valores contribui para que a empresa lance valores maiores de custos em seu demonstrativo de resultado anual logo após a aquisição do bem, contribuindo para uma maior redução do lucro tributável nessa fase inicial da depreciação, e, portanto, para maiores ganhos com receitas financeiras da aplicação dessa parcela maior economizada. A depreciação decrescente contribui para o aumento das receitas financeiras de juros e, consequentemente, para o aumento dos lucros.

9.3.1 Depreciação variável decrescente na HP-12C

Como destacamos anteriormente, função SOYD da HP-12C está programada para a depreciação decrescente, o que facilita muito seu uso nessa operação, pois, além dos valores de depreciação para cada período, também podemos calcular o valor atualizado do bem. Começamos inserindo o valor de compra do bem (PV), o valor residual (FV) e os períodos de depreciação (n) nas devidas memórias; então, digitamos o período de depreciação e acionamos a função SOYD, conforme demonstrado na Tabela 9.5, a seguir. Acompanhe e repita na calculadora para aprender o processo.

Tabela 9.5 – Tabela de depreciação decrescente na HP-12C

Dados	Período de depreciação (n)	Sequência das teclas HP-12C	Depreciação anual (DVd)	Tecla HP-12	Valor atualizado do bem (PV)
PV = 75.000	0	75.000 → PV → 0 → FV→ 5 → n			75.000,00
FV = 0,00 n = 5	1	1 → f → SOYD	25.000,00	$(x \geq y)$	50.000,00
	2	2 → f → SOYD	20.000,00	$(x \geq y)$	30.000,00
	3	3 → f → SOYD	15.000,00	$(x \geq y)$	15.000,00
	4	4 → f → SOYD	10.000,00	$(x \geq y)$	5.000,00
	5	5 → f → SOYD	5.000,00	$(x \geq y)$	0,00

Agora que você já sabe fazer a depreciação crescente por meio das fórmulas e da HP-12C, solucione o exercício de fixação a seguir. Em seguida, resolva a lista de exercícios proposta.

Exercício de fixação

Há 3 anos, uma empresa comprou uma máquina por R$ 250.000,00 a ser depreciada em 5 anos, com valor residual de R$ 50.000,00 após concluído o prazo de sua vida útil. No entanto, para fazer caixa para despesas imprevistas, a empresa precisa se desfazer da máquina. Qual será o preço de venda calculado pela depreciação decrescente da máquina hoje?

Dados	Desenvolvimento matemático	
PV = FV = n = SD = ?	SD = Soma dos dígitos	r = n ÷ SD

Período de depreciação (n)	Razão (r)	Parcela depreciável (PV – FV)	Valor da depreciação anual (DVd)	Valor atualizado do bem (PV)
0				
1				
2				
3				
4				
5				
Resposta:				

Lista de exercícios

1. Uma transportadora acabou de receber 3 caminhões no valor de R$ 350.000,00 cada e pretende realizar a depreciação desses caminhões em 5 anos pelo método da depreciação linear. Considerando que, depois de 5 anos, a empresa pretende vendê-los por 200.000,00 cada, descubra o valor anual de depreciação e monte uma tabela de depreciação.

2. M & S Aplicativos ME comprou 10 novos computadores para renovar sua infraestrutura de desenvolvimento de *softwares* por R$ 3.000,00 cada e pretende fazer sua depreciação trimestral por 3 anos, conforme a legislação permite. Calcule o valor da depreciação trimestral e monte a tabela de depreciação considerando uma depreciação integral de todos os computadores.

3. Monte as tabelas de depreciação de uma máquina comprada por R$ 800.000,00 com depreciação estimada em 5 anos e valor residual de R$ 200.000,00 para descobrir seu valor patrimonial nos métodos crescente e decrescente de depreciação depois de 4 anos de uso.

4. Considere que determinada empresa obtenha um lucro de R$ 300.00,00 e pague 15% de imposto de renda sobre esse lucro. Essa mesma empresa comprou um equipamento de R$ 500.000,00, que pode ser integralmente depreciado em 5 anos. Calcule o valor da economia com imposto de renda que a empresa teria no primeiro ano de depreciação se ela adotasse a depreciação decrescente ao invés da crescente.

5. Monte uma tabela de depreciação linear, uma tabela de depreciação crescente e uma tabela de depreciação decrescente considerando os seguintes dados:
   - valor de compra – R$ 300.000,00;
   - valor residual – R$ 80.000,00;
   - período de depreciação anual – 3 anos.

Para concluir...

Caro leitor, esperamos que este livro tenha cumprido o propósito de traçar um caminho seguro e facilitado para o conhecimento da matemática financeira na prática, bem como que tenha despertado em você a vontade de continuar aprendendo sobre os assuntos em outras obras mais avançadas, permitindo que se torne um excelente profissional da área de finanças.

Demonstramos, nesta obra, que há duas técnicas para calcular juros – os juros simples e o juros compostos – e aplicamos essas duas técnicas à resolução de problemas práticos de capitalização e descapitalização (para obter o valor futuro, o valor presente, a taxa de juros ou a quantidade de períodos de capitalização) e às operações de desconto.

Descrevemos também as diferentes taxas de juros – total, nominal, efetiva e real – e como calcular cada uma delas, evidenciando sua aplicação na solução de problemas práticos. Além disso, apresentamos como calcular os valores de aplicações financeiras periódicas, que chamamos de *anuidades*, para descobrir o valor futuro de uma quantidade de aplicações mensais e quanto é preciso ter acumulado em uma aplicação para aposentar-se com uma renda mensal desejada.

Destacamos que há pelo menos dois métodos para calcular a prestação de uma dívida – o sistema de amortização constante (SAC), muito utilizado nos financiamentos imobiliários no Brasil, e o sistema de amortização crescente (tabela Price), o mais utilizado nas operações comerciais e financeiras –, ressaltando que a escolha do sistema de amortização pode causar ganhos ou perdas monetárias ao devedor, principalmente quando pretende adiantar a quitação de uma dívida.

Por fim, apresentamos dois métodos para calcular a depreciação de ativos: pela taxa de depreciação constante (depreciação linear) e pela taxa variável (decrescente e crescente). Além de todos esses conhecimentos úteis de matemática financeira que você aprendeu por meio de fórmulas, em quase todos os assuntos abordados, procuramos demonstrar sua resolução usando a calculadora financeira HP-12C, o que faz deste livro também um manual prático dessa incrível máquina que acompanha os profissionais de finanças.

Esperamos que, com estes estudos, você esteja apto a realizar cálculos complexos e úteis à sua vida financeira e que continue aperfeiçoando seu conhecimento financeiro para atuar de forma excelente na área de finanças.

Referências

ASSAF NETO, A. **Matemática financeira e suas aplicações.** 12. ed. São Paulo: Atlas, 2012.

BAUER, U. R. **Matemática financeira fundamental.** São Paulo: Atlas, 2008.

BRASIL. Lei n. 10.406, de 10 de janeiro de 2002. **Diário Oficial da União,** Poder Legislativo, Brasília, DF, 11 jan. 2002.

CASTANHEIRA, N. P. **Matemática financeira e análise financeira.** Curitiba: Juruá, 2011.

DAL ZOT, W.; CASTRO, M. L. **Matemática financeira:** fundamentos e aplicações. Porto Alegre: Bookman, 2015.

IBGE – Instituto Brasileiro de Geografia e Estatística. **Normas de apresentação tabular.** Rio de Janeiro, 1967. Disponível em: <https://biblioteca.ibge.gov.br/visualizacao/livros/liv82497.pdf>. Acesso em: 29 out. 2018.

MANNARINO, R. **Introdução à engenharia econômica.** Ouro Preto: Ed. da Ufop, 1985.

RYBA, A.; LENZI, E. K.; LENZI, M. K. **Elementos de engenharia econômica.** Curitiba: Ibpex, 2011.

SAMANEZ, C. P. **Engenharia econômica.** São Paulo: Pearson Prentice Hall, 2009.

SOUZA, A.; CLEMENTE, A. **Matemática financeira:** fundamentos, conceitos e aplicações. São Paulo: Atlas, 1999.

Respostas

Capítulo 1

Exercício de fixação

1) A empresa X vendeu R$ 5.500,00 em mercadorias a um cliente a prazo. Após 30 dias, o cliente pagou R$ 6.000,00. Qual foi a taxa de juros cobrada do cliente?

Dados	Desenvolvimento matemático
PV = 5.500,00 FV = 6.000,00 i_T = ?	$i_T = [(FV \div PV) - 1] \times 100$ $i_T = [(6.000 \div 5.500) - 1] \times 100$ $i_T = [1,090909 - 1] \times 100$ $i_T = 0,090909 \times 100$ $i_T = 9,0909\%$

Resposta: A taxa de juros cobrada do cliente foi de 9,0909%.

Capítulo 2

2.1 Valor futuro a juros simples (FV)

Exercícios de fixação

1) A empresa X aplicou R$ 1.000,00 em uma aplicação que rende juros simples de 0,01% ao dia. Depois de 2,5 anos de aplicação, qual foi o valor total acumulado? (Considere o ano comercial de 360 dias.)

Dados	Desenvolvimento matemático
PV = 1.000,00	FV = PV (1 + n × i)
i = 0,0001 a.d. (0,01 ÷ 100)	FV = 1.000 (1 + 900 × 0,0001)
n = 900 dias (360 × 2,5)	FV = 1.000 (1 + 0,9)
FV = ?	FV = **1.000 × 1,9**
	FV = 1.900,00

Resposta: O total acumulado depois de 2,5 anos foi de R$ 1.900,00.

2) A empresa X tomou um empréstimo de R$ 100.000,00 a uma taxa de juros simples de 4,0% ao mês, o qual deve ser quitado em parcela única após 1,5 anos. Qual será o valor para quitação do empréstimo e quanto a empresa pagará de juros?

Dados	Desenvolvimento matemático	
PV = 100.000,00	FV = PV (1 + n × i)	J = FV – PV
i = 0,04 a.m.	FV = 100.000 (1 + 18 × 0,04)	J = 172.000 – 100.000
(4 ÷ 100)	FV = 100.000 (1 + 0,72)	J = 72.000,00
n = 18 meses	FV = **100.000 × 1,72**	
(12 × 1,5)	FV = 172.000,00	
FV = ?		
J = ?		

Resposta 1: O valor para a quitação do empréstimos será de R$ 172.000,00.

Resposta 2: O total de juros a ser pago será de R$ 72.000,00

2.2 Valor presente a juros simples (PV)

Exercícios de fixação

1) Depois de 4 anos, o valor total de R$ 2.480,00 foi resgatado de uma aplicação. Sabendo que a taxa de juros simples da aplicação era de 0,5% ao mês, qual foi o valor do capital aplicado?

Dados	Desenvolvimento matemático
$i = 0{,}005$ a.m. $(0{,}5 \div 100)$	$PV = FV \div (1 + n \times i)$
$n = 48$ meses (4 anos × 12 meses)	$PV = 2.480 \div (1 + 48 \times 0{,}005)$
$FV = 2.480{,}00$	$PV = 2.480 \div (1 + 0{,}24)$
$PV = ?$	$PV = \mathbf{2.480 \div 1{,}24}$
	$PV = 2.000{,}00$

Resposta: O valor aplicado foi de R$ 2.000,00.

2) A empresa X, 1,5 ano após ter contraído uma dívida cuja taxa mensal de juros simples cobrada foi de 5% ao mês, quitou-a integralmente por R$ 8.000,00. Quanto a empresa havia tomado de empréstimo?

Dados	Desenvolvimento matemático
$i = 0{,}05$ a.m. $(5 \div 100)$	$PV = FV \div (1 + n \times i)$
$n = 18$ meses (1,5 anos × 12 meses)	$PV = 8.000 \div (1 + 12 \times 0{,}05)$
$FV = 8.000{,}00$	$PV = 8.000 \div (1 + 0{,}24)$
$PV = ?$	$PV = \mathbf{8.000 \div 1{,}24}$
	$PV = 5.000{,}00$

Resposta: A empresa havia tomado R$ 5.000,00 de empréstimo.

2.3 Taxa de juros a juros simples (i)

Exercícios de fixação

1) Depois de 3 anos de aplicação, a empresa X resgatou o total de R$ 1.360,00 de uma aplicação inicial de R$ 1.000,00 e que rendia juros mensais. Qual foi a taxa de juros simples mensal da aplicação?

Dados	Desenvolvimento matemático
$PV = 1.000{,}00$	$i = (FV - PV) \div (n \times PV)$
$FV = 1.360{,}00$	$i = (\mathbf{1.360 - 1.000}) \div (36 \times 1.000)$
$n = 36$ meses (3 anos × 12 meses)	$i = \mathbf{360 \div 36.000}$
$i = ?$	$i = \mathbf{0{,}010000 \; (\times 100)}$
	$i\% = 1{,}00\%$ ao mês

Resposta: A taxa de juros simples da aplicação é de 1,00% ao mês.

2) Qual é a taxa de juros simples ao dia capaz de duplicar um valor após 5 anos de aplicação? (Considere o ano financeiro de 252 dias úteis.)

Dados	Desenvolvimento matemático
PV = 1,00	i = (FV − PV) ÷ (n × PV)
FV = 2,00	i = (2 − 1) ÷ (**1.260 × 1**)
n = 1.260 dias (5 anos × 252 dias)	i = **1 ÷ 1.260**
i = ?	**i = 0,000794 (× 100)**
	i% = 0,0794% ao dia

Resposta: A taxa de juros simples capaz de duplicar a aplicação em 5 anos é de 0,0794% ao dia.

2.4 Número de capitalizações a juros simples (n)

Exercício de fixação

1) A empresa X aplicou um capital de R$ 1.000,00 a uma taxa de juros simples de 1% ao mês e resgatou um montante final de R$ 1.600,00. Por quantos anos esse valor ficou aplicado?

Dados	Desenvolvimento matemático
PV = 1.000,00	n = (FV − PV) ÷ i × PV
i = 0,01 a.m. (1 ÷ 100)	n = (**1.600 − 1.000**) ÷ **0,01 × 1.000**
FV = 1.600,00	n = **600 ÷ 10**
n = ?	n = 60 meses (5 anos)

Resposta: O capital ficou aplicado por 5 anos.

2) Por quantos meses é preciso deixar um capital aplicado a uma taxa de juros diária de 0,05% para que ele aumente em 50%?

Dados	Desenvolvimento matemático
PV = 1,00	n = (FV − PV) ÷ i × PV
i = 0,0005 a.d. (0,05 ÷ 100)	n = (**1,5 − 1**) ÷ **0,0005 × 1**
FV = 1,50	n = **0,5 ÷ 0,0005**
n = ?	n = 1.000 dias (33,33 meses)

Resposta: É preciso deixar o capital aplicado por 34 meses.

Lista de exercícios

1) Ana aplicou R$ 700,00 a uma taxa de juros simples de 8,5% ao ano. Quanto Ana acumulará depois de 5 anos de aplicação?

Dados	Desenvolvimento matemático
PV = 700,00	$FV = PV (1 + n \times i)$
i = 0,085 a.a. (8,5 ÷ 100)	$FV = 700 (1 + 5 \times 0{,}085)$
n = 5	$FV = 700 (1 + 0{,}425)$
FV = ?	$FV = 700 \times 1{,}425$
	$FV = 997{,}50$

Resposta: Depois de 5 anos, Ana terá acumulado R$ 997,50 na aplicação.

2) A empresa X comprou R$ 30.000,00 em produtos de um fornecedor para pagar em 3 meses. Considerando que o fornecedor cobra juros simples de 5% ao mês, quanto a empresa deverá pagar pela compra?

Dados	Desenvolvimento matemático
PV = 30.000,00	$FV = PV (1 + n \times i)$
i = 0,05 a.a. (5 ÷ 100)	$FV = 30.000 (1 + 3 \times 0{,}05)$
n = 3	$FV = 30.000 (1 + 0{,}15)$
FV = ?	$FV = 30.000 \times 1{,}15$
	$FV = 34.500{,}00$

Resposta: X deverá pagar R$ 34.500,00 pela compra após três meses.

3) Quanto João deve aplicar hoje para que, depois de 3 anos, tenha acumulado R$ 5.000,00 em uma caderneta de poupança que rende juros simples de 0,65% ao mês?

Dados	Desenvolvimento matemático
$i = 0,0065$ a.m. $(0,65 \div 100)$	$PV = FV \div (1 + n \times i)$
$n = 36$ meses (3 anos)	$PV = 5.000 \div (1 + 36 \times 0,0065)$
$FV = 5.000,00$	$PV = 5.000 \div (1 + 0,234)$
$PV = ?$	$PV = 5.000 \div 1,234$
	$PV = 4.051,863857$

Resposta: João deve aplicar hoje R$ 4.051,86 na caderneta de poupança.

4) Depois de 18 meses, Ana recebeu R$ 770,00 de um empréstimo que havia feito à amiga Olga. Considerando que Ana cobrou 3% de juros simples ao mês, quanto Olga havia tomado emprestado?

Dados	Desenvolvimento matemático
$i = 0,03$ a.m. $(3 \div 100)$	$PV = FV \div (1 + n \times i)$
$n = 18$ meses	$PV = 770 \div (1 + 18 \times 0,03)$
$FV = 770,00$	$PV = 770 \div (1 + 0,54)$
$PV = ?$	$PV = 770 \div 1,54$
	$PV = 500,00$

Resposta: Olga havia tomado R$ 500,00 emprestados de Ana.

5) Qual foi a taxa de juros simples ao mês que converteu uma aplicação de R$ 2.000,00 em um montante de R$ 3.000,00 depois de 2 anos?

Dados	Desenvolvimento matemático
$PV = 2.000,00$	$i = (FV - PV) \div (n \times PV)$
$FV = 3.000,00$	$i = (3.000 - 2.000) \div (18 \times 2.000)$
$n = 24$ meses (2 anos)	$i = 1.000 \div 36.000$
$i = ?$	$i = 0,027778$
	$i\% = 0,027778 \times 100$
	$i\% = 2,7778\%$ ao mês

Resposta: A taxa de juros simples da aplicação foi de 2,7778% ao mês.

6) Uma dívida de R$ 350,00 foi paga com atraso de 18 dias pelo valor de R$ 362,60. Qual foi a taxa de juros de mora ao dia cobrada na operação?

Dados	Desenvolvimento matemático
PV = 350,00	$i = (FV - PV) \div (n \times PV)$
FV = 362,60	$i = (362,60 - 350) \div (18 \times 350)$
n = 18 dias	$i = 12,60 \div 6.300$
i = ?	$i = 0,0020000$
	$i\% = 0,002 \times 100$
	$i\% = 0,2\%$ ao dia

Resposta: A taxa de juros de mora simples da aplicação foi de 0,02% ao dia.

7) Por quantos meses é necessário deixar um valor aplicado a uma taxa de juros simples de 2% ao mês para que ele triplique?

Dados	Desenvolvimento matemático
PV = 1,00	$n = (FV - PV) \div i \times PV$
FV = 3,00	$n = (3 - 2) \div 0,02 \times 1$
i = 0,02 (2 ÷ 100)	$n = 2 \div 0,02$
n = ?	$n = 100$ meses

Resposta: É necessário deixar aplicado por 100 meses.

8) Um capital de R$ 1.250,00 foi aplicado a uma taxa de juros simples de 0,85% ao mês e, depois de certo tempo, foi convertido em R$ 1.632,50. Por quantos anos esse capital ficou aplicado?

Dados	Desenvolvimento matemático
PV = 1.250,00	$n = (FV - PV) \div i \times PV$
FV = 1.632,50	$n = (\mathbf{1.632,50 - 1.250}) \div \mathbf{0,0085} \times \mathbf{1.250}$
i = 0,0085 (0,85 ÷ 100)	$n = \mathbf{382,50} \div \mathbf{10,625}$
n = ?	n = 36 meses (÷ 12)
	n = 3 anos

Resposta: O capital ficou aplicado por 3 anos.

9) João aplicou R$ 5.000,00 a juros simples e, depois de 2,5 anos, havia acumulado R$ 5.900,00. Esse saldo total foi reaplicado à mesma taxa mensal de juros simples da primeira aplicação por mais 2 anos, quando finalmente João fez o resgate. Qual foi o valor total resgatado por João?

Dados	Desenvolvimento matemático
$PV_1 = 5.000,00$	$i = (FV_1 - PV_1) \div (n_1 \times PV_1)$
$FV_1 = 5.900,00$	$i = (\mathbf{5.900 - 5.000}) \div (\mathbf{30 \times 5.000})$
n = 30 meses (2,5 anos)	$i = \mathbf{900} \div \mathbf{150.000}$
i = ?	$i = \mathbf{0,0060000}$
$PV_2 = 5.900,00$	$i\% = 0,006 \times 100$
$n_2 = 24$ meses (2 anos)	$i\% = 0,6\%$ ao mês
$FV_2 = ?$	
	$FV_2 = PV_2 (1 + n_2 \times i)$
	$FV_2 = 5.900 (1 + \mathbf{24} \times \mathbf{0,006})$
	$FV_2 = 5.900 (1 + \mathbf{0,144})$
	$FV_2 = \mathbf{5.900} \times \mathbf{1,144}$
	$FV_2 = 6.749,60$

Resposta: O valor resgatado por João foi de R$ 6.749,60.

10) Uma empresa aplicou R$ 100.000,00 e, depois de 3 anos, sacou R$ 150.000,00. Considerando que o ano comercial tem 360 dias, qual foi a taxa de juros simples diária da aplicação?

Dados	Desenvolvimento matemático
PV = 100.000,00	i = (FV − PV) ÷ (n × PV)
FV = 150.000,00	i = (150.000 − 100.000) ÷ (1.080 × 100.000)
n = 1.080 dias (3 × 360)	i = 50.000 ÷ 108.000.000
i = ?	**i = 0,000463**
	i% = 0,000463 × 100
	i% = 0,0463% ao dia

Resposta: A taxa de juros simples da aplicação foi de 0,02% ao dia.

Capítulo 3

3.2 Valor futuro a juros compostos

Exercícios de fixação

1) A empresa X aplicou R$ 1.000,00 em uma aplicação que rende juros compostos de 0,01% ao dia. Depois de 2,5 anos de aplicação, qual foi o valor total acumulado? (Considere o ano comercial de 360 dias.)

Dados	Desenvolvimento matemático
PV = 1.000,00	$FV = PV (1 + i)^n$
n = 900 meses	$FV = 1.000 (1 + 0,0001)^{900}$
i = 0,0001 a.d. (0,01 ÷ 100)	$FV = 1.000 (1,0001)^{900}$
FV = ?	**FV = 1.000 × 1,094169**
	FV = 1.094,17

Resposta: O total acumulado depois de 2,5 anos foi de R$ 1.094,17.

2) A empresa X tomou um empréstimo de R$ 100.000,00 a uma taxa de juros compostos de 4,0 % ao mês, o qual deve ser quitado em parcela única após 1,5 anos. Qual será o valor para quitação do empréstimo e quanto a empresa pagará de juros?

Dados	Desenvolvimento matemático
PV = 100.000,00	$FV = PV (1 + i)^n$
n = 18 meses	$FV = 100.000 (1 + 0,04)^{18}$
i = 0,04 a.m. (4 ÷ 100)	$FV = 100.000 (1,04)^{18}$
FV = ?	$FV = \mathbf{100.000} \times \mathbf{2,025817}$
	FV = 202.581,65
	J = FV − PV
	J = 202.581,65 − 100.000,00
	J = 102.581,65

Resposta 1: O valor para quitação será de R$ 202.581,65.

Resposta 2: A empresa pagará R$ 102.581,65.

3.3 Valor presente a juros compostos

Exercícios de fixação

1) Depois de 4 anos, o valor total de R$ 5.426,18 foi resgatado de uma aplicação. Sabendo que a taxa de juros compostos da aplicação era de 0,5% ao mês, qual foi o valor do capital aplicado?

Dados	Desenvolvimento matemático
FV = 5.426,18	$PV = FV \div (1 + i)^n$
n = 48 meses (4 anos)	$PV = 5.426,18 \div (1 + 0,005)^{48}$
i = 0,005 (0,5 ÷ 100)	$PV = 5.426,18 \div (1,005)^{48}$
PV = ?	$PV = \mathbf{5.426,18} \div \mathbf{1,270489}$
	PV = 4.270,94

Resposta: O valor do capital aplicado foi de R$ 4.270,94.

2) A empresa X, 1,5 ano após ter contraído uma dívida cuja taxa mensal de juros compostos cobrada foi de 5% ao mês, quitou-a integralmente por R$ 7.219,86. Quanto a empresa havia tomado de empréstimo há 1,5 anos?

Dados	Desenvolvimento matemático
FV = 7.219,86	$PV = FV \div (1 + i)^n$
n = 18 meses (1,5 anos)	$PV = 7.219,86 \div (1 + 0,05)^{18}$
i = 0,05 (5 ÷ 100)	$PV = 7.219,86 \div (1,05)^{18}$
PV = ?	$PV = 7.219,86 \div 2,406619$
	$PV = 3.000,00$

Resposta: A empresa havia tomado R$ 3.000,00 de empréstimo.

3.4 Taxa de juros a juros compostos

Exercícios de fixação

1) Depois de 3 anos de aplicação, a empresa X resgatou o total de R$ 1.360,00 de uma aplicação inicial de R$ 1.000,00 e que rendia juros mensais. Qual foi a taxa de juros compostos mensal da aplicação?

Dados	Desenvolvimento matemático
PV = 1.000,00	$i = (FV \div PV)^{1/n} - 1$
FV = 1.360,00	$i = (1.360 \div 1.000)^{1/36} - 1$
n = 36 meses (3 anos)	$i = (1,36)^{0,027778} - 1$
i = ?	$i = 1,008578 - 1$
	$i = 0,008578 \ (\times 100)$
	$i = 0,8578\%$

Resposta: A taxa mensal da aplicação foi de 0,8578% ao mês.

2) Qual é a taxa de juros compostos ao dia capaz de duplicar um valor após 5 anos de aplicação? (Considere o ano financeiro de 252 dias úteis.)

Dados	Desenvolvimento matemático
PV = 1,00	$i = (FV \div PV)^{1/n} - 1$
FV = 2,00	$i = (2 \div 1)^{1/1.260} - 1$
n = 1.260 dias	$i = (2)^{0,000794} - 1$
i = ?	$i = 1,000550 - 1$
	$i = 0,00055 \ (\times 100)$
	$i = 0,055\%$

Resposta: A taxa de juros capaz de duplicar o capital é de 0,055% ao dia.

3.5 Número de capitalizações a juros compostos

Exercícios de fixação

1) A empresa X aplicou um capital de R$ 1.000,00 a uma taxa de juros compostos de 1% ao mês e resgatou um montante final de R$ 1.816,70. Por quantos anos esse valor ficou aplicado?

Dados	Desenvolvimento matemático
PV = 1.000,00	$n = LN \ (FV \div PV) \div LN \ (1 + i)$
i = 0,01 a.m. (1 ÷ 100)	$n = LN \ (1.816,70 \div 1.000) \div LN \ (1 + 0,01)$
FV = 1.816,70	$n = LN \ 1,8167 \div LN \ 1,01$
n = ?	$n = 0,597022 \div 0,009950$
	$n = 60$ meses (5 anos)

Resposta: O capital ficou aplicado por 5 anos.

2) Por quantos meses é preciso deixar um capital aplicado a uma taxa de juros compostos diária de 0,05% para que ele aumente em 50%?

Dados	Desenvolvimento matemático
PV = 1,00	$n = LN (FV \div PV) \div LN (1 + i)$
i = 0,0005 a.m. (0,05 ÷ 100)	$n = LN (1,5 \div 1) \div LN (1 + 0,0005)$
FV = 1,50	$n = LN 1,5 \div LN 1,0005$
n = ?	$n = 0,405465 \div 0,0005$
	$n = 811,132932$ (28 meses)

Resposta: É preciso deixar o capital aplicado por 28 meses.

Lista de exercícios

1) Ana aplicou R$ 700,00 a uma taxa de juros compostos de 8,5% ao ano. Quanto ela acumulará depois de 5 anos de aplicação?

Dados	Desenvolvimento matemático
PV = 700,00	$FV = PV (1 + i)^n$
i = 0,085 a.a. (8,5 ÷ 100)	$FV = 700 (1 + 0,085)^5$
n = 5	$FV = 700 (1,085)^5$
FV = ?	$FV = 700 \times 1,503657$
	$FV = 1.052,56$

Resposta: Depois de 5 anos, Ana terá acumulado R$ 1.052,56 na aplicação.

2) A empresa X comprou R$ 30.000,00 em produtos de um fornecedor para pagar em 3 meses. Como o fornecedor cobra juros compostos de 5% ao mês, quanto a empresa deverá pagar pela compra?

Dados	Desenvolvimento matemático
PV = 30.00,00	$FV = PV (1 + i)^n$
i = 0,05 a.a. (5 ÷ 100)	$FV = 30.000 (1 + 0,05)^3$
n = 3	$FV = 30.000 (1,05)^3$
FV = ?	$FV = 30.000 \times 1,157625$
	$FV = 34.728,75$

Resposta: A empresa X deverá pagar R$ 34.728,75 pela compra após três meses.

3) Quanto João deve aplicar hoje para que, depois de 3 anos, tenha acumulado R$ 5.000,00 em uma caderneta de poupança que rende a juros compostos de 0,65% ao mês?

Dados	Desenvolvimento matemático
$i = 0{,}0065$ a.m. $(0{,}65 \div 100)$	$PV = FV \div (1 + i)^n$
$n = 36$ meses (3 anos)	$PV = 5.000 \div (1 + 0{,}0065)^{36}$
$FV = 5.000{,}00$	$PV = 5.000 \div (1{,}0065)^{36}$
$PV = ?$	$PV = 5.000 \div 1{,}262688$
	$PV = 3.959{,}81$

Resposta: João deve aplicar hoje R$ 3.959,81 na caderneta de poupança.

4) Depois de 18 meses, Ana recebeu R$ 770,00 de um empréstimo que havia feito à amiga Olga. Como Ana cobrou 3% de juros compostos ao mês, quanto Olga havia tomado emprestado?

Dados	Desenvolvimento matemático
$i = 0{,}03$ a.m. $(3 \div 100)$	$PV = FV \div (1 + i)^n$
$n = 18$ meses	$PV = 770 \div (1 + 0{,}03)^{18}$
$FV = 770{,}00$	$PV = 770 \div (1{,}03)^{18}$
$PV = ?$	$PV = 770 \div 1{,}702433$
	$PV = 452{,}29$

Resposta: Olga havia tomado R$ 452,29 emprestados de Ana.

5) Qual é a taxa de juros compostos ao mês que converteu uma aplicação de R$ 2.000,00 em um montante de R$ 3.000,00 depois de 2 anos?

Dados	Desenvolvimento matemático
PV = 2.000,00	$i = (FV \div PV)^{1/n} - 1$
FV = 3.000,00	$i = (3.000 \div 2.000)^{1/24} - 1$
n = 24 meses (2 anos)	$i = (1,5)^{0,041667} - 1$
i = ?	$i = 1,017038 - 1$
	$i = 0,017038 \; (\times 100)$
	$i = 1,7038$

Resposta: A taxa de juros simples da aplicação era de 1,7038% ao mês.

6) Uma dívida de R$ 350,00 foi paga com atraso de 18 dias pelo valor de R$ 362,60. Qual foi a taxa de juros de mora compostos ao dia cobrada na operação?

Dados	Desenvolvimento matemático
PV = 350,00	$i = (FV \div PV)^{1/n} - 1$
FV = 362,60	$i = (362,60 \div 350)^{1/18} - 1$
n = 18 dias	$i = (1,036000)^{0,055556} - 1$
i = ?	$i = 1,001967 - 1$
	$i = 0,001967 \; (\times 100)$
	$i = 0,1967$

Resposta: A taxa de juros de mora da operação foi de 0,1967% ao dia.

7) Por quantos meses é necessário deixar um valor aplicado à taxa de juros compostos de 2% ao mês para que ele triplique de valor?

Dados	Desenvolvimento matemático
PV = 1,00	$n = LN \, (FV \div PV) \div LN \, (1 + i)$
FV = 3,00	$n = LN \, (3 \div 1) \div LN \, (1 + 0,02)$
i = 0,02 (2 ÷ 100)	$n = LN \, 3 \div LN \, 1,02$
n = ?	$n = 1,098612 \div 0,019803$
	$n = 55,477064$ (ou 56 meses)

Resposta: É necessário deixar aplicado por 56 meses.

8) Um capital de R$ 1.250,00 foi aplicado a uma taxa de juros compostos de 0,85% ao mês. Depois de certo tempo, o total resgatado foi de R$ 1.632,50. Por quantos meses esse capital ficou aplicado?

Dados	Desenvolvimento matemático
$PV = 1.250,00$	$n = LN\ (FV \div PV) \div LN\ (1 + i)$
$FV = 1.632,50$	$n = LN\ (\mathbf{1.632,50} \div \mathbf{1.250,00}) \div LN\ (1 + \mathbf{0,0085})$
$i = 0,0085\ (0,85 \div 100)$	$n = \mathbf{LN\ 1,306000} \div \mathbf{LN\ 1,0085}$
$n = ?$	$n = \mathbf{0,266969} \div \mathbf{0,008464}$
	$n = 31,541417$ (ou 32 meses)

Resposta: O capital ficou aplicado por 32 meses.

9) João aplicou R$ 5.000,00 a juros compostos e, depois de 2,5 anos, havia acumulado R$ 5.900,00. Esse saldo total foi reaplicado à mesma taxa mensal de juros compostos da primeira aplicação por mais 2 anos, quando, finalmente, João fez o resgate. Qual foi o valor total resgatado por João?

Dados	Desenvolvimento matemático
$PV_1 = 5.000,00$	$i = (FV \div PV)^{1/n} - 1$
$FV_1 = 5.900,00$	$i = (\mathbf{5.900} \div \mathbf{5.000})^{1/30} - 1$
$n = 30$ meses (2,5 anos)	$i = (\mathbf{1,180000})^{0,033333} - 1$
$i = ?$	$i = \mathbf{1,005532} - 1$
$PV_2 = 5.900,00$	$i = \mathbf{0,005532\ (\times 100)}$
$n_2 = 24$ meses (2 anos)	$i = 0,5532\%$ a.m.
$FV_2 = ?$	
	$FV = PV\ (1 + i)^n$
	$FV = 5.900\ (\mathbf{1 + 0,005532})^{24}$
	$FV = 5.900\ (\mathbf{1,005532})^{24}$
	$FV = \mathbf{5.900} \times \mathbf{1,141578}$
	$FV = 6.735,31$

Resposta: O valor total resgatado por João foi de R$ 6.735,31.

10) Uma empresa aplicou R\$ 100.000,00 e, depois de 3 anos, sacou o total de R\$ 150.000,00. Considerando que o ano comercial tem 360 dias, qual foi a taxa de juros compostos diária da aplicação?

Dados	Desenvolvimento matemático
$PV = 100.000,00$	$i = (FV \div PV)^{1/n} - 1$
$FV = 150.000,00$	$i = (150.000 \div 100.000)^{1/1080} - 1$
$n = 1.080$ dias (3×360)	$i = (1,5)^{0,000926} - 1$
$i = ?$	$i = 1,000376 - 1$
	$i = 0,000376\ (\times\ 100)$
	$i = 0,0376\%$ a.d.

Resposta: A taxa de juros simples dessa aplicação é de 0,0376% ao dia.

Capítulo 4

4.1.1 Cobrança de juros de mora

Exercício de fixação

A empresa X tomou R\$ 10.000,00 emprestados de um fornecedor e prometeu quitar a dívida após dois anos pagando uma taxa de juros simples de 18% ao ano. No entanto, a empresa decidiu quitar integralmente a dívida no 17º mês. Qual será o valor total da quitação da dívida?

Dados	Desenvolvimento matemático	
$i_T = 0,18\ (18 \div$	**1) Taxa proporcional**	**2) Valor futuro**
$100)$	$i_P = i_T \div n$	$FV = PV\ (1 + n \times i_P)$
$n = 12$	$i_P = 0,18 \div 12$	$FV = 10.000\ (1 + 17 \times 0,015)$
$i_P = ?$	$i_P = 0,01500$	$FV = 10.000\ (1 + 0,25)$
$PV = 10.000,00$	$i_P = 1,5\%$ a.m.	$FV = 10.000 \times 1,255$
$FV = ?$		$FV = 12.550,00$

Resposta: O valor total para quitação será de R\$ 12.550,00.

Exercício de fixação

Ana atrasou em 6 dias o pagamento de uma prestação de seu carro novo no valor de R$ 950,00. No boleto vencido, está prevista a cobrança de uma multa de 3% por atraso, acrescida da cobrança de juros de mora de 5% ao mês *pro rata die*. Quanto Ana deverá pagar para quitar o boleto em atraso?

Dados	Desenvolvimento matemático	
$i_T = 0,03$ ($3 \div 100$)	**1) Taxa proporcional**	**3) Multa por atraso (M)**
$n = 30$ dias (1 mês)	$i_P = i_T \div n$	$M = PV \times (M\% \div 100)$
$i_P = ?$	$i_P = 0,03 \div 30$	$M = 950 \times (5 \div 100)$
$PV = 950,00$	$i_P = 0,001$	$M = 950 \times 0,05$
$FV = ?$ ($n = 6$)	$i_P = 0,1\%$ a.d.	$M = 47,50$
$M = ?$ ($M\% = 5$)	**2) Valor futuro**	**4) Valor total**
$VT = ?$	$FV = PV$ ($1 + n \times i_p$)	**de cobrança**
	$FV = 950$ ($1 + \mathbf{6 \times 0,001}$)	$VT = FV + M$
	$FV = 950$ ($\mathbf{1 + 0,006}$)	$VT = 955,70 + 47,50$
	$FV = \mathbf{950 \times 1,006}$	$VT = 1.003,20$
	$FV = 955,70$	

Resposta: Ana deverá pagar R$ 1.003,20 para quitar o boleto em atraso.

4.2 Taxa de juros equivalente (i_Q)

Exercício de fixação

A empresa X tomou R$ 10.000,00 emprestados de um fornecedor e prometeu quitar a dívida após 2 anos, pagando uma taxa de juros compostos de 18% ao ano. No entanto, a empresa decidiu quitar integralmente a dívida no 17º mês. Qual será o valor total da quitação da dívida?

Dados	Desenvolvimento matemático	
$i_T = 0,18$ a.a. $(18 \div 100)$	**1) Taxa equivalente**	**2) Valor futuro**
$n = 12$ meses (1 ano)	$i_Q = [(1 + i_T)^{1/n}] - 1$	$FV = PV(1 + i_Q)^n$
$i_Q = ?$	$i_Q = [(\mathbf{1 + 0,18})^{1/12}] - 1$	$FV = 10.000 \, (\mathbf{1 + 0,013888})^{17}$
$PV = 10.000,00$	$i_Q = [(\mathbf{1,18})^{0,083333}] - 1$	$FV = 10.000 \, (\mathbf{1,013888})^{17}$
$FV = ?$	$i_Q = \mathbf{1,013888} - 1$	$FV = \mathbf{10.000 \times 1,264250}$
	$i_Q = 0,013888$	$FV = 12.642,50$

Resposta: O valor total para a quitação da dívida será
de R$ 12.642,50.

Exercício de fixação

Ana atrasou em 6 dias o pagamento de uma prestação de seu carro
novo no valor de R$ 950,00. No boleto vencido, está prevista a
cobrança de uma multa de 3% por atraso, acrescida da cobrança de
juros de mora de 5% ao mês *pro rata die*. Quanto Ana deverá pagar
para quitar o boleto em atraso?

Dados	Desenvolvimento matemático	
$i_T = 0,03 \, (3 \div 100)$	**1) Taxa equivalente**	**3) Multa por atraso (M)**
$n = 30$ dias (1 mês)	$i_Q = [(1 + i_T)^{1/n}] - 1$	$M = PV \times (M\% \div 100)$
$i_Q = ?$	$i_Q = [(\mathbf{1 + 0,03})^{1/30}] - 1$	$M = 950 \times (5 \div 100)$
$PV = 950,00$	$i_Q = [(\mathbf{1,03})^{0,033333}] - 1$	$M = 950 \times 0,05$
$FV = ?$ ($n = 6$ dias)	$i_Q = \mathbf{1,000986} - 1$	$M = 47,50$
$M = ?$ ($M\% = 5$)	$i_Q = 0,000986$	
$VT = ?$		
	2) Valor futuro (FV)	**4) Valor total**
	$FV = PV(1 + i_Q)^n$	**de cobrança**
	$FV = 950 \, (\mathbf{1 +}$	$VT = FV + M$
	$\mathbf{0,000986})^6$	$VT = 955,63 + 47,50$
	$FV = 950 \, (\mathbf{1,000986})^6$	$VT = 1.003,13$
	$FV = \mathbf{950 \times 1,005929}$	
	$FV = 955,63$	

Resposta: Ana deverá pagar R$ 1.003,13 para quitar o boleto em
atraso.

4.2.1 Taxa total (i_T)

Exercício de fixação

João tem uma aplicação financeira em um banco que paga juros compostos de 8% ao ano, mas ele pretende deixar seu dinheiro aplicado somente por 200 dias. Como o banco usa o ano financeiro para realizar a capitalização, qual será a rentabilidade total da aplicação de João?

Dados	Desenvolvimento matemático	
$i_T = 0,08$ a.a. $(8 \div 100)$	**1) Taxa equivalente**	**2) Taxa total**
$n = 252$ dias (1 ano financeiro)	$i_Q = [(1 + i_T)^{1/n}] - 1$	$i_T = [(1 + i_Q)^n] - 1$
	$i_Q = [(1 + 0,08)^{1/252}] - 1$	$i_T = [(1 + 0,000194)^{200}] - 1$
$i_Q = ?$ (diária)	$i_Q = [(1,08)^{0,003968}] - 1$	$i_T = [(1,000194)^{200}] - 1$
$i_T = ?$ (n = 200 dias)	$i_Q = 1,000305 - 1$	$i_T = 1,062984 - 1$
	$i_Q = 0,000305$	$i_T = 0,062984$
	$i_Q = 0,0305\%$ a.d.	$i_T = 6,2984\%$ (200 dias)

Resposta: Depois de 200 dias, a aplicação de João renderá 6,2984%.

4.5 Taxa real de juros

Exercício de fixação

A empresa X tem um recurso aplicado à taxa de juros compostos de 0,65% ao mês. Considerando uma inflação acumulada de 11,75% depois de 2 anos, quanto de ganho real de juros essa aplicação já rendeu à empresa nesse mesmo período?

Dados	Desenvolvimento matemático
$i = 0,0065$ a.m.	**1) Taxa total (i_T)**
$n = 24$ meses	$i_T = [(1 + i_Q)^n] - 1$
$i_T = ?$	$i_T = [(1 + 0,0065)^{24}] - 1$
$p = 0,1175$ $(11,75 \div 100)$	$i_T = [(1,0065)^{24}] - 1$
$i_R = ?$	$i_T = \mathbf{1,168236 - 1}$
	$i_T = 0,168236$
	$i_T = 16,8236\%$ (24 meses)
	2) Taxa real (i_R)
	$i_R = [(1 + i_T) \div (1 + p)] - 1$
	$i_R = [(1 + 0,168236) \div (1 + 0,1175)] - 1$
	$i_R = (1,168236 \div 1,1175) - 1$
	$i_R = 1,045401 - 1$
	$i_R = 0,045401$ (ou 4,5401%)

Resposta: A empresa obteve um ganho real de 4,5401% na aplicação.

Lista de exercícios

1) Qual é a taxa proporcional e equivalente mensal de uma taxa de juros de 30% ao ano?

Dados	Desenvolvimento matemático	
$i_T = 0,30$ a.a. $(30 \div 100)$	**1) Taxa proporcional**	**2) Taxa equivalente**
$n = 12$ (1 ano tem	$i_P = i_T \div n$	$i_Q = [(1 + i_T)^{1/n}] - 1$
12 meses)	$i_P = 0,3 \div 12$	$i_Q = [(1 + 0,3)^{1/12}] - 1$
$i_P = ?$	$i_P = 0,025$ $(\times 100)$	$i_Q = [(1,3)^{0,083333}] - 1$
	$i_P = 2,5\%$ a.m.	$i_Q = 1,022104 - 1$
		$i_Q = \mathbf{0,022104}$
		$i_Q = 2,2104\%$ a.m.

Resposta 1: O valor da taxa de juros proporcional mensal é de 2,5% ao mês.

Resposta 2: O valor da taxa de juros equivalente mensal é de 2,2104% ao mês.

2) Uma empresa tomou R$ 10.000,00 emprestados para pagar depois de 6 meses com um acréscimo de 20% de juros. Caso a empresa resolva pagar a dívida 3 meses antes do vencimento, quanto deve pagar pelo método da taxa proporcional a juros simples?

Dados	Desenvolvimento matemático	
i_T = 0,2 a.m.	**1) Taxa**	**2) Total cobrado (FV)**
(20 ÷ 100)	**proporcional**	FV = PV $(1 + n \times i_P)$
n = 6 meses	**diária (i_P)**	FV = 10.000 $(1 + 3 \times 0,033333)$
i_P = ?	$i_P = i_T \div n$	FV = 10.000 $(1 + 0,10)$
PV = 10.000,00	$i_P = 0,2 \div 6$	FV = 10.000 $\times$ 1,10
FV = ? (n = 3)	$i_P = 0,033333$	FV = 11.000,00
	$i_P = 3,3333\%$ a.m.	

Resposta: A empresa deverá pagar R$ 11.000,00 para quitar sua dívida 3 meses antes do vencimento.

3) Uma empresa tomou R$ 10.000,00 emprestados para pagar depois de 6 meses com um acréscimo de 20% de juros. Caso a empresa resolva pagar a dívida 3 meses antes do vencimento, quanto deve pagar pelo método da taxa equivalente a juros compostos?

Dados	Desenvolvimento matemático	
iT = 0,2 a.m.	1) Taxa equivalente (i_Q)	2) Total cobrado (FV)
(20 ÷ 100)	$i_Q = [(1 + iT)1/n] - 1$	FV = PV $(1 + i_Q)n$
n = 6 meses	$i_Q = [(1 + 0,2)1/6] - 1$	FV = 10.000 (1 +
i_Q = ?	$i_Q = [(1,2)0,166667] - 1$	0,030853)3
PV = 10.000,00	$i_Q = 1,030853 - 1$	FV = 10.000 (1,030853)3
FV = ? (n = 3)	$i_Q = 0,030853$	FV = 10.000 $\times$ 1,095445
	$i_Q = 3,0853\%$ a.m.	FV = 10.954,45

Resposta: A empresa deverá pagar R$ 10.954,45 para quitar sua dívida 3 meses antes do vencimento.

4) Atualize a juros simples o valor de uma dívida de R$ 550,00 que está sendo paga 13 dias após o vencimento. Considere uma multa de 2% pelo atraso e um juro de mora de 5% ao mês.

Dados	Desenvolvimento matemático	
$i_T = 0,05$ $(3 \div 100)$ $n = 30$ dias $(1$ mês$)$ $i_P = ?$ $PV = 550,00$ $FV = ?$ $(n = 13$ dias$)$ $\%M = 2\%$ $M = ?$ $VT = ?$	**1) Taxa proporcional diária (i_P)** $i_P = i_T \div n$ $i_P = 0,05 \div 30$ $i_P = 0,001667$ $i_P = 0,1667\%$ a.m.	**3) Multa por atraso (M)** $M = PV \times (\%M \div 100)$ $M = 550 \times (2 \div 100)$ $M = 550 \times 0,02$ $M = 11,00$
	2) Valor futuro (FV) $FV = PV (1 + n \times i_P)$ $FV = 550 (1 + 13 \times 0,001667)$ $FV = 550 (1 + 0,021671)$ $FV = 550 \times 1,021671$ $FV = 561,92$	**4) Valor total de cobrança (VT)** $VT = FV + M$ $VT = 561,92 + 11,00$ $VT = 572,92$

Resposta: O valor atualizado é de R$ 572,92.

5) Atualize a juros compostos o valor de uma dívida de R$ 550,00 que está sendo paga 13 dias após o vencimento. Considere uma multa de 2% pelo atraso e um juro de mora de 5% ao mês.

Dados	Desenvolvimento matemático	
$i_T = 0,05$ (5 ÷ 100)	**1) Taxa**	**3) Multa por**
$n = 30$ dias (1 mês)	**equivalente (i_Q)**	**atraso (M)**
$i_Q = ?$	$i_Q = [(1 + i_T)^{1/n}] - 1$	$M = PV \times (\%M \div 100)$
$PV = 550,00$	$i_Q = [(1 + 0,05)^{1/30}] - 1$	$M = 550 \times (2 \div 100)$
$FV = ?$ ($n = 13$ dias)	$i_Q = [(1,05)^{0,033333}] - 1$	$M = 550 \times 0,02$
$\%M = 2\%$	$i_Q = 1,001628 - 1$	$M = 11,00$
$M = ?$	$i_Q = 0,001628$	
$VT = ?$	**2) Valor futuro (FV)**	**4) Valor total**
	$FV = PV (1 + i_Q)^n$	**de cobrança (VT)**
	$FV = 550 (1 + 0,001628)^{13}$	$VT = FV + M$
		$VT = 561,75 + 11$
	$FV = 550 (1,001628)^{13}$	$VT = 572,75$
	$FV = 550 \times 1,02136$	
	$FV = 561,75$	

Resposta: O valor atualizado é de R$ 572,75.

6) Descubra a taxa efetiva mensal de uma taxa de 24% ao ano com capitalização mensal.

Resposta: A taxa efetiva é de 2% a.m./m.

7) Descubra a taxa efetiva mensal de uma taxa de 36% ao ano com capitalização mensal. A partir da taxa efetiva, calcule a taxa total equivalente anual.

Dados	Desenvolvimento matemático	
$i = 0,36$ a.a. (36 ÷ 100)	**Taxa proporcional**	**Taxa total anual (i_T)**
$n = 12$ (1 ano tem	**mensal (i_P)**	$i_T = [(1 + i_P)^k] - 1$
12 meses)	$i_P = i_T \div n$	$i_T = [(1 + 0,03)^{12}] - 1$
$i_P = ?$ (ao mês)	$i_P = 0,36 \div 12$	$i_T = [(1,03)^{12}] - 1$
$i_T = ?$ (ao ano)	$i_P = 0,03$	$i_T = 1,425761 - 1$
	$i_P = 3,0\%$ a.m./m.	$i_T = 0,425761$ ($\times$ 100)
		$i_T = 42,5761\%$ a.a.

Resposta: A taxa de juros efetiva mensal é de 3% a.m./m e a taxa total equivalente anual é de 42,5761% a.a.

8) Verifique se a taxa efetiva de 4,5% ao mês é equivalente a uma taxa total anual de 60,0%.

Dados	Desenvolvimento matemático
$i = 0,045$ a.m./m. $(4,5 \div 100)$ $n = 12$ (1 ano tem 12 meses) $i_T = ?$ (ao ano)	**Taxa total anual (i_T)** $i_T = [(1 + i)^k] - 1$ $i_T = [(1 + 0,045)^{12}] - 1$ $i_T = [(1,045)^{12}] - 1$ $i_T = \mathbf{1,695881 - 1}$ $i_T = \mathbf{0,695881\ (\times\ 100)}$ $i_T = 69,5881\%$ a.a.

Resposta: A taxa de juros efetiva mensal é de 4,5% a.m./m é equivalente a uma taxa total anual de 69,5881%.

9) Qual foi a taxa real de rentabilidade de uma aplicação que acumulou 15,90% de juros em 2 anos, visto que a inflação para o mesmo período acumulou alta de 12,45%?

Dados	Desenvolvimento matemático
$i = 0,159$ $(15,9 \div 100)$ $p = 0,1245$ $(12,45 \div 100)$ $i_R = ?$	$i_R = [(1 + i_T) \div (1 + p)] - 1$ $i_R = [(1 + 0,159) \div (1 + 0,1245)] - 1$ $i_R = (1,159 \div 1,1245) - 1$ $i_R = 1,030680 - 1$ $i_R = 0,03068$ (ou 3,068%)

Resposta: A taxa real de rentabilidade da aplicação foi de 3,068%.

10) Uma aplicação de R\$ 2.000,00 gerou um retorno de R\$ 500,00 de juros em 3 anos. Sabendo que a inflação acumulada no período foi de 15,5%, qual foi a taxa de juros real da aplicação?

Dados	Desenvolvimento matemático
PV = 2.000,00	**Taxa de juros (i)**
J = 500,00	$i_T = [(FV \div PV) - 1] \times 100$
FV = 2.500,00 (FV = PV + J)	$i_T = [(2.500 \div 2.000) - 1] \times 100$
$i_T = ?$	$i_T = [1,25 - 1] \times 100$
p = 0,155 (15,50 ÷ 100)	$i_T = \mathbf{0,25 \times 100}$
$i_R = ?$	$i_T = 25,0\%$
	Taxa real (i_R)
	$i_R = [(1 + i_T) \div (1 + p)] - 1$
	$i_R = [(1 + 0,25) \div (1 + 0,155)] - 1$
	$i_R = (1,25 \div 1,155) - 1$
	$i_R = 1,082251 - 1$
	$i_R = 0,082251$ (ou 8,2251%)

Resposta: A taxa de juros real da aplicação foi de 8,2251%.

Capítulo 5

5.1 Valor futuro das anuidades (FV)

Exercícios de fixação

1) Uma pessoa aplicou regularmente R$ 100,00 todo mês em um fundo de renda fixa. Se a taxa de juros compostos for de 1,0% ao mês, qual será o valor acumulado depois de 2,5 anos? Confirme o resultado com a calculadora financeira.

Dados	Desenvolvimento matemático
PMT = 100,00	$FV = PMT\,[(1 + i)^n - 1] \div i$
i = 0,01 a.m. (1 ÷ 100)	$FV = 100\,[(\mathbf{1 + 0,01})^{30} - 1] \div 0,01$
n = 30 aplicações mensais	$FV = 100\,[(1,01)^{30} - 1] \div 0,01$
(2,5 anos)	$FV = 100\,[\mathbf{1,347849} - 1] \div 0,01$
FV = ?	$FV = \mathbf{100 \times 0,347849 \div 0,01}$
	$FV = 3.478,49$

Resposta: O valor acumulado na aplicação será de R$ 3.478,49.

2) Ana deposita R$ 350,00 todo mês em uma aplicação financeira que rende a taxa de juros de 8,0% ao ano, capitalizados ao dia útil. Quanto Ana terá acumulado depois de 4 anos e 3 meses nessa aplicação? Confirme o resultado com a calculadora financeira.

Dados	Desenvolvimento matemático
PMT =350,00	**Taxa equivalente (i_Q)**
i = 0,08 a.m. (0,02 ÷ 100)	$i_Q = [(1 + i_T)^{1/n}] - 1$
n = 51 aplic. mensais	$i_Q = [(1 + 0,08)^{1/12}] - 1$
i_Q =	$i_Q = [(1,08)^{0,083333}] - 1$
FV = ?	$i_Q = 1,006434 - 1$
	$i_Q = 0,006434$
	Valor futuro (FV)
	$FV = PMT\ [(1 + i)^n - 1] \div i$
	$FV = 350\ [(1 + 0,006434)^{51} - 1] \div 0,006434$
	$FV = 350\ [(1,006434)^{51} - 1] \div 0,006434$
	$FV = 350\ [1,386919 - 1] \div 0,006434$
	$FV = 350 \times 0,386919 \div 0,006434$
	$FV = 21.047,79$

Resposta: Ana terá acumulado um total de R$ 21.047,79.

5.2 Valor da parcela das anuidades (PMT)

Exercícios de fixação

1) O Pet Shop Y acumulou R$ 80.000,00 para comprar um furgão à vista. Sabendo que a empresa aplicava todo mês a mesma quantia durante um período de 4 anos e que a aplicação rendia 0,6% de juros ao mês, quanto a empresa poupava todo mês para comprar o furgão à vista hoje? Confirme o resultado com a calculadora financeira.

Dados	Desenvolvimento matemático
FV = 80.000,00	$PMT = FV \times i \div (1 + i)^n - 1]$
i = 0,006 (0,6 ÷ 100)	$PMT = 80.000 \times 0,006 \div [(1 + 0,006)^{48} - 1]$
n = 48 meses (4 anos)	$PMT = 480 \div [(1,006)^{48} - 1]$
PMT = ?	$PMT = 480 \div [1,332610 - 1]$
	$PMT = 480 \div 0,332610$
	$PMT = 1.443,13$

Resposta: A empresa poupava R$ 1.443,13 todo mês para comprar o furgão.

2) Igor acabou de completar 16 anos e pretende acumular R$ 50.000,00 para comprar um carro zero quilômetro quando completar 18 anos. Sabendo que ele aplicará na poupança, que rende 0,55% ao mês em média, quanto Igor deverá depositar todo mês a partir de hoje para acumular o valor pretendido? Confirme o resultado com a calculadora financeira.

Dados	Desenvolvimento matemático
FV = 50.000,00	$PMT = FV \times i \div [(1 + i)^n - 1]$
i = 0,0055 (0,55 ÷ 100)	$PMT = 50.000 \times 0,0055 \div [(1 + 0,0055)^{24} - 1]$
n = 24 (2 anos)	$PMT = 275 \div [(1,0055)^{24} - 1]$
PMT = ?	$PMT = 275 \div [1,140696 - 1]$
	$PMT = 275 \div 0,140696$
	$PMT = 1.954,57$

Resposta: Igor deve aplicar, a partir de hoje, R$ 1.954,57 todo mês para compra seu carro zero.

5.3 Número de aplicações de uma anuidade (n)

Exercícios de fixação

1) Quantas aplicações mensais iguais de R$ 2.000,00 devem ser realizadas para juntar um montante total de R$ 200.000,00 em uma aplicação financeira que rende juros de 0,65% ao mês? Confirme o resultado com a calculadora financeira.

Dados	Desenvolvimento matemático
FV = 200.000,00 PMT = 2.000,00 i = 0,0065 a.m. (0,65 ÷ 100) n = ?	$n = LN [(i \times FV \div PMT) + 1] \div LN (1 + i)$ $n = LN [(0,0065 \times 200.000 \div 2.000) + 1] \div$ $LN (1 + 0,0065)$ $n = LN [(0,65 + 1] \div LN (1,0065)$ $n = LN [1,65] \div 0,006479$ $n = 0,500775 \div 0,006479$ $n = 77,292469$ ou $n = 78$ aplicações

Resposta: Devem ser feitas 78 aplicações mensais.

2) Ana pretende acumular R$ 20.000,00 para fazer uma viagem a Paris. Ela pode aplicar todo mês a quantia de R$ 500,00 em uma aplicação que rende 0,75% de juros ao mês. Daqui a quantos anos Ana poderá fazer sua viagem? Confirme o resultado com a calculadora financeira.

Dados	Desenvolvimento matemático
FV = 20.000,00 PMT = 500,00 i = 0,0075 a.m. (0,75 ÷ 100) n = ?	$n = LN [(i \times FV \div PMT) + 1] \div LN (1 + i)$ $n = LN [(0,0075 \times 20.000 \div 500) + 1] \div$ $LN (1 + 0,0075)$ $n = LN [0,3 + 1] \div LN (1,0075)$ $n = LN [1,3] \div 0,007472$ $n = 0,262364 \div 0,007472$ $n = 35,112921$ ou $n = 36$ meses (3 anos)

Resposta: Ana poderá fazer sua viagem daqui a 3 anos.

5.4 Valor presente de uma anuidade (PV)

Exercícios de fixação

1) Sr. João pretende fazer uma viagem de volta ao mundo e estima gastos mensais de R$ 10.000,00 durante 5 anos. Sabendo que ele fará uma reserva financeira, aplicando-a a uma taxa de juros de 0,7% ao mês, quanto Sr. João deve economizar antes de iniciar sua viagem?

Dados	Desenvolvimento matemático
PMT = 10.000,00	$PV = PMT \left[(1 + i)^n - 1 \right] \div \left[0,01 \, (1 + i)^n \right]$
n = 60 meses	$PV = 10.000 \left[(1 + 0,007)^{60} - 1 \right] \div \left[0,007 \, (1 + 0,007)^{60} \right]$
i = 0,007 a.m.	$PV = 10.000 \left[(1,007)^{60} - 1 \right] \div \left[0,007 \, (1,007)^{60} \right]$
(0,7 ÷ 100)	$PV = 10.000 \left[1,519736 - 1 \right] \div \left[0,007 \times 1,519736 \right]$
PV = ?	$PV = \mathbf{10.000} \times \mathbf{0,519736} \div \mathbf{0,010638}$
	$PV = 488.558,72$

Resposta: O Sr. João deverá economizar R$ 488.558,72 antes de iniciar sua viagem.

2) Ana recebeu uma proposta para vender seu carro à vista por R$ 25.000,00 ou receber R$ 30.000,00 em 12 parcelas de R$ 2.500,00. Sabendo que a taxa de juros é de 1% ao mês, qual é a melhor escolha para Ana?

Dados	Desenvolvimento matemático
PMT = 2.500,00	$PV = PMT \left[(1 + i)^n - 1 \right] \div \left[0,01 \, (1 + i)^n \right]$
n = 12 meses	$PV = 2.500 \left[(1 + 0,01)^{12} - 1 \right] \div \left[0,01 \, (1 + 0,01)^{12} \right]$
i = 0,01 a.m. (1 ÷ 100)	$PV = 2.500 \left[(1,01)^{12} - 1 \right] \div \left[0,01 \, (1,01)^{12} \right]$
PV = ?	$PV = 2.500 \left[1,126825 - 1 \right] \div \left[0,01 \times 1,126825 \right]$
	$PV = \mathbf{2.500} \times \mathbf{0,126825} \div \mathbf{0,011628}$
	$PV = 28.137,69$

Resposta: É mais vantajoso receber em 12 parcelas mensais de R$ 2.500,00, pois o valor presente dessas parcelas é superior ao valor da venda à vista.

5.4.1 Planejamento de aposentadoria

Exercícios de fixação

1) Quanto é preciso aplicar mensalmente durante 20 anos, em uma aplicação financeira que rende 0,65% ao mês, para ter uma aposentadoria R$ 5.000,00 mensais por 25 anos?

Dados	Desenvolvimento matemático
Passo 1 Calcular o saldo que permitirá os saques PMT = 5.000,00 n = 300 meses (25 anos) i = 0,0065 (0,65 ÷ 100) PV = ?	$PV = PMT [(1 + i)^n - 1] \div [i (1 + i)^n]$ $PV = 5.000 [(1 + 0,0065)^{300} - 1] \div [0,0065 (1 + 0,0065)^{300}]$ $PV = 5.000 [(1,0065)^{300} - 1] \div [0,0065 (1,0065)^{300}]$ $PV = 5.000 [6,984475 - 1] \div [0,0065 \times 6,984475]$ $PV = 5.000 \times 5,984475 \div 0,045399$ $PV = 659.096,40$
Passo 2 Calcular o valor das aplicações mensais n = 240 meses (20 anos) i = 0,0065 (0,65 ÷ 100) FV = 659.096,40 PMT = ?	$PMT = FV \times i \div [(1 + i)^n - 1]$ $PMT = 659.096,40 \times 0,0065 \div [(1 + 0,0065)^{240} - 1]$ $PMT = 4.284,126582 \div [(1,0065)^{240} - 1]$ $PMT = 4.284,126582 \div [4,734859 - 1]$ $PMT = 4.284,126582 \div 3,734859$ $PMT = 1.147,07$

Resposta: É preciso aplicar R$ 1.147,07 todo mês durante 20 anos.

2) Iniciando aos 30 anos, Igor pretende depositar mensalmente R$ 1.000,00 em uma aplicação para formar um fundo de aposentadoria que lhe permita usufruir de uma renda mensal de R$ 12.000,00 durante 35 anos. Sabendo que a taxa de juros média da aplicação escolhida por Igor rende 0,85% ao mês, com quantos anos Igor poderá aposentar-se?

Dados	Desenvolvimento matemático
Passo 1 Calcular o saldo que permitirá os saques PMT = 12.000,00 n = 420 meses (35 anos) i = 0,0085 (0,85 ÷ 100) PV = ?	$PV = PMT \left[(1+i)^n - 1\right] \div \left[i (1+i)^n\right]$ $PV = 12.000 \left[(1+0{,}0085)^{420} - 1\right] \div \left[0{,}0085 (1+0{,}0085)^{420}\right]$ $PV = 12.000 \left[(1{,}0085)^{420} - 1\right] \div \left[0{,}0085 (1{,}0085)^{420}\right]$ $PV = 12.000 \left[34{,}984774 - 1\right] \div \left[0{,}0085 \times 34{,}984774\right]$ $PV = \mathbf{12.000} \times \mathbf{33{,}984774} \div \mathbf{0{,}297371}$ $PV = 1.371.411{,}02$
Passo 2 Calcular a quantidade de aplicações PMT = 1.000,00 i = 0,0085 (0,85 ÷ 100) FV = 1.371.411,02 n = ?	$n = LN \left[(i \times FV \div PMT) + 1\right] \div LN (1+i)$ $n = LN \left[(\mathbf{0{,}0085} \times \mathbf{1.371.411{,}02} \div \mathbf{1.000}) + 1\right] \div$ $LN (\mathbf{1+0{,}0085})$ $n = LN \left[\mathbf{11{,}656994} + 1\right] \div LN (\mathbf{1{,}0085})$ $n = \mathbf{LN\ [12.656994]} \div 0{,}008464$ $n = \mathbf{2{,}538210} \div \mathbf{0{,}008464}$ $n = 299{,}880246$ ou $n = 300$ meses (ou 25 anos)

Resposta: Igor poderá aposentar-se aos 55 anos.

5.5 Taxa de juros de uma anuidade (i) e valor futuro (FV)

Exercício de fixação

Qual taxa de juros converterá aplicações mensais de R$ 1.000,00 em um montante total de R$ 100.000,00 em 5 anos?

Dados	Desenvolvimento matemático
$PMT = 1.00,00$	**1ª passo (razão)**
$n = 60$ meses	$R = FV \div PMT$
$FV = 100.000,00$	$R = 100.000 \div 1.000$
$i = ?$	$R = 100$
$i_1 = 0,01 \ (1 \div 100)$	**2º passo (fator 1)**
$F_1 < R \rightarrow$ elevar i_2	$F_1 = [(1 + i_1)^n - 1] \div i_1$
$i_2 = 0,02 \ (2 \div 100)$	$F_1 = [(1 + 0,01)^{60} - 1] \div 0,01$
	$F_1 = [(1,01)^{60} - 1] \div 0,01$
	$F_1 = [1,816697 - 1] \div 0,01$
	$F_1 = 0,816697 \div 0,01$
	$F_1 = 81,669670$
	3º passo (fator 2)
	$F_2 = [(1 + i_2)^n - 1] \div i_2$
	$F_2 = [(1 + 0,02)^{60} - 1] \div 0,02$
	$F_2 = [(1,02)^{60} - 1] \div 0,02$
	$F_2 = [3,281031 - 1] \div 0,02$
	$F_2 = 2,281031 \div 0,02$
	$F_2 = 114,051539$
	4º passo (delta 1)
	$\Delta_1 = R - F1$
	$\Delta_1 = 100 - 81,669670$
	$\Delta_1 = 18,330330$
	5º passo (delta 2)
	$\Delta_2 = F_2 - F_1$
	$\Delta_2 = 114,051539 - 81,669670$
	$\Delta_2 = 32,381870$
	6º passo (delta interpolado)
	$\Delta_i = (\Delta_1 \div \Delta_2) \times (i_2 - i_1)$
	$\Delta_i = (18,33033 \div 32,38187) \times (0,02 - 0,01)$
	$\Delta_i = 0,566068 \times 0,01$
	$\Delta_i = 0,0005661$

(continua)

(conclusão)

Dados	Desenvolvimento matemático
	7º passo (taxa de juros)
	$i = \Delta_i + i_1$
	$i = 0{,}0005661 + 0{,}01$
	$i = 0{,}015661 \ (\times 100)$
	$i = 1{,}5661\%$ ao mês.

Resposta: A taxa de juros deverá ser de 1,5661% ao mês.

Na HP-12C, fica assim: f → FIN; 1000 → CHS → PV; 100.000 → FV; 60 → n → i; 1,615027%

Na planilha eletrônica, fica assim: = TAXA(60;-1000;;100000)*100 → ENTER;1,615027%

5.6 Taxa de juros de uma anuidade (i) e valor presente (PV)

Exercício de fixação

Qual é a taxa de juros ao mês que faz a equivalência entre um valor presente de R$ 120.000,00 e 30 parcelas mensais de R$ 5.000,00?

Dados	Desenvolvimento matemático
PMT = 5.000,00	**1ª passo (razão)**
n = 30 meses	$R = PV \div PMT$
PV = 120.000,00	$R = 100.000 \div 2.000$
i = ?	$R = 24$
$i_1 = 0{,}02 \ (2 \div 100)$	**2º passo (fator 1)**
$F_1 < R \rightarrow$ reduzir i_2	$F_1 = [1 - (1 + i_1)^{-n}] \div i_1$
$i_2 = 0{,}01 \ (1 \div 100)$	$F_1 = [1 - (1 + 0{,}02)^{-30}] \div 0{,}02$
	$F_1 = [1 - (1{,}02)^{-30}] \div 0{,}02$
	$F_1 = [1 - 0{,}552071] \div 0{,}02$
	$F_1 = 0{,}447929 \div 0{,}02$
	$F_1 = 22{,}396456$

(continua)

(conclusão)

Dados	Desenvolvimento matemático
	3º passo (fator 2)
	$F_2 = [1 - (1 + i_2)^{-n}] \div i_2$
	$F_2 = [1 - (1 + 0,01)^{-30}] \div 0,01$
	$F_2 = [1 - (1,01)^{-30}] \div 0,01$
	$F_2 = [1 - 0,741923] \div 0,01$
	$F_2 = 0,258077 \div 0,01$
	$F_2 = 25,807708$
	4º passo (delta 1)
	$\Delta_1 = R - F1$
	$\Delta_1 = 24 - 22,396456$
	$\Delta_1 = 1,603544$
	5º passo (delta 2)
	$\Delta_2 = F_2 - F_1$
	$\Delta_2 = 25,807708 - 22,396456$
	$\Delta_2 = 3,411253$
	6º passo (delta interpolado)
	$\Delta_i = (\Delta_1 \div \Delta_2) \times (i_1 - i_2)$
	$\Delta_i = (1,603544 \div 3,411253) \times (0,02 - 0,01)$
	$\Delta_i = 0,470075 \times 0,01$
	$\Delta_i = 0,004701$
	7º passo (taxa de juros)
	$i = \Delta_i + i_2$
	$i = 0,004701 + 0,01$
	$i = 0,001470 \ (\times 100)$
	$i = 1,470\%$ ao mês

Resposta: A taxa de juros é de 1,470% ao mês.

Na HP-12C, fica assim: f → FIN; 5.000 → CHS → PV; 120.000 → FV; 30 → n → i; 1,504654%

Na planilha eletrônica, fica assim: =TAXA(30;-5000;120000;)*100 → ENTER;1,504654%

Lista de exercícios

1) Depois de aplicar R$ 500,00 por 12 meses seguidos a uma taxa de juros de 2% ao mês, qual deverá ser o saldo da aplicação?

Dados	Desenvolvimento matemático
PMT = 100,00	$FV = PMT [(1 + i)^n - 1] \div i$
i = 0,05 a.m. (5 ÷ 100)	$FV = 100 [(1 + 0,05)^{12} - 1] \div 0,05$
n = 12 meses	$FV = 100 [(1,05)^{12} - 1] \div 0,05$
FV = ?	$FV = 100 [1,795856 - 1] \div 0,05$
	$FV = 100 (0,795856 \div 0,05)$
	$FV = 100 \times 15,917127$
	$FV = 1.591,71$

Resposta: O saldo desta aplicação deverá ser de R$ 1.591,71.

2) Qual será o total acumulado após 2 anos de depósitos mensais sucessivos de R$ 3.000,00 remunerados a uma taxa nominal anual de 10% com capitalização mensal de juros?

Dados	Desenvolvimento matemático
PMT = 3.000,00	$FV = PMT [(1 + i)^n - 1] \div i$
i = 10% a.a/m.	$FV = 3.000 [(1 + 0,008333)^{24} - 1] \div 0,008333$
(taxa nominal)	$FV = 3.000 [(1,0083333)^{24} - 1] \div 0,008333$
i = 0,008333 a.m./m	$FV = 3.000 [1,220390 - 1] \div 0,008333$
(taxa efetiva)	$FV = 3.000 (0,220390 \div 0,008333)$
n = 24 meses (2 anos)	$FV = 3.000 \times 26,446811$
FV = ?	$FV = 79.340,43$

Resposta: O total acumulado será de R$ 79.340,43.

3) Calcule o valor das parcelas fixas a serem depositados mensalmente para acumular, ao fim de 5 anos, um total de R$ 50.000,00 em uma aplicação que rende 0,95% ao mês.

Dados	Desenvolvimento matemático
FV = 50.000,00	PMT = FV × i ÷ [(1 + i)^n – 1]
i = 0,0095 a.m. (0,95 ÷ 100)	PMT = **50.000 × 0,0095** ÷ [(1 + **0,0095**)^{60} – 1]
n = 60 meses (5 anos)	PMT = 475,00 ÷ [(1,0095)^{60} – 1]
PMT = ?	PMT = 475,00 ÷ [**1,763516** – 1]
	PMT = **475,00** ÷ **0,763516**
	PMT = 622,12

Resposta: O valor das parcelas deverá ser de R$ 622,12 ao mês.

4) Elis precisa acumular R$ 10.000,00 para viajar aos Estados Unidos nas férias e pretende depositar, durante 2 anos, uma parte de seu salário mensal na caderneta de poupança, que rende 0,65% ao mês. Qual é o valor dos depósitos que Elis deverá realizar todo mês?

Dados	Desenvolvimento matemático
FV = 10.000,00	PMT = FV × i ÷ [(1 + i)^n – 1]
i = 0,0065 a.m. (0,65 ÷ 100)	PMT = **10.000 × 0,0065** ÷ [(1 + **0,0065**)^{24} – 1]
n = 24 meses (2 anos)	PMT = 65,00 ÷ [(**1,0065**)^{24} – 1]
PMT = ?	PMT = 65,00 ÷ [**1,168236** – 1]
	PMT = **65,000** ÷ **0,168236**
	PMT = 386,36

Resposta: Elis deverá depositar mensalmente R$ 386,36.

5) Um caminhoneiro pode aplicar R$ 5.000,00 todo mês em um fundo de renda fixa que paga 1,1% de juros ao mês para comprar à vista um caminhão novo, que custa R$ 250.000,00. Ele prevê, ainda, que poderá vender seu caminhão atual por R$ 100.000,00. Quantas aplicações mensais o caminhoneiro deverá fazer para acumular o capital necessário à compra do novo caminhão?

Dados	Desenvolvimento matemático
FV = 150.000,00 PMT = 5.000,00 i =0,011 a.m. (1,1 ÷ 100) n = ?	$n = LN [(i \times FV \div PMT) + 1] \div LN (1 + i)$ $n = LN [(0,011 \times 150.000 \div 5.000) + 1] \div LN (1 + 0,011)$ $n = LN [(0,3300 + 1] \div LN (1,011)$ $n = LN [1,3300] \div 0,010940$ $n = 0,285179 \div 0,010940$ $n = 26,07$ (ou 27 meses)

Resposta: Serão necessárias 27 aplicações mensais.

6) Calcule a quantidade de depósitos fixos mensais de R$ 300,00 necessários para acumular um total de R$ 3.000,00 em uma aplicação que rende juros de 3% ao mês.

Dados	Desenvolvimento matemático
FV = 3.000,00 PMT = 300,00 i = 0,03 a.m. (3 ÷ 100) n = ?	$n = LN [(i \times FV \div PMT) + 1] \div LN (1 + i)$ $n = LN [(0,03 \times 3.000 \div 300) + 1] \div LN (1 + 0,03)$ $n = LN [0,30 + 1] \div LN (1,03)$ $n = LN [1,3] \div 0,029559$ $n = 0,262364 \div 0,029559$ $n = 8,88$ (ou 9 depósitos)

Resposta: Serão necessários 9 depósitos mensais.

7) Considerando uma taxa de juros de 0,9% ao mês, qual deve ser o valor a ser aplicado todo mês durante 20 anos para obter um fundo de aposentadoria que permita fazer saques de R$ 7.000,00 mensais por 30 anos?

Dados	Desenvolvimento matemático
Passo 1	$PV = PMT \, [(1+i)^n - 1] \div [i \, (1+i)^n]$
Calcular o saldo para se aposentar	$PV = 7.000 \, [(1 + 0,009)^{360} - 1] \div [0,009 \, (1 + 0,009)^{360}]$
$PMT = 7.000,00$	$PV = 7.000 \, [(1,009)^{360} - 1] \div [0,009 \, (1,009)^{360}]$
$n = 360$ meses (30 anos)	$PV = 7.000 \, [25,166328 - 1] \div [0,009 \times 25,166328]$
$i = 0,009 \, (0,9 \div 100)$	$PV = 7.000 \times 24,166328 \div 0,226497$
$PV = ?$	$PV = 746.872,28$
Passo 2	$PMT = FV \times i \div [(1+i)^n - 1]$
Calcular o valor das aplicações mensais	$PMT = 746.872,28 \times 0,009 \div [(1 + 0,009)^{240} - 1]$
$n = 240$ meses (20 anos)	$PMT = 6.721,850559 \div [(1,009)^{240} - 1]$
$i = 0,009 \, (0,9 \div 100)$	$PMT = 6.721,850559 \div [8,587760 - 1]$
$FV = \mathbf{PV = 746.872,28}$	$PMT = 6.721,850559 \div 7,587760$
$PMT = ?$ (aplicações)	$PMT = 885,88$

Resposta: O valor mensal a ser aplicado durante 20 anos é de R$ 885,88.

8) Considerando uma taxa de juros de 0,85% ao mês, quantas aplicações mensais de R$ 300,00 é capaz de gerar uma renda mensal de R$ 5.000,00 durante 25 anos?

Dados	Desenvolvimento matemático
Passo 1: Calcular o saldo para se aposentar	$PV = PMT \, [(1+i)^n - 1] \div [i \, (1+i)^n]$
	$PV = 5.000 \, [(1 + 0,0085)^{300} - 1] \div [0,0085 \, (1 + 0,0085)^{300}]$
$PMT = 5.000,00$	
$n = 300$ meses	$PV = 5.000 \, [(1,0085)^{300} - 1] \div [0,0085 \, (1,0085)^{300}]$
(25 anos)	$PV = 5.000 \, [12,669829 - 1] \div [0,0085 \times 12,669829]$
$i = 0,085$	
$(0,85 \div 100)$	$PV = 5.000 \times 11,669829 \div 0,107694$
$PV = ?$	$PV = 541.807,26$

(continua)

(conclusão)

Passo 2: Calcular a quantidade de aplicações PMT = 300,00 i = 0,0085 (0,85 ÷ 100) FV = **541.807,26** n = ?	$n = LN\,[(i \times FV \div PMT) + 1] \div LN\,(1 + i)$ $n = LN\,[(\mathbf{0,0085} \times \mathbf{541.807,26} \div \mathbf{300}) + 1] \div$ $LN\,(\mathbf{1 + 0,0085})$ $n = LN\,[\mathbf{15,351206 + 1}] \div LN\,(\mathbf{1,0085})$ $n = \mathbf{LN\,[16,351206]} \div 0,009950$ $n = \mathbf{2,794302 \div 0,008464}$ $n = 330,136549$ ou $n = 331$ aplicações mensais (ou 27 anos e 7 meses)

Resposta: Considerando uma taxa de juros de 0,85% ao mês, a quantidade de 331 aplicações mensais é capaz de gerar uma renda de R$ 5.000,00 mensais durante 25 anos.

9) Qual é a taxa de juros ao mês que fará com que 60 aplicações mensais de R$ 320,00 resultem em um total acumulado de R$ 30.000,00?

Dados	Desenvolvimento matemático
PMT = 320,00 n = 60 meses FV = 30.000,00 i = ? $i_1 = 0,01\ (1 \div 100)$ $F_1 < R \rightarrow$ elevar i_2 $i_2 = 0,02\ (6 \div 100)$	**1ª passo (razão)** $R = FV \div PMT$ $R = 30.000 \div 320$ $R = 93,75$ **2º passo (fator 1)** $F_1 = [(1 + i_1)^n - 1] \div i_1$ $F_1 = [(\mathbf{1 + 0,01})^{60} - 1] \div 0,01$ $F_1 = [(\mathbf{1,01})^{60} - 1] \div 0,01$ $F_1 = [\mathbf{1,816697 - 1}] \div 0,01$ $F_1 = \mathbf{0,816697 \div 0,01}$ $F_1 = 81,669670$

(continua)

(conclusão)

Dados	Desenvolvimento matemático
	3º passo (fator 2)
	$F_2 = [(1 + i_2)^n - 1] \div i_2$
	$F_2 = [(1 + 0,02)^{60} - 1] \div 0,02$
	$F_2 = [(1,02)^{60} - 1] \div 0,02$
	$F_2 = [3,281031 - 1] \div 0,02$
	$F_2 = 2,281031 \div 0,02$
	$F_2 = 114,051539$
	4º passo (delta 1)
	$\Delta_1 = R - F1$
	$\Delta_1 = 93,75 - 81,669670$
	$\Delta_1 = 12,080330$
	5º passo (delta 2)
	$\Delta_2 = F_2 - F_1$
	$\Delta_2 = 114,051539 - 81,669670$
	$\Delta_2 = 32,381870$
	6º passo (delta interpolado)
	$\Delta_i = (\Delta_1 \div \Delta_2) \times (i_2 - i_1)$
	$\Delta_i = (12,080330 \div 32,381870) \times (0,02 - 0,01)$
	$\Delta_i = 0,373058 \times 0,01$
	$\Delta_i = 0,003731$
	7º passo (taxa de juros)
	$i = \Delta_i + i_1$
	$i = 0,003731 + 0,01$
	$i = 0,013731 \ (\times 100)$
	$i = 1,3731\%$ ao mês.

Resposta: A taxa de juros é de 1,3731% ao mês.

Na HP-12C, fica assim: f → FIN; 200 → CHS → PV; 30.000 → FV; 60 → n → i; 1,422094%

10) Qual é a taxa de juros que permite fazer 20 saques de R\$ 5.000,00 de uma aplicação de R\$ 80.000,00?

Dados	Desenvolvimento matemático
PMT = 5.000,00	**1ª passo (razão)**
n = 20 meses	R = PV ÷ PMT
PV = 80.000,00	R = 80.000 ÷ 5.000
i = ?	R = 16
i_1 = 0,025 (2,5 ÷ 100)	**2º passo (fator 1)**
F_1 < R → reduzir i_2	$F_1 = [1 - (1 + i_1)^{-n}] \div i_1$
i_2 = 0,02 (2 ÷ 100)	$F_1 = [1 - (1 + 0,025)^{-20}] \div 0,025$
	$F_1 = [1 - (1,025)^{-20}] \div 0,025$
	$F_1 = [1 - 0,610271] \div 0,025$
	$F_1 = 0,389729 \div 0,025$
	$F_1 = 15,589162$
	3º passo (fator 2)
	$F_2 = [1 - (1 + i_2)^{-n}] \div i_2$
	$F_2 = [1 - (1 + 0,02)^{-20}] \div 0,02$
	$F_2 = [1 - (1,02)^{-20}] \div 0,02$
	$F_2 = [1 - 0,672971] \div 0,02$
	$F_2 = 0,327029 \div 0,02$
	$F_2 = 16,351433$
	4º passo (delta 1)
	$\Delta_1 = R - F1$
	$\Delta_1 = 16 - 15,589162$
	$\Delta_1 = 0,410838$
	5º passo (delta 2)
	$\Delta_2 = F_2 - F_1$
	$\Delta_2 = 16,351433 - 15,589162$
	$\Delta_2 = 0,762271$

(continua)

(conclusão)

Dados	Desenvolvimento matemático
	6º passo (delta interpolado)
	$\Delta_i = (\Delta_1 \div \Delta_2) \times (i_1 - i_2)$
	$\Delta_i = (\mathbf{0{,}410838} \div 0{,}762271) \times (\mathbf{0{,}025} - \mathbf{0{,}02})$
	$\Delta_i = \mathbf{0{,}538965} \times \mathbf{0{,}005}$
	$\Delta_i = 0{,}0002695$
	7º passo (taxa de juros)
	$i = \Delta_i + i_2$
	$i = 0{,}0002695 + 0{,}02$
	$i = 0{,}022695 \ (\times 100)$
	$i = 2{,}2695\%$ ao mês

Resposta: A taxa de juros é de 2,2695% ao mês.

Na HP-12C, fica assim: f → FIN; 5.000 → CHS → PV; 80.000 → FV; 20 → n → i; 2,226231%

Capítulo 6

6.1.1 Cálculo da prestação (PMT): 1º passo da tabela Price

Exercício de fixação

A empresa X Ltda., vendeu uma máquina pelo preço de R$ 12.500,00, financiada pela tabela Price em 18 meses, com juros de 1,5% ao mês. Qual será o valor de cada parcela da dívida? Qual será o valor total da dívida? Quanto o cliente pagará em juros?

Dados	Desenvolvimento matemático
PV = 12.500,00	PMT = PV × i ÷ {1 − [1 ÷ (1 + i)^n]}
i = 0,015 (1,5 ÷ 100)	PMT = 12.500 × 0,015 ÷ {1 − [1 ÷ **(1 + 0,015)^{18}**]}
n = 18 meses	PMT = 187,5 ÷ {1 − [1 ÷ **(1,015)^{18}**]}
PMT = ?	PMT = 187,5 ÷ {1 − [1 ÷ 1,307341]}
FV = ?	PMT = 187,5 ÷ {1 − 0,764912}
J = ?	PMT = **187,5 ÷ 0,235088**}
	PMT = 797,57
	FV = PMT × n
	FV = **797,57 × 18**
	FV = 14.356,26
	J = FV − PV
	J = **14.356,26 − 12.500**
	J = 1.856,26

Resposta 1: O valor de cada parcela será de R$ 797,57.

Resposta 2: O valor total da dívida será de R$ 14.356,26.

Resposta 3: O cliente pagará R$ 1.856,26 em juros.

6.1.4 Cálculo do saldo devedor de cada parcela (SD_t): 4º passo da tabela Price

Exercício de fixação

Caio financiou um televisor de R$ 3.000,00 em 6 parcelas fixas, com uma taxa de juros de 3% ao mês. Complete a tabela Price desse crediário, linha a linha.

Parcela (n)	Prestação (PMT)	Juros (J)	Amortização (A)	Saldo devedor (SD)
0				3.000,00
1	553,79	90,00	463,79	2.536,21
2	553,79	76,09	477,67	2.058,54
3	553,79	61,76	492,04	1.566,50
4	553,79	47,00	506,79	1.059,71
5	553,79	31,79	522,00	537,71
6	553,79	16,13	537,66	0,05

Obs.: Os valores residuais de saldo devedor ocorrem, mesmo resolvendo os cálculos na calculadora financeira ou na planilha eletrônica, em razão da limitação de casas decimais, que impossibilita a perfeita exatidão de uma longa sequência de cálculos. Esses valores residuais podem ser incluídos na última parcela ou mesmo desprezados pelo credor.

6.1.5 Tabela Price na HP-12C

Exercícios de fixação

1) Uma agência de turismo quer vender por R$ 4.999,99 um pacote turístico de 5 dias para o carnaval em Salvador parcelando em até 12 vezes, com juros de 2,99% ao mês.

   1) Monte a tabela Price para essa operação de crédito.

   2) Calcule o valor total a prazo do pacote turístico.

   3) Calcule o montante total de juros pago na operação de crédito.

   4) Calcule o valor para quitação antecipada da dívida após o pagamento da oitava parcela.

Parcela (n)	Prestação (PMT)	Juros (J)	Amortização (A)	Saldo devedor (SD)
0				
1	502,01	149,50	352,51	4.647,48
2	502,01	138,96	363,05	4.284,43
3	502,01	128,10	373,91	3.910,52
4	502,01	116,92	385,08	3.525,44
5	502,01	105,41	396,60	3.128,84
6	502,01	93,55	408,46	2.720,38
7	502,01	81,34	420,67	2.299,71
8	502,01	68,76	433,25	**1.866,47**
9	502,01	55,81	446,20	1.420,26
10	502,01	42,47	459,54	960,72
11	502,01	28,73	473,28	487,44
12	502,01	14,57	487,44	0,00
Totais	6.024,12	1.024,13	4.999,99	–

Resposta 2: O total a prazo será de R$ 6.024,12

Resposta 3: O montante de juros será de R$ 1.024,13

Resposta 4: O valor para quitar a dívida após o pagamento da oitava parcela será de R$ 1.866,47.

2) Você tomou um empréstimo de R$ 5.000,00 no banco para quitar em 18 parcelas com juros de 4,5% ao mês. Depois de pagar a nona parcela, ganhou um dinheiro inesperado e foi ao banco para quitar sua dívida. Qual é o valor que o banco deve lhe cobrar para dar a dívida como quitada?

Dados	Desenvolvimento matemático
PV = 5.000,00 i = 0,045 a.m. (4,5 ÷ 100) n = 18 meses PMT = ?	$PMT = PV \times i \div \{1 - [1 \div (1 + i)^n]\}$ $PMT = \mathbf{5.000 \times 0{,}045} \div \{1 - [1 \div \mathbf{(1 + 0{,}045)^{18}}]\}$ $PMT = 225 \div \{1 - [1 \div \mathbf{(1{,}045)^{18}}]\}$ $PMT = 225 \div \{1 - [1 \div \mathbf{2{,}208479}]\}$ $PMT = 225 \div \{\mathbf{1 - 0{,}452800}\}$ $PMT = \mathbf{225} \div 0{,}547200$ $PMT = 411{,}18$
	HP-12C $f \rightarrow FIN$ $5.000 \rightarrow CHS \rightarrow PV$ $4{,}5 \rightarrow i$ $18 \rightarrow n \rightarrow PMT$ $411{,}18$ $9 \rightarrow f \rightarrow AMORT$ $RCL \rightarrow PV \rightarrow CHS$ $2.988{,}81$

Parcela (n)	Prestação (PMT)	Juros (J)	Amortização (A)	Saldo devedor (SD)
0				
1	411,18	225,00	186,18	4.813,82
2	411,18	216,62	194,56	4.619,25
3	411,18	207,87	203,32	4.415,93
4	411,18	198,72	212,47	4.203,47
5	411,18	189,16	222,03	3.981,44
6	411,18	179,16	232,02	3.749,42
7	411,18	168,72	242,46	3.506,96
8	411,18	157,81	253,37	3.253,59
9	411,18	146,41	264,77	2.988,81

Resposta: O valor para quitar a dívida após o pagamento da nona parcela é de R$ 2.988,81.

6.2.2 Tabela SAC na planilha eletrônica

Exercícios de fixação

1) Uma agência de turismo quer vender por R$ 4.999,99 um pacote turístico de 5 dias para o carnaval em Salvador parcelando em até 12 vezes, com juros de 2,99% ao mês.

1) Monte a tabela SAC para essa operação de crédito.

2) Calcule o valor total a prazo do pacote turístico.

3) Calcule o montante total de juros pago na operação de crédito.

4) Calcule o valor para quitação antecipada da dívida após o pagamento da oitava parcela.

Dados	Desenvolvimento matemático
$SD_0 = 4.999,99$ (ou PV) $i = 0,0299$ (2,99 ÷ 100) $n = 12$ $A = ?$	$A = SD_0 \div n$ $A = 4.999,99 \div 12$ $A = 416,67$

Parcela (t)	Amortização (A)	Juro (J)	Prestação (PMT)	Saldo devedor (SD)
0				4.999,99
1	416,67	149,50	566,17	4.583,32
2	416,67	137,04	553,71	4.166,66
3	416,67	124,58	541,25	3.749,99
4	416,67	112,12	528,79	3.333,33
5	416,67	99,67	516,33	2.916,66
6	416,67	87,21	503,87	2.500,00
7	416,67	74,75	491,42	2.083,33
8	416,67	62,29	478,96	1.666,66
9	416,67	49,83	466,50	1.250,00

(continua)

(conclusão)

10	416,67	37,37	454,04	833,33
11	416,67	24,92	441,58	416,67
12	416,67	12,46	429,12	0,00
Totais	**4.999,99**	**971,75**	**5.971,74**	—

Resposta 2: O valor total a prazo será de R$ 5.971,74.

Resposta 3: O total de juros será de R$ 971,75.

Resposta 4: O valor para quitar a dívida após o pagamento da oitava parcela será de R$ 1.666,66.

2) Você tomou um empréstimo de R$ 5.000,00 no banco para quitar em 18 parcelas com juros de 4,5% ao mês. Depois de pagar a nona parcela, ganhou um dinheiro inesperado e foi ao banco para quitar sua dívida. Qual é o valor que o banco deve lhe cobrar para dar a dívida como quitada?

Dados	Desenvolvimento matemático
$SD_0 = 5.000,00$ (ou PV) $i = 0,045$ $(4,5 \div 100)$ $n = 18$ $A = ?$ $SD_9 = ?$	$A = SD_0 \div n$ $A = 5.000 \div 18$ $A = 277,78$ $SD_t = A \times (n - t)$ $SD_9 = A \times (18 - 9)$ $SD_9 = 277,78 \times 9$ $SD_9 = 2.500,00$

Parcela (t)	Amortização (A)	Juro (J)	Prestação (PMT)	Saldo devedor (SD)
0				5.000,00
1	277,78	225,00	502,78	4.722,22
2	277,78	212,50	490,28	4.444,44

(continua)

(conclusão)

3	277,78	200,00	477,78	4.166,67
4	277,78	187,50	465,28	3.888,89
5	277,78	175,00	452,78	3.611,11
6	277,78	162,50	440,28	3.333,33
7	277,78	150,00	427,78	3.055,56
8	277,78	137,50	415,28	2.777,78
9	277,78	125,00	402,78	**2.500,00**

Resposta: O valor para quitação do empréstimo após o pagamento de nove parcelas é de R$ 2.500,00.

Lista de exercícios

1) Uma empresa de festas infantis precisa de um empréstimo de R$ 10.000,00 para comprar brinquedos (pula-pula, piscina de bolinhas, mesa de pebolim etc.) e planeja pagá-lo em 6 parcelas mensais. Considerando que a taxa de juros mensal cobrada no empréstimo será de 5%, calcule pela tabela Price:

   a) o valor da parcela mensal;

   b) o valor total a ser pago pelo empréstimo;

   c) o valor total dos juros cobrados no empréstimo.

Dados	Desenvolvimento matemático
PV = 10.000,00	$PMT = PV \times i \div \{1 - [1 \div (1 + i)^n]\}$
n = 6	$PMT = \mathbf{10.000 \times 0,05} \div \{1 - [1 \div \mathbf{(1 + 0,05)^6}]\}$
i = 0,05 (5 ÷ 100)	$PMT = 500 \div \{1 - [1 \div \mathbf{(1,05)^6}]\}$
PMT = ?	$PMT = 500 \div \{1 - [1 \div \mathbf{1,340096}]\}$
FV = ?	$PMT = 500 \div \{\mathbf{1 - 0,746215}\}$
J = ?	$PMT = \mathbf{500 \div 0,253785}$
	$PMT = 1.970,17$
	$FV = PMT \times n$
	$FV = 1.970,17 \times 6$
	$FV = 11.821,05$
	$J = FV - PV$
	$J = 11.821,05 - 10.000$
	$J = 1.821,05$

a) O valor da prestação é de R$ 1.979,17.

b) O valor total do empréstimo é de R$ 11.821,05.

c) O total dos juros é de R$ 1.821,05.

2) Uma empresa vai financiar uma máquina de R$ 300.000,00 a uma taxa de juros mensais de 1,0% e com pagamento em 60 parcelas. Caso a empresa resolva quitar a dívida antecipadamente, depois de pagar 40 parcelas, qual será o valor necessário para quitação pela tabela SAC?

Dados	Desenvolvimento matemático	
$SD_0 = 300.000,00$	$A = SD_0 \div n$	$SD_t = A \times (n - t)$
i = 0,01 (1 ÷ 100)	$A = 300.000 \div 60$	$SD_{40} = 5.000,00 \times$
n = 60	$A = 5.000,00$	$(60 - 40)$
t = 40		$SD_{40} = 5.000,00 \times 20$
A = ?		$SD_{40} = 100.000,00$
$SD_{40} = ?$		

Resposta: O valor necessário para quitação será de R$ 100.000,00.

3) Ana quer tomar um empréstimo de R$ 2.500,00, com uma taxa de juros mensal de 4,5%, para ser pago em 6 parcelas.

a) Elabore as tabelas de amortização Price e SAC.

b) Calcule o valor total a ser pago pelo empréstimo em cada tabela.

c) Calcule o valor de juros pagos ao final do empréstimo em cada tabela.

Tabela Price

Período (t)	Prestação (PMT)	Juros (J)	Amortização (A)	Saldo devedor (SD)
0				2.500,00
1	492,54	125,00	367,54	2.132,46
2	492,54	106,62	385,92	1.746,54
3	492,54	87,33	405,22	1.341,32
4	492,54	67,07	425,48	915,84
5	492,54	45,79	446,75	469,09
6	492,54	23,45	469,09	0,00
Totais	**2.955,26**	**455,26**	**2.500,00**	–

Tabela SAC

Período (t)	Amortização (A)	Juros (J)	Prestação (PMT)	Saldo devedor (SD)
0				2.500,00
1	416,67	125,00	541,67	2.083,33
2	416,67	104,17	520,83	1.666,67
3	416,67	83,33	500,00	1.250,00
4	416,67	62,50	479,17	833,33
5	416,67	41,67	458,33	416,67
6	416,67	20,83	437,50	0,00
Totais	**2.500,00**	**437,50**	**2.937,50**	–

4) Eder decidiu comprar um celular novo de R$ 2.000,00, e a loja parcelou sua compra em 12 prestações mensais sem entrada, com juros mensais de 3,0% tanto pela tabela Price quanto pela tabela SAC. Elabore os planos de pagamento pelas duas tabelas de amortização e descubra os totais de juros cobrados em cada uma delas.

Tabela Price

Período (t)	Prestação (PMT)	Juros (J)	Amortização (A)	Saldo devedor (SD)
0				2.000,00
1	200,92	60,00	140,92	1.859,08
2	200,92	55,77	145,15	1.713,92
3	200,92	51,42	149,51	1.564,42
4	200,92	46,93	153,99	1.410,43
5	200,92	42,31	158,61	1.251,81
6	200,92	37,55	163,37	1.088,44
7	200,92	32,65	168,27	920,17
8	200,92	27,61	173,32	746,85
9	200,92	22,41	178,52	568,34
10	200,92	17,05	183,87	384,46
11	200,92	11,53	189,39	195,07
12	200,92	5,85	195,07	0,00
Totais		411,09		—

(continua)

(conclusão)

Tabela SAC

Período (t)	Amortização (A)	Juros (J)	Prestação (PMT)	Saldo devedor (SD)
0				2.000,00
1	166,67	60,00	226,67	1.833,33
2	166,67	55,00	221,67	1.666,67
3	166,67	50,00	216,67	1.500,00
4	166,67	45,00	211,67	1.333,33
5	166,67	40,00	206,67	1.166,67
6	166,67	35,00	201,67	1.000,00
7	166,67	30,00	196,67	833,33
8	166,67	25,00	191,67	666,67
9	166,67	20,00	186,67	500,00
10	166,67	15,00	181,67	333,33
11	166,67	10,00	176,67	166,67
12	166,67	5,00	171,67	0,00
Totais		390,00		–

5) Uma empresa financia suas vendas em 15, 30 e 45 dias, cobrando taxas de juros nominais de 1,5% a quinzena. Com base nessas informações, calcule o valor das prestações pelas tabelas Price e SAC para uma venda de R$ 5.000,00 parcelada em três vezes (15, 30, 45).

Tabela Price

Dados	Desenvolvimento matemático
$PV = 5.000,00$ $n = 3$ $i = 0,015$ a. q./q. $(1,5 \div 100)$ $PMT = ?$	**Tabela Price (PMT)** $PMT = PV \times i \div \{1 - [1 \div (1 + i)^n]\}$ $PMT = \mathbf{5.000 \times 0,015} \div \{1 - [1 \div \mathbf{(1 + 0,015)^3}]\}$ $PMT = 75 \div \{1 - [1 \div \mathbf{(1,015)^3}]\}$ $PMT = 75 \div \{1 - [1 \div \mathbf{1,045678}]\}$ $PMT = 75 \div \{\mathbf{1 - 0,956317}\}$ $PMT = \mathbf{75 \div 0,043683}$ $PMT = 1.716,91$

Resposta: O valor da prestação é de R\$ 1.716,91.

Tabela SAC

Dados	Desenvolvimento matemático
$SD_0 = 5.000,00$ $i = 0,015$ $(1,5 \div 100)$ $n = 3$ $A = ?$	$A = SD_0 \div n$ $A = 5.000 \div 3$ $A = 1.666,67$

Parcela (t)	Amortização (A)	Juro (J)	Prestação (PMT)	Saldo devedor (SD)
0				5.000,00
1	1.666,67	75,00	1.741,67	3.333,33
2	1.666,67	50,00	1.716,67	1.666,67
3	1.666,67	25,00	1.691,67	0,00

Capítulo 7

7.1.1 Desconto racional simples

Exercício de fixação

Um banco cobra uma taxa de juros para desconto de recebíveis de 5,5% ao mês. Uma empresa pretende descontar um total em cheques pré-datados de R$ 50.000,00, que vencerão em 40 dias. Qual será o valor do desconto e o valor descontado nessa operação?

Dados	Desenvolvimento matemático
FV = 50.000,00	$DRS = FV \div (1 + n \times i) \times (n \times i)$
i = 0,001833 a.d.	$DRS = 50.000 \div (1 + \mathbf{0,001833 \times 40}) \times (\mathbf{0,001833 \times 40})$
n = 40	$DRS = 50.000 \div (1 + \mathbf{0,073333}) \times 0,073333$
DRs = ?	$DRS = \mathbf{50.000 \div 1,073333 \times 0,073333}$
VRs = ?	$DRS = 3.416,15$
	$VRS = FV - DRS$
	$VRS = 50.000 - 3.416,15$
	$VRS = 46.583,85$

Resposta 1: O valor do desconto será de R$ 3.416,15.

Resposta 2: O valor descontado será de R$ 46.583,85.

7.1.2 Desconto comercial simples

Exercício de fixação

Um banco cobra uma taxa de juros para desconto de recebíveis de 5,5% ao mês. Uma empresa pretende descontar um total em cheques pré-datados de R$ 50.000,00, que vencerão em 40 dias. Considerando que a operação é de desconto comercial simples, qual será o valor do desconto e o valor descontado nessa operação?

Dados	Desenvolvimento matemático
FV = 50.000,00	DCS = FV × n × i
i = 0,001833 a.d.	DCS = **50.000 × 40 × 0,001833**
n = 40	DCS = 3.666,67
DCS = ?	
VCS = ?	VCS = FV − DCS
	VCS = 50.000 − 3.666,67
	VCS = 46.333,33

Resposta 1: O valor do desconto será de R$ 3.666,67.

Resposta 2: O valor descontado será de R$ 46.333,33.

7.1.3 Desconto bancário simples

Exercício de fixação

Um banco cobra taxa de juros para desconto de recebíveis de 5,5% ao mês e uma taxa bancária de 0,5% sobre o valor dos títulos descontados. Qual será o valor do desconto e o valor descontado de um total em cheques pré-datados de R$ 50.000,00, que vencerão em 40 dias?

Dados	Desenvolvimento matemático
FV = 50.000,00	DBS = B + (FV × n × i)
i = 0,001833	DBS = 250 + (**50.000 × 40 × 0,001833**)
B = 250,00	DBS = **250 + 3.666,67**
n = 40	DBS = 3.916,67
DBS = ?	
VBS = ?	VBS = FV − DBS
	VBS = 50.000 − 3.916,67
	VBS = 46.083,33

Resposta 1: O valor do desconto será de R$ 3.916,67.

Resposta 2: O valor descontado será de R$ 46.083,33.

7.2.1 Desconto racional composto

Exercício de fixação

Utilize o método do desconto racional composto para calcular o valor do desconto e o valor descontado de um total em cheques pré-datados de R$ 50.000,00 a vencer em 40 dias, sabendo que o banco cobra uma taxa de juros de 5,5% ao mês nas operações de desconto.

Dados	Desenvolvimento matemático
FV = 40.000,00	$DRC = FV \div (1 + i)^n \times [(1 + i)^n - 1]$
i = 0,055 a.m.	$DRC = 40.000 \div (1 + 0{,}001786)^{40} \times [(1 + 0{,}001786)^{40} - 1]$
i_Q = 0,001786 a.d.	$DRC = 40.000 \div (1{,}001786)^{40} \times [(1{,}001786)^{40} - 1]$
n = 40	$DRC = 40.000 \div 1{,}073998 \times [1{,}073998 - 1]$
DRC = ?	$DRC = \mathbf{40.000 \div 1{,}073998 \times 0{,}073998}$
VRC = ?	$DRC = 2.755{,}97$
	$VRC = FV - DRC$
	$VRC = 40.000 - 2.755{,}97$
	$VRC = 37.244{,}03$

Resposta 1: O valor do desconto será de R$ 2.755,97.

Resposta 2: O valor descontado será de R$ 37.244,03.

7.2.2 Desconto comercial composto

Exercício de fixação

Utilize o método do desconto comercial composto para calcular o valor do desconto e o valor descontado de um total em cheques pré-datados de R$ 50.000,00 a vencer em 40 dias, sabendo que o banco cobra uma taxa de juros de 5,5% ao mês nas operações de desconto.

Dados	Desenvolvimento matemático
FV = 50.000,00	$DCC = FV [1 - (1 - i)^n]$
i = 0,055	$DCC = 50.000 [1 - (1 - 0,001786)^{40}]$
i_Q = 0,001786	$DCC = 50.000 [1 - (0,998214)^{40}]$
n = 40	$DCC = 50.000 [1 - 0,930982]$
DCC = ?	$DCC = 50.000 \times 0,069018$
VCC = ?	$DCC = 3.450,90$
	$VCC = FV - DCC$
	$VCC = 50.000 - 3.450,90$
	$VCC = 46.549,10$

Resposta 1: O valor do desconto será de R$ 3.450,90.

Resposta 2: O valor descontado será de R$ 46.549,10.

7.2.3 Desconto bancário composto

Exercício de fixação

Utilize o método do desconto bancário composto para calcular o valor do desconto e o valor descontado de um total em cheques pré-datados de R$ 30.000,00 a vencer em 38 dias, sabendo que o banco cobra uma taxa de juros de 6,5% ao mês nas operações de desconto e uma taxa de serviços bancários de R$ 25,00 por operação.

Dados	Desenvolvimento matemático
FV = 30.000,00	$DBC = B + \{FV [1 - (1 - i)^n]\}$
i = 0,065	$DBC = 25 + \{30.0000 [1 - (1 - 0,002101)^{38}]\}$
i_Q = 0,002101	$DBC = 25 + \{30.000 [1 - (0,997899)^{38}]\}$
n = 38	$DBC = 25 + \{30.000 [1 - 0,923176]\}$
B = 25,00	$DBC = 25 + \{30.000 \times 0,076824\}$
DBC = ?	$DBC = 25 + 2.304,73$
VBC = ?	$DBC = 2.329,73$

(continua)

(conclusão)

Dados	Desenvolvimento matemático
	VBC = FV − DBC
	VBC = 30.000 − 2.329,73
	VBC = 27.670,27

Resposta 1: O valor do desconto é de R$ 2.329,73.

Resposta 2: O valor descontado é de R$ 27.670,27.

Lista de exercícios

1) O dono da empresa A recebeu um cheque pré-datado de um cliente no valor de R$ 5.500,00 para ser descontado em 15 dias. No entanto, ele resolveu fazer o adiantamento desse valor com um empresário amigo, que fará a operação de desconto racional simples cobrando uma taxa de juros mensal de 3,5%. Calcule valor que o amigo cobrará e o valor que o dono da empresa obterá após o desconto do cheque.

Dados	Desenvolvimento matemático
FV = 5.500,00	DRS = FV ÷ (1 + n × i) × (n × i)
i = 0,001167 a.d.	DRS = 5.500 ÷ (1 + 0,001167 × 15) × (0,001167 × 15)
n = 15 dias	DRS = 5.500 ÷ (1 + 0,01750) × 0,01750
DRS = ?	DRS = **5.500 ÷ 1,01750 × 0,01750**
VRS = ?	DRS = 94,59
	VRS = FV − DRS
	VRS = 5.500 − 94,59
	VRS = 5.405,05

Resposta 1: O valor cobrado será de R$ 94,59.

Resposta 2: O valor que o dono da empresa receberá será de R$ 5.405,05.

Obs.: Taxa proporcional diária: $i_P = i_T ÷ n$.

2) Uma *factoring* recebeu de um cliente um total de R$ 43.980,00 em cheques que vencerão em 45 dias para uma operação de desconto.

Considerando que a *factoring* cobra uma taxa de juros de 7,5% ao mês e utiliza o método do desconto comercial simples, calcule o valor do desconto e o valor descontado na operação.

Dados	Desenvolvimento matemático
FV = 43.980,00	DCS = FV × n × i
i = 0,002500 a.d.	DCS = 43.980 × 45 × 0,0025
n = 45	DCS = 4.947,75
DCS = ?	
VCS= ?	VCS = FV − DCS
	VCS = 43.980 − 4947,75
	VCS = 39.032,25

Resposta 1: O valor do desconto é de R$ 4.947,75.

Resposta 2: O valor descontado é de R$ 39.032,25.

Obs.: Taxa proporcional diária: $i_P = i_T \div n$.

3) Uma distribuidora de bebidas tem uma duplicata de R$ 40.000,00 a vencer em 27 dias e precisa adiantar esse recebível no banco onde tem conta-corrente para pagar seus fornecedores. Sabendo que o banco cobra uma taxa de serviço de 0,5% sobre o valor da operação e uma taxa de juros simples de 6% ao mês, qual será o valor do desconto cobrado pelo banco e qual será o valor descontado que a distribuidora obterá das duplicatas?

Dados	Desenvolvimento matemático
FV = 40.000,00	DBS = B + (FV × n × i)
i = 0,002 a.d.	DBS =200 + (40.000 × 27 × 0,002)
n = 27	DBS = 200 + 2.160,00
B = 200,00 (0,005 × 40.000)	DBS = 2.360,00
DBS = ?	
VBS = ?	

(continua)

(conclusão)

Dados	Desenvolvimento matemático
	$VBS = FV - DBS$ $VBS = 30.000 - 2.360,00$ $VBS = 27.640,00$

Resposta 1: O valor do desconto será de R$ 2.360,00.

Resposta 2: O valor descontado será de R$ 27.640,00.

Obs.: Taxa proporcional diária: $i_P = i_T \div n$.

4) O dono da empresa A recebeu um cheque pré-datado de um cliente no valor de R$ 5.500,00 para ser descontado em 15 dias. No entanto, ele resolveu fazer o adiantamento desse valor com um empresário amigo, que fará a operação de desconto racional composto cobrando uma taxa de juros mensal de 3,5%. Calcule valor que o amigo cobrará e o valor que o dono da empresa obterá após o desconto do cheque.

Dados	Desenvolvimento matemático
$FV = 5.500,00$ $i = 0,035$ a.m. $i_Q = 0,001147$ a.d. $n = 15$ $DRC = ?$ $VRC = ?$	$DRC = FV \div (1 + i)n \times [(1 + i)n - 1]$ $DRC = 5.500 \div (1 + 0,001147)15 \times [(1 + 0,001147)15 - 1]$ $DRC = 5.500 \div (1,001147)15 \times [(1,001147)15 - 1]$ $DRC = 5.500 \div 1,017349 \times (1,017349 - 1)$ $DRC = 5.500 \div 1,063751 \times 0,017349$ $DRC = 93,79$ $VRC = FV - DRC$ $VRC = 5.500 - 93,79$ $VRC = 5.406,21$

Resposta 1: O valor cobrado será de R$ 93,79.

Resposta 2: O valor que o dono da empresa obterá será de R$ 5.406,21.

Obs.: Taxa equivalente diária: $i_Q = (1 + i_T)^{1/n} - 1$.

5) Uma *factoring* recebeu de um cliente um total de R$ 43.980,00 em cheques que vencerão em 45 dias para uma operação de desconto. Considerando que a *factoring* cobra uma taxa de juros de 7,5% ao mês e utiliza o método do desconto comercial composto, calcule o valor do desconto e o valor descontado na operação.

Dados	Desenvolvimento matemático
FV = 43.980,00	DCC = FV $[1 - (1 - i)n]$
i = 0,075 a.m.	DCC = 43.980 $[1 - (1 - 0,002414)45]$
i_Q = 0,002414 a.d.	DCC = 43.980 $[1 - (0,997586)45]$
n = 45	DCC = 43.980 $[1 - 0,896961]$
DCC = ? VCC = ?	DCC = 43.980 × 0,103039
	DCC = 4.531,66
	VCC = FV – DCC
	VCC = 43.980 – 4.531,66
	VCC = 39.448,34

Resposta 1: O valor do desconto é de R$ 4.531,66.

Resposta 2: O valor descontado é de R$ 39.448,34.

Obs.: Taxa equivalente diária: $i_Q = (1 + i_T)^{1/n} - 1$.

6) Uma distribuidora de bebidas tem uma duplicata de R$ 40.000,00 a vencer em 27 dias e precisa adiantar esse recebível, no banco em que tem conta-corrente, para pagar seus fornecedores. Sabendo que o banco cobra uma taxa de serviço de 0,5% sobre o valor da operação e uma taxa de juros compostos de 6% ao mês, qual será o valor do desconto cobrado pelo banco e qual será o valor descontado que a distribuidora obterá das duplicatas?

Dados	Desenvolvimento matemático
FV = 40.000,00	DBC = B + {FV [1 − (1 − i)n]}
i = 0,06 a.m.	DBC = 200 + {40.000 [1 − (1 − 0,001944)27]}
i_Q = 0,001944 a.d.	DBC = 200 + {40.000 [1 − (0,998056)27]}
n = 27	DBC = 200 + {40.000 [1 − 0,948813]}
B = 200,00	DBC = 200 + {40.000 × 0,051187}
DBC = ?	DBC = 200 + 2.047,50
VBC = ?	DBC = 2.247,50
	VBC = FV − DBC
	VBC = 40.000 − 2.247,50
	VBC = 37.752,50

Resposta 1: O valor do desconto cobrado será de R$ 2.247,50.

Resposta 2: O valor descontado que a distribuidora obterá será de R$ 37.752,50.

Obs: Taxa equivalente diária: $i_Q = (1 + i_T)^{1/n} − 1$.

7) Considerando uma taxa de juros de 6,5% ao mês, qual é a opção mais vantajosa para uma empresa descontar R$ 10.000,00 em recebíveis que vencem em 35 dias: o método do desconto comercial simples ou o método do desconto racional composto?

Dados	Desenvolvimento matemático
FV = 10.000,00	DCS = FV × n × i
i = 0,065 a.m.	DCS = 10.000 × 35 × 0,002167
i = 0,002167 a.d.	DCS = 758,33
n = 35	
DCS = ?	VCS = FV − DCs
VCS = ?	VCS = 10.000 − 758,33
	VCS = 9.241,67

(continua)

(conclusão)

Dados	Desenvolvimento matemático
FV = 10.000,00	DRC = FV ÷ (1 + i)n × [(1 + i)n − 1]
i = 0,065 a.m.	DRC = 10.000 ÷ (1 + 0,002101)35 × [(1 +
i = 0,002101 a.d.	0,002101)35 − 1]
n = 35	DRC = 10.000 ÷ (1,002101)35 × [(1,002101)35 − 1]
DCS = ?	DRC = 10.000 ÷ 1,076237 × (1,076237 − 1)
VCS= ?	DRC = 10.000 ÷ 1,076237 × 0,076237
	DRC = 708,36
	VRC = FV − DRC
	VRC = 10.000 − 708,36
	VRC = 9.291,63

Resposta 1: É mais vantajoso à empresa optar pelo desconto racional composto, pois resulta em um valor descontado R$ 49,64 maior do que o desconto comercial simples.

Obs: Taxa proporcional diária para juros simples: $(i_P = i_T ÷ n)$. Taxa equivalente diária para juros compostos: $i_Q = (1 + i_T)^{1/n} − 1$.

Capítulo 8

8.1.2 Valor presente líquido na planilha eletrônica

Exercício de fixação

Platão pretende comprar 20% da participação da empresa de seu amigo Sócrates pelo valor de R$ 500.000,00. Para convencer o amigo, Sócrates lhe mostrou a estimativa de ganhos com lucros que Platão terá com seu investimento para os próximos 6 anos, conforme o quadro de fluxos de caixa a seguir. Considerando que Platão poderia deixar seu capital aplicado a juros de 8% ao ano, ele deve investir na empresa de Sócrates?

(n)	(CF_j)	$PV = CF_j \div (1 + i)^n$	Resolução na HP-12C
1	20.000,00	18.518,52	$f \rightarrow$ FIN
2	40.000,00	34.293,55	$500.000 \rightarrow$ CHS $\rightarrow g \rightarrow CF_0$
3	80.000,00	63.506,58	$20.000 \rightarrow$ CHS $\rightarrow g \rightarrow CF_j$ $40.000 \rightarrow g \rightarrow CF_j$
4	120.000,00	88.203,58	$80.000 \rightarrow g \rightarrow CF_j$
5	160.000,00	108.893,31	$120.000 \rightarrow g \rightarrow CF_j$
6	160.000,00	100.827,14	$160.000 \rightarrow g \rightarrow CF_j$ $160.000 \rightarrow g \rightarrow CF_j$
Valor presente total (PVT)		414.242,68	$8 \rightarrow i$ $f \rightarrow$ NPV
Investimento (CF_0)		500.000,00	$-85.757,32$
Valor presente líquido (VPL)		$-85.757,32$	

Resposta: Como o valor presente líquido é negativo, Platão não deve investir na empresa de Sócrates, pois a rentabilidade de juros é maior que a da empresa dele.

8.2 Como usar o VPL para comparar opções de investimentos

Exercício de fixação

Um empresário tem duas opções para investir na ampliação de sua empresa o valor de R$ 400.000,00, segundo os fluxos de caixa 1 e 2, a seguir. Considerando uma taxa de juros de mercado de 12% ao ano, qual será a melhor opção de investimento para a empresa?

Fluxo de caixa 1 (i = 0,12)			Fluxo de caixa 2 (i = 0,12)		
Períodos de capitalização	Fluxos de caixa	Valor presente	Períodos de capitalização	Fluxos de caixa	Valor presente
(n)	(CF_j)	$(PV)^*$	(n)	(CF_j)	(PV)
1	50.000,00	44.642,86	1	0,00	0,00
2	100.000,00	79.719,39	2	50.000,00	39.859,69
3	150.000,00	106.767,04	3	150.000,00	106.767,04
4	200.000,00	127.103,62	4	200.000,00	127.103,62
5	200.000,00	113.485,37	5	300.000,00	170.228,06
Valor presente total		471.718,27	Valor presente total		443.958,40
Investimento (CF_0)		400.000,00	Investimento (CF_0)		400.000,00
Valor presente líquido		71.718,27	Valor presente líquido		43.958,40

Resposta: A melhor opção é realizar o investimento segundo o fluxo de caixa 1, pois apresenta VPL positivo e maior que o do fluxo de caixa 2.

8.2.1 Taxa interna de retorno (TIR)

Exercício de fixação

Elisa pretende investir R$ 150.000,00 para montar uma *pet shop*. Ela estima que, no primeiro ano, trabalhará com um prejuízo de R$ 20.000,00; no segundo ano, não obterá lucros nem prejuízos; no terceiro, quarto e quinto anos lucrará R$ 50.000,00, R$ 75.000,00 e R$ 100.000,00 sucessivamente. Qual é a taxa interna de retorno desse investimento? Considerando um taxa de juros de renda fixa de 8% ao ano, esse investimento é viável financeiramente?

* $PV = CF_j \div (1 + i)^n$

HP-12C	Resolução na planilha eletrônica
f → FIN 150.000 → CHS → g → CF$_0$ 20.000 → CHS → g → CF$_j$ 0 → g → CF$_j$ 20.000 → g → CF$_j$ 50.000 → g → CF$_j$ 75.000 → g → CF$_j$ f → IRR 7,10%	C8 fx =TIR(C2:C7) | | A | B | C | |---|---|---|---| | 1 | Fluxos de Caixa | | Valor | | 2 | 0 | CF0 | -150.000,00 | | 3 | 1 | CFj | -20.000,00 | | 4 | 2 | CFj | 0,00 | | 5 | 3 | CFj | 50.000,00 | | 6 | 4 | CFj | 75.000,00 | | 7 | 5 | CFj | 100.000,00 | | 8 | | TIR | 7,10% |

Resposta: O valor da TIR é de 7,10% ao ano. Como a TIR é menor que a taxa mínima de atratividade, de 8% a.a., o investimento é inviável financeiramente.

8.2.1 Como usar a TIR para comparar opções de investimentos

Exercício de fixação

Depois de um incêndio, uma empresa perdeu uma máquina e estima operar com prejuízo anual de R$ 10.000,00 enquanto não a substituir. Ela precisa decidir entre comprar a máquina A, de produção nacional, que custa R$ 150.000,00 e pode ser entregue em seis meses, ou a máquina B, importada e melhor, mas que custa R$ 200.000,00 e só poderá ser entregue daqui a um ano. Com base nos fluxos de caixa de lucros futuros anuais apresentados a seguir, determine qual é o melhor investimento, sabendo que a taxa mínima de atratividade é de 8% ao ano.

Figura A – Fluxo de caixa de lucros da máquina A

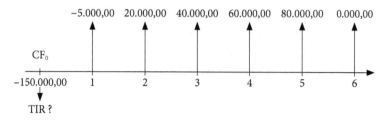

Figura B – Fluxo de caixa de lucros da máquina B

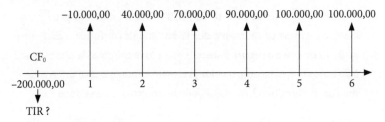

HP-12C	
Máquina A	**Máquina B**
f → FIN	f → FIN
150.000 → CHS → g → CF₀	200.000 → CHS → g → CF₀
5.000 →→ CHS g → CFⱼ	10.000 → CHS → g → CFⱼ
20.000 → g → CFⱼ	40.000 → g → CFⱼ
40.000 → g → CFⱼ	70.000 → g → CFⱼ
60.000 → g → CFⱼ	90.000 → g → CFⱼ
80.000 → g → CFⱼ	100.000 → g → CFⱼ
80.000 → g → CFⱼ	100.000 → g → CFⱼ
f → IRR	f → IRR
14,26%	16,58%

Planilha eletrônica

	A	B	C	D	E	F	G
						fx	=TIR(G3:G9)
1		Máquina A				Máquina B	
2	Fluxos de Caixa		Valor		Fluxos de Caixa		Valor
3	0	CF0	-150.000,00		0	CF0	-200.000,00
4	1	CFj	-5.000,00		1	CFj	-10.000,00
5	2	CFj	20.000,00		2	CFj	40.000,00
6	3	CFj	40.000,00		3	CFj	70.000,00
7	4	CFj	60.000,00		4	CFj	90.000,00
8	5	CFj	80.000,00		5	CFj	100.000,00
9	6	CFj	80.000,00		6	CFj	100.000,00
10		TIR	14,26%			TIR	16,58%

Resposta: A melhor opção é comprar a máquina B, pois sua TIR é maior que a da máquina A e está acima da taxa mínima de atratividade.

Lista de exercícios

1) A empresa B pretende investir R$ 250.000,00 em uma nova grua para locação e estima um aumento dos lucros anuais conforme o diagrama de fluxo de caixa a seguir. Sabendo que a taxa mínima de atratividade é de 8,5% ao ano, calcule o valor presente líquido e a taxa interna de retorno, determinando a viabilidade financeira do investimento.

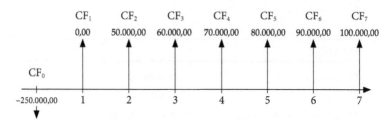

Cálculo da TIR		
Fluxos de caixa		**Valor**
0	CF_0	−250.000,00
1	CF_j	0,00
2	CF_j	50.000,00
3	CF_j	60.000,00
4	CF_j	70.000,00
5	CF_j	80.000,00
6	CF_j	90.000,00
7	CF_j	100.000,00
TIR		**13,28%**

(continua)

(conclusão)

Cálculo do VPL

Fluxos de caixa		Valor presente
CF_1	0,00	0,00
CF_2	50.000,00	46.082,95
CF_3	60.000,00	50.967,32
CF_4	70.000,00	54.803,57
CF_5	80.000,00	57.725,94
CF_6	90.000,00	59.854,09
CF_7	100.000,00	61.294,51
Valor presente total (VPT)		330.728,37
Investimento (CF_0)		250.000,00
Valor presente líquido (VPL)		**80.728,37**

Resposta: O investimento é viável financeiramente, pois a TIR é superior à TMA e o valor presente líquido estima que o lucro com o investimento será R$ 80.728,37 acima dos ganhos com juros.

2) Um empresário pretende comprar uma nova empresa já estabelecida, e sua oferta pela empresa será embasada no valor presente líquido dos fluxos de lucros previstos para os próximos 10 anos. Sabendo que a taxa de juros de uma aplicação segura em renda fixa é de 10% ao ano, qual é o valor da oferta que o empresário deve fazer para comprar a empresa?

Fluxos de caixa		Valor presente
CF_1	100.000,00	92.165,90
CF_2	110.000,00	93.440,08
CF_3	120.000,00	93.948,97
CF_4	130.000,00	93.804,66

(continua)

(conclusão)

Fluxos de caixa		Valor presente
CF_5	140.000,00	93.106,36
CF_6	160.000,00	98.071,21
CF_7	170.000,00	96.037,48
CF_8	190.000,00	98.927,20
CF_9	210.000,00	100.774,73
CF_{10}	230.000,00	101.725,65
Valor presente total (VPT)		962.002,23
Investimento (CF_0)		0,00
Valor presente líquido (VPL)		962.002,23

Resposta: O empresário deve oferecer R$ 962.002,23 para comprar a nova empresa.

3) O conselho de administração de uma empresa recebeu de sua equipe técnica duas opções de investimento para o crescimento regional da empresa. Considere uma taxa mínima de atratividade do capital de 7% ao ano e, com base na taxa interna de retorno, defina qual deve ser a melhor escolha para empresa.

a) A compra de uma empresa já estabelecida na região de interesse por 4 milhões de reais.

b) A instalação de uma nova unidade que custaria apenas 1,5 milhões de reais, mas manteria o concorrente e atrasaria em um ano o início das operações.

Fluxo de lucros futuros da opção A			Fluxo de lucros futuros da opção B		
Fluxo de caixa		**Valor**	**Fluxo de caixa**		**Valor**
0	CF_0	–4.000.000,00	0	CF_0	–1.500.000,00
1	CF_j	500.000,00	1	CF_j	0,00
2	CF_j	600.000,00	2	CF_j	100.000,00
3	CF_j	750.000,00	3	CF_j	200.000,00
4	CF_j	900.000,00	4	CF_j	400.000,00
5	CF_j	1.100.000,00	5	CF_j	600.000,00
6	CF_j	1.500.000,00	6	CF_j	900.000,00

HP-12C

Opção A	Opção B
f → FIN	f → FIN
4.000.000 → CHS → g → CF_0	1.500.000 → CHS → g → CF_0
500.000 → g → CF_j	0,00 → g → CF_j
600.00 → g → CF_j	100.000 → g → CF_j
750.000 → g → CF_j	200.000 → g → CF_j
900.000 → g → CF_j	400.000 → g → CF_j
1.100.000 → g → CF_j	600.000 → g → CF_j
1.500.000 → g → CF_j	900.000 → g → CF_j
f → IRR	f → IRR
7,50%	8,21%

Planilha eletrônica

	G10	▾	f_x	=TIR(G3:G9)		
A	**B**	**C**	**D**	**E**	**F**	**G**
	Compra Concorrente			Instalação Própria		
Fluxos de Caixa		Valor		Fluxos de Caixa		Valor
0	CF0	-4.000.000,00		0	CF0	-1.500.000,00
1	CFj	500.000,00		1	CFj	0,00
2	CFj	600.000,00		2	CFj	100.000,00
3	CFj	750.000,00		3	CFj	200.000,00
4	CFj	900.000,00		4	CFj	400.000,00
5	CFj	1.100.000,00		5	CFj	600.000,00
6	CFj	1.500.000,00		6	CFj	900.000,00
	TIR	7,50%			TIR	8,21%

Resposta: Como o valor da TIR da opção B é maior que o da opção A, o investimento mais rentável financeiramente é adquirir e ter uma instalação própria.

Capítulo 9

9.1.2 Depreciação linear na planilha eletrônica

Exercício de fixação

Há 3 anos, uma empresa comprou uma máquina por R$ 250.000,00 a ser depreciada em 5 anos, com valor residual de R$ 50.000,00 após concluído o prazo de vida útil. No entanto, para fazer caixa para despesas imprevistas, a empresa precisa se desfazer da máquina. Qual será o preço de venda calculado pela depreciação linear da máquina hoje?

Dados	Desenvolvimento matemático	HP-12C
PV = 250.000,00	DL = (PV – FV) ÷ n	f → FIN
FV = 50.000,00	DL = (**250.000 –**	250.000 → PV
n = 5 anos	**50.000**) ÷ 5	50.000 → FV
DL = ?	DL = **200.000** ÷ 5	5 → n → f → SL
	DL = 40.000	40.000,00

Período de depreciação (n)	Valor da depreciação anual (DL)	Valor atualizado do bem (PV)
0	0,00	250.000,00
1	40.000,00	210.000,00
2	40.000,00	170.000,00
3	**40.000,00**	**130.000,00**
4	40.000,00	90.000,00
5	40.000,00	40.000,00

Resposta: O valor da máquina hoje é de R$ 130.000,00.

9.2.1 Depreciação variável crescente na HP-12C

Exercício de fixação

Há 3 anos, uma empresa comprou uma máquina por R$ 250.000,00 a ser depreciada em 5 anos, com valor residual de R$ 50.000,00 após concluído o prazo de sua vida útil. No entanto, para fazer caixa para despesas imprevistas, a empresa precisa se desfazer da máquina. Qual será o preço de venda calculado pela depreciação crescente da máquina hoje?

Dados	Desenvolvimento matemático	
PV =	SD = Soma dos dígitos	$r = n \div SD$
FV =	$SD = 1 + 2 + 3 + 4 + 5$	$r_1 = 1 \div 15 = 0{,}066667$
n =	SD = 15	$r_2 = 2 \div 15 = 0{,}133333$
SD = ?		$r_3 = 3 \div 15 = 0{,}200000$
		$r_4 = 4 \div 15 = 0{,}266667$
		$r_5 = 5 \div 15 = 0{,}333333$

Período de depreciação (n)	Razão (r)	Parcela depreciável (PV − FV)	Valor da depreciação anual (DVc)	Valor atualizado do bem (PV)
0				250.000,00
1	0,066667	200.000,00	13.333,33	236.666,67
2	0,133333	200.000,00	26.666,67	210.000,00
3	0,200000	200.000,00	40.000,00	170.000,00
4	0,266667	200.000,00	53.333,33	116.666,67
5	0,333333	200.000,00	66.666,67	50.000,00

Resposta: O valor da máquina hoje é de R$ 170.000,00

9.3 Depreciação variável decrescente na HP-12C

Exercício de fixação

Há 3 anos, uma empresa comprou uma máquina por R$ 250.000,00 a ser depreciada em 5 anos, com valor residual de R$ 50.000,00 após concluído o prazo de sua vida útil. No entanto, para fazer caixa para despesas imprevistas, a empresa precisa se desfazer da máquina. Qual será o preço de venda calculado pela depreciação decrescente da máquina hoje?

Dados	Desenvolvimento matemático	
PV =	SD = Soma dos dígitos	$r = n \div SD$
FV =	SD = 1 + 2 + 3 + 4 + 5	$r_1 = 5 \div 15 = 0{,}333333$
n =	SD = 15	$r_2 = 4 \div 15 = 0{,}266667$
SD = ?		$r_3 = 3 \div 15 = 0{,}200000$
		$r_4 = 2 \div 15 = 0{,}133333$
		$r_5 = 1 \div 15 = 0{,}066667$

Período de depreciação (n)	Razão (r)	Parcela depreciável (PV – FV)	Valor da depreciação anual (DVD)	Valor atualizado do bem (PV)
0				250.000,00
1	0,333333	200.000,00	66.666,67	183.333,33
2	0,266667	200.000,00	53.333,33	130.000,00
3	0,200000	200.000,00	40.000,00	90.000,00
4	0,133333	200.000,00	26.666,67	63.333,33
5	0,066667	200.000,00	13.333,33	50.000,00

Resposta: O valor da máquina hoje é de 90.000,00.

Lista de exercícios

1) Uma transportadora acabou de receber 3 caminhões no valor de R$ 350.000,00 cada e pretende realizar a depreciação desses caminhões em 5 anos pelo método da depreciação linear. Considerando que, depois de 5 anos, a empresa pretende vendê-los por 200.000,00 cada, descubra o valor anual de depreciação e monte uma tabela de depreciação.

Dados	Desenvolvimento matemático
PV = 1.050.000,00 FV = 600.000,00 n = 5 anos DL = ?	DL = (PV − FV) ÷ n DL = (**1.050.000 − 600.000**) ÷ 5 DL = **450.000** ÷ **5** DL = 90.000
	HP-12C
	f → FIN 1.050.000 → PV 600.000 → FV 5 → n → f → SL 90.000,00

Resposta: O valor da depreciação anual é de R$ 90.000,00.

Período de depreciação (n)	Valor da depreciação anual (DL)	Valor atualizado do bem (PV)
0	0,00	1.050.000,00
1	90.000,00	960.000,00
2	90.000,00	870.000,00
3	90.000,00	780.000,00
4	90.000,00	690.000,00
5	90.000,00	600.000,00

2) M & S Aplicativos ME comprou 10 novos computadores para renovar sua infraestrutura de desenvolvimento de *softwares* por R$ 3.000,00 cada e pretende fazer sua depreciação trimestral por três anos, conforme a legislação permite. Calcule o valor da depreciação trimestral e monte a tabela de depreciação considerando uma depreciação integral de todos os computadores.

Dados	Desenvolvimento matemático	HP-12C
PV = 30.000,00	DL = (PV – FV) ÷ n	f → FIN
FV = 0,00	DL = (30.000 – 0) ÷ 12	30.000 → PV
n = 12 trimestres (3 anos)	DL = 30.000 ÷ 12	0 → FV
DL = ?	DL = 2.500	12 → n → f → SL
		2.500,00

Resposta: O valor da depreciação anual é de R$ 90.000,00.

Período de depreciação (n)	Valor da depreciação trimestral (DL)	Valor atualizado do bem (PV)
0	0,00	30.000,00
1	2.500,00	27.500,00
2	2.500,00	25.000,00
3	2.500,00	22.500,00
4	2.500,00	20.000,00
5	2.500,00	17.500,00
6	2.500,00	15.000,00
7	2.500,00	12.500,00
8	2.500,00	10.000,00
9	2.500,00	7.500,00
10	2.500,00	5.000,00
11	2.500,00	2.500,00
12	2.500,00	0,00

3) Monte as tabelas de depreciação de uma máquina comprada por R$ 800.000,00 com depreciação estimada em 5 anos e valor residual de R$ 200.000,00 para descobrir seu valor patrimonial nos métodos crescente e decrescente de depreciação depois de 4 anos de uso.

a) Método crescente

Dados	Desenvolvimento matemático	
PV = 800.000,00	SD = Soma dos dígitos	$r = n \div SD$
	SD = 1 + 2 + 3 + 4 + 5	$r_1 = 1 \div 15 = 0{,}066667$
FV =	SD = 15	$r_2 = 2 \div 15 = 0{,}133333$
200.000,00		$r_3 = 3 \div 15 = 0{,}200000$
n = 5		$r_4 = 4 \div 15 = 0{,}266667$
SD = ?		$r_5 = 5 \div 15 = 0{,}333333$

Período de depreciação (n)	Razão (r)	Parcela depreciável (PV – FV)	Valor da depreciação anual (DVD)	Valor atualizado do bem (PV)
0				800.000,00
1	0,066667	600.000,00	40.000,00	760.000,00
2	0,133333	600.000,00	80.000,00	680.000,00
3	0,200000	600.000,00	120.000,00	560.000,00
4	0,266667	600.000,00	160.000,00	400.000,00
5	0,333333	600.000,00	200.000,00	200.000,00

b) Método decrescente

Dados	Desenvolvimento matemático		
PV =	SD = Soma dos dígitos	$r = n \div SD$	
800.000,00	$SD = 1 + 2 + 3 + 4 + 5$	$r_1 = 5 \div 15 = 0,333333$	
FV =	$SD = 15$	$r_2 = 4 \div 15 = 0,266667$	
200.000,00		$r_3 = 3 \div 15 = 0,200000$	
n = 5		$r_4 = 2 \div 15 = 0,133333$	
SD = ?		$r_5 = 1 \div 15 = 0,066667$	

Período de depreciação (n)	Razão (r)	Parcela depreciável (PV – FV)	Valor da depreciação anual (DVD)	Valor atualizado do bem (PV)
0				800.000,00
1	0,333333	600.000,00	200.000,00	600.000,00
2	0,266667	600.000,00	160.000,00	440.000,00
3	0,200000	600.000,00	120.000,00	320.000,00
4	0,133333	600.000,00	80.000,00	240.000,00
5	0,066667	600.000,00	40.000,00	200.000,00

4) Considere que determinada empresa tenha um lucro de R$ 300.00,00 e pague 15% de imposto de renda sobre esse lucro. Essa mesma empresa comprou um equipamento de R$ 500.000,00, que pode ser integralmente depreciado em 5 anos. Calcule o valor da economia com imposto de renda que a empresa teria no primeiro ano de depreciação se ela adotasse a depreciação decrescente ao invés da crescente.

a) Método crescente

Dados	Desenvolvimento matemático	
PV = 500.000,00 FV = 0,00 n = 5 SD = ?	SD = Soma dos dígitos SD = 1 + 2 + 3 + 4 + 5 SD = 15	$r = n \div SD$ $r_1 = 1 \div 15 = 0,066667$

Período de depreciação (n)	Razão (r)	Parcela depreciável (PV – FV)	Valor da depreciação anual (DVd)	Valor atualizado do bem (PV)
0				500.000,00
1	0,066667	500.000,00	33.333,33	466.666,67

IR = 15% × (300.000 – 33.333,33)
IR = 15% × 266.666,67
IR = 40.000,00

b) Método decrescente

Dados	Desenvolvimento matemático	
PV = 500.000,00 FV = 0,00 n = 5 SD = ?	SD = Soma dos dígitos SD = 1 + 2 + 3 + 4 + 5 SD = 15	$r = n \div SD$ $r_1 = 5 \div 15 = 0,333333$

Período de depreciação (n)	Razão (r)	Parcela depreciável (PV – FV)	Valor da depreciação anual (DVd)	Valor atualizado do bem (PV)
0				500.000,00
1	0,333333	500.000,00	166.666,67	333.333,33

(continua)

(conclusão)

IR = 15% × (300.000 – 166.666,67)

IR = 15% × 133.333,33

IR = 20.000,00

Resposta: A depreciação decrescente permite uma economia de 50% no valor pago de impostos no primeiro ano, ou seja, R$ 20.000,00 em relação à depreciação crescente.

5) Monte uma tabela de depreciação linear, uma tabela de depreciação crescente e uma tabela de depreciação decrescente considerando os seguintes dados:

- valor de compra – R$ 300.000,00;

- valor residual – R$ 80.000,00;

- período de depreciação anual – 3 anos.

a) Depreciação linear

Dados	Desenvolvimento matemático	HP-12C
PV = 300.000,00 FV = 80.000,00 n = 3 anos DL = ?	DL = (PV – FV) ÷ n DL = (300.000 – 80.000) ÷ 5 DL = 220.000 ÷ 3 DL = 73.333,33	f → FIN 300.000 → PV 80.000 → FV 3 → n → f → SL 73.333,33
Período de depreciação (n)	Valor da depreciação anual (DL)	Valor atualizado do bem (PV)
0	0,00	300.000,00
1	73.333,33	226.666,67
2	73.333,33	153.333,33
3	73.333,33	80.000,00

b) Método crescente

Dados	Desenvolvimento matemático	
PV = 300.000,00 FV = 80.000,00 n = 3 SD = ?	SD = Soma dos dígitos SD = 1 + 2 + 3 SD = 6	$r = n \div SD$ $r_1 = 1 \div 6 = 0,166667$ $r_2 = 2 \div 6 = 0,333333$ $r_3 = 3 \div 6 = 0,200000$

Período de depreciação (n)	Razão (r)	Parcela depreciável (PV – FV)	Valor da depreciação anual (DVd)	Valor atualizado do bem (PV)
0				300.000,00
1	0,166667	220.000,00	36.666,67	263.333,33
2	0,333333	220.000,00	73.333,33	190.000,00
3	0,200000	220.000,00	110.000,00	80.000,00

c) Método decrescente

Dados	Desenvolvimento matemático	
PV = 300.000,00 FV = 80.000,00 n = 3 SD = ?	SD = Soma dos dígitos SD = 1 + 2 + 3 SD = 6	$r = n \div SD$ $r_1 = 3 \div 6 = 0,200000$ $r_2 = 2 \div 6 = 0,333333$ $r_3 = 1 \div 6 = 0,166667$

(continua)

(conclusão)

Período de depreciação (n)	Razão (r)	Parcela depreciável (PV – FV)	Valor da depreciação anual (DVd)	Valor atualizado do bem (PV)
0				300.000,00
1	0,200000	220.000,00	110.000,00	190.000,00
2	0,333333	220.000,00	73.333,33	116.666,67
3	0,166667	220.000,00	36.666,67	80.000,00

Sobre o autor

Paulo Vagner Ferreira é mestre em Desenvolvimento Econômico pela Universidade Federal do Paraná (UFPR). Bacharel em Ciências Econômicas também pela UFPR. É professor de ensino superior desde 2001 em disciplinas relacionadas a economia, finanças empresariais, matemática financeira e mercado de capitais, em cursos de graduação e especialização, presenciais e a distância. Esta é a segunda obra técnica do autor, que, em 2015, publicou o livro *Análise de cenários econômicos*, no qual apresenta os principais temas econômicos para pessoas e negócios, em uma linguagem objetiva e prática direcionada à tomada de decisões. Além das atividades de escritor e de professor, o autor atua como consultor financeiro em empresas, atividade que lhe permite unir as experiências acadêmicas à realidade do mercado de trabalho, contribuindo para o aprimoramento das aulas e dos materiais didáticos produzidos.

Os papéis utilizados neste livro, certificados por instituições ambientais competentes, são recicláveis, provenientes de fontes renováveis e, portanto, um meio responsável e natural de informação e conhecimento.

Impressão: Reproset
Julho/2021